《左氏春秋》

左傳的故事

左丘明 原著
秦漢唐 編著

《左傳》是中國第一部編年體的著作。
與《史記》並稱歷史散文之祖。

輕鬆閱讀古文，快樂學習經典
感悟古老智慧；體驗美妙文字

前言

《左傳》是中國古代一部編年體的歷史著作。《左傳》全稱《春秋左氏傳》，原名《左氏春秋》，漢朝時又名《春秋左氏》、《左氏》。漢朝以後才多稱《左傳》。

按照一般的說法，孔子根據魯國的歷史檔案，以魯國十二個國君的年號前後次序為線索，把各國諸侯的大事編纂成書，這就是《春秋》。《春秋》是中國最早的一部編年史。《春秋》記載的事情文字很簡單，它共記載了二百四十二年（公元前七二二年至公元前四八一年）的大事，今天留下的只有一萬六千五百餘字。後來史學家在較簡單的《春秋》基礎上加以補充、論述，就形成了《公羊傳》、《穀梁傳》、《左傳》。

《公羊傳》和《穀梁傳》內容較少，主要是以解釋《春秋》的「微言大義」為主的，而《左傳》則不同，它是以《春秋》為大綱，廣採史籍、檔案和口頭傳說而編寫的內容博大的歷史書。

《左傳》以《春秋》為本，通過記述春秋時期的具體史實來說明《春秋》的綱目。司馬遷《史記·十二諸侯年表》說：「魯君子左丘明懼弟子人人異端，各安其意，失其真，故因孔子史記具論其語，成左氏春秋。」

關於《左傳》的作者，歷來有過許多爭論，比較可信的說法是：《左傳》是春秋時魯國史官左丘明所作，後來又有許多人對它進行了內容的增益。

《左傳》記載的歷史年代與《春秋》相當，上限為公元前七二二年，下限比《春秋》稍晚，為公元前四五三年。《左傳》的內容極其豐富，它比較系統地詳細地記述了春秋時代各國的政治、經濟、軍事、文化等方面的事件。

《左傳》對當時重要人物的生平作了詳細的敘述，介紹了人物的政治態度、才能、性格、風采、舉止言語，如對子產的描述，反映了子產的政治抱負和鄭國的政治經濟形勢。對楚靈王的篡位和乾溪之難刻畫得活靈活現，使人讀了有如見其人，栩栩如生之感。

《左傳》記述了一系列大大小小的戰爭事件，如「晉楚邲之戰」、「晉楚鄢陵之戰」、「晉楚城濮之戰」、「秦晉殽之戰」、「吳楚柏舉之戰」等等。介紹了戰爭的始末、戰略戰術、勝敗原因，反映出春秋時代列國爭霸的時代特點。

更為可貴的是《左傳》記載和宣揚了當時的愛國主義人物及其思想，如魯國孔丘夾谷之會、楚國申包胥乞秦師等。申包胥為了拯救祖國的危亡，求救秦國出兵，秦國開始時不肯出兵，他就立於秦宮廷牆邊大哭七天七夜，感動了秦哀公，秦國出師退了吳兵，挽救了楚國。這些可歌可泣的愛國精神感人至深，有著深刻的教育意義。

《左傳》在說詞方面也進行了記述，如燭之武退秦師、呂相絕秦書、子產對晉人征朝等，都詳細記敘了他們出色的外交辭令，那些生動的語言，雄辯的邏輯，在維護祖國利益，周旋外交關係上都曾發揮重要的作用。《左傳》還記載了列國的禮儀風俗、天文曆法、歌樂舞蹈、士為知己死等內容。

《左傳》把當時列國中那些分散的資料匯集成書，因此可以說它集是古史之大成，給後人留下了寶貴的史料，在一定程度上真實地反映了那個時代的面貌。《左傳》具有這樣的特點：它雖然是《春秋》的具體化和補充，也是編年體，也是按魯國君主的前後年代次序為綱記事的，但內容卻比《春秋》廣泛豐富得多，對各國的一些重要事物都進行了詳細論述，文字共有十八萬多，比《春秋》增加了十幾倍。在《春秋》中論述極其概要，《左傳》則進一步具體化，如《晉楚城濮之戰》，《春秋》中只記了二十四個字，而《左傳》增加到一千多字。

在文學和語言上也很成功，作者善於突出事物的本質，用很少的筆墨和語言卻刻畫出人物逼真的形象、細微的動作和心理活動，如魯昭公的好面子、石碏的大義滅親，使人物形象躍然於紙上。特別是善於用簡要的語言寫出紛繁複雜的事物，所寫事件邏輯層次井井有條，尤其對戰爭的描繪十分成功。

《左傳》在中國古代散文中占有非常重要的地位，它既是偉大的史學著作，也是古代偉大的文學著作。是研究中國古代社會的很有價值的歷史文獻。

左傳的故事

鄭莊公與母之「黃泉相會」

鄭國是春秋初期的一個新興國家。鄭武公和他的兒子莊公（即鄭伯）先後做了鄭國的第二代、第三代國君。鄭莊公不像以前的國君那樣，他有自己的雄心大志，他想盡辦法與自己的弟弟共叔段爭權奪利，兵戎相見，最後終於戰勝了共叔段，加強了公室的權力，鞏固了自己的統治。

當初的時候，鄭武公取了申國國君的女兒做妻子，名叫武姜。武姜生了兩個兒子：鄭莊公和共叔段。莊公是腳先於頭出生的，因為難產，使武姜受到了驚嚇，所以給莊公起名叫「寤生」，武姜也因此討厭莊公而偏愛小兒子共叔段，並且想立段為太子來繼承國君。於是她就多次向武公提出請求，但是武公都沒有答應她。到了莊公做鄭國的國君時，武姜替共叔段請求把「制」這個地方封給段。

莊公心裡很清楚「制」是一個很重要的地方，因此他想了個方法找個籍口說：「『制』是個地勢險要的地方，從前東虢的國君曾在那兒送了命，這地不吉利我看不妥當。如果換成要求別的地方，我都聽從吩咐。」於是，武姜又替段請求把京地封給他。莊公就答應叫段住在那裡，人們稱他為京城太叔。

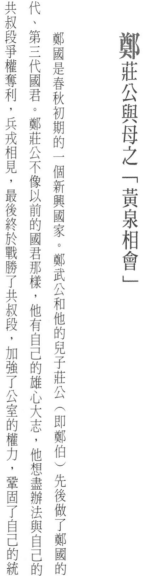

對於這件事，鄭國的大夫祭仲有自己的看法，他對莊公說：「一個國家，除了首都之外的城牆，如果周圍超過三百丈，那就會成為國家的禍根。按照先王制定的規定：最大的城邑的城牆不得超過國都城牆的三分之一；中等的城邑的城牆不得超過國都城牆的五分之一；小的城邑不得超過九分之一。可是現在京城太叔不斷擴充自己，現京城的城牆已不合乎法度，違反了先王的制度，如果這樣下去，將來您一定會控制不了的。」

莊公裝出無可奈何的樣子說：「我母親姜氏硬要這麼辦，我又怎麼能避開這個禍害呢？」

祭仲又提醒他說：「姜氏她一昧地寵愛小兒子，她哪會有滿足的時候呢？我看您還不如及早地給共叔段安排個地方，不要讓他的勢力滋長蔓延開來，一旦蔓延開來您可就難辦了。」

祭仲怕莊公不明白其中厲害關係，又打比方說：「您要知道，那野草蔓延開來我們就難以鏟除乾淨，更何況共叔段是您寵愛的弟弟呢！」

莊公聽了這話心裡似乎不著急，只是語重心長地說道：「多做不義的事情，一定會自取滅亡的，您暫且等著瞧吧。」

過了不久，太叔就命令原屬於莊公管轄的鄭國西方和北方邊境的兩個邊鎮，暗中接受他的管轄。這時候，鄭國的另一個大夫公子呂就著急了，他衝著莊公就說：「一個國家可不能夠同時擁有兩位國君啊！現在太叔如此做法，您究竟打算怎麼辦呢？」說完，他又用話進一步激莊公說：「如果您打算把鄭國交給太叔，那就請您允許我去投靠、侍奉他；如果您還不打算把鄭國交給他，那就請您趁早除掉他，免得讓鄭國的老百姓生貳心。」

可是莊公還是不急不緩地說：「用不著，他將會自作自受的。」

不久，太叔又乾脆進一步把那些暗中接受他管轄的地方完全劃入了自己的領地，並且還不斷地一直把它們擴延到廩延一帶。這樣一來，公子呂更是心裡著急，他又再次催促莊公說：「現在可以動手除掉他了。要是再讓他這樣擴展下去，他地方占多了，最後人心可就要歸附於他了。」

這時，只見莊公胸有成竹地說：「別著急，共叔段他身為臣子對君不義，作為弟弟對兄長也不恭親，像他這種不義不親的人，擴展得越大，結束的也會越快。」正是在莊公這樣一忍再忍一再放任的情況下，共叔一步步地發展自己，他修築了城池，囤聚了許多糧草，修整好了盔甲被服，又製造了許多的武器，還準備好了步兵和戰車，這一切準備就緒後，他打算來偷襲鄭國的國都了。

這時，姜氏也準備好了暗中給他做內應—到時打開城門放他進來。但是，誰知道他們準備偷襲的日期被莊公知道了。這時莊公才對手下的人說：「現在可以動手除掉他了！」於是就派了公子呂帶領二百輛戰車去討伐京城太叔。這時京城的老百姓也不聽從太叔了，共叔段就逃到了鄢地。莊公窮追不捨，軍隊緊跟著一直追到鄢地。五月二十三日，太叔又逃到了共國。

莊公為此怨恨姜氏偏心，於是就把姜氏給安置在城潁這地方，並且狠狠地對天發誓說：「不到黃泉，我將不再和您見面！」可是，過了一些時候，莊公又懊悔自己不該這樣做。

這時候，有個叫穎考叔的人，他正在穎谷做管理疆界的官，他聽到了這件事，就趁著晉獻貢品的機會來見莊公。莊公盛情地款待他吃飯。在吃飯的時候，穎考叔故意把肉留在旁邊不吃。

莊公就問他為什麼不吃肉呢？他回答說：「小人家中尚有個老母，我做的食物她都吃過了，可從來沒有嘗過國君您宮中的這種肉羹，請允許我把這些肉羹帶回去孝敬我的母親。」

莊公聽了穎考叔的一番話，嘆口氣說：「唉！你有母親可以孝敬，可是我就沒有！」

穎考叔裝著不知內情地問道：「請允許我冒昧請問一下，您說這話是什麼意思？」

莊公就把向姜氏發誓不再相見的事情告訴了他，並且說自己現在也很後悔。

穎考叔聽了後，腦子一轉就笑著對莊公說：「君王您先別急著發愁，這一點並不難。我告訴您個辦法：只要挖一條地道，直到挖出泉水湧出，您再跟老夫人在地道中見面。到那時，誰還能說您們這樣做不是『黃泉相見』呢？」

莊公一聽，這倒真是個兩全其美的好辦法。於是就照穎考叔的辦法去做了。

莊公進入地道去見姜氏，口裡還賦詩唱道：「地道中母子相見啊，心裡頭是樂融融！」而這姜氏走出地道後也歌唱道：「走出地道外啊，心情多暢快！」這真是母子情深的感人畫面。

從此，他們便恢復了以前親密的母子關係。

（選自《左傳．隱公元年》）

亂臣賊子—衛州吁

春秋時期的衛國，是周王室的近支，周武王的弟弟康叔的後代，到魯隱公三年（公元前二二〇年）時，衛國執政的國君是衛莊公，他娶了齊國世子得臣的妹妹莊姜為夫人。莊姜長得非常美麗動人，可是卻沒有兒子，衛國人真為她遺憾，就專門賦詩《碩人》，以表示對莊姜的憐惜之情。後來莊公又娶了陳國的厲媯為妻，厲媯生了一個兒子，叫孝伯。可是孝伯短命很早就死了。

厲媯的妹妹隨姊姊陪嫁衛莊公，生了個兒子—完。完很小的時候母親就死了。莊公就把完交給莊姜來撫養，並且立完為太子。

莊姜是個心地善良、品行端正的女人，她待完如自己親生兒子一樣，精心地撫養教育。

不久，莊公又與一個寵妃生了一個兒子，這就是公子州吁。

州吁性情粗暴蠻橫，好動武的，從小就喜歡談兵論戰。莊公非常溺愛他，對他的惡跡他從來不去制止，任其所為。可是美麗正直的莊姜卻很討厭這位驕奢好戰的公子。

德高望重的大夫石碏（ㄑㄩㄝˋ）見州吁整天遊手好閒為非作歹，覺得如果不早教育他，將來可能會禍國殃民的，就專程來到宮廷內，勸衛莊公說：「君主，我聽說，愛孩子就要教他走正道，不要走邪門歪道，否則，就不是愛，而是害。驕橫、奢侈、淫亂、放縱的結果，必將淪落到邪路上去，而這四種毛病公子州吁現在都有，這是您給他的寵祿，對他的嬌慣溺愛造成的啊！我不知您有什麼打算，如果您想立州吁為太子，那就早些定下來，不立他為太子，就要約束他的行為。不然，讓他繼續發展下去，會生出禍亂來的，等到他成了氣候了，想管也管不了啦！」

石碏又誠懇地對莊公說：「一個受寵而不驕傲，驕傲了又能屈身在人之下，屈身在人之下又能不怨恨，有了怨恨仍然能忍耐自安，這樣的人實在是少有的啊！而且州吁是庶子，完是嫡子，自古以來的規矩，庶子不能立於嫡子之上。庶子妨害嫡子，晚輩凌辱長輩，遠者離間近者，新來的離間故舊的，小國侵犯大國，邪惡破壞正義，這就叫做六神背逆行為。君主講仁義，臣下就學著做，父親慈愛，兒子孝順，哥哥親愛弟弟，弟弟尊敬哥哥，這就叫做六神順理行為。做人如果拋棄這六順而去效法六逆，災難很快就會降臨的。作為人君的，應該竭力避免這些禍患的發生。可是，如今您是加速禍患的到來，這怎麼行啊！」

石碏分析了六順六逆的道理，希望莊公防微杜漸。可是莊公對石碏的這些肺腑之言根本聽不進去，因此就種下了衛國禍亂的根苗。

石碏也有個兒子，名叫石厚，與州吁年齡相仿，兩個人關係好得好，形影不離地時常一起遊玩，一同乘車去打獵，屢次騷擾居民。石碏見石厚與州吁一樣不務正業，心裡又氣又急，對他嚴加管教，有時將石厚鎖在空房裡不許去找州吁，可是石厚不聽，偷偷跳出牆去，照樣又與州吁混在一起，同吃同住，竟也不回家，石碏真是無可奈何。後來，衛莊公故去了，公子完即位，這就是衛桓公。這時石碏已經告老退休了。石碏引退後，州吁更是肆無忌憚，做夢都想當國君。他見桓公是個老實人，性情比較柔弱，就和心腹石厚天天密謀怎樣除掉桓公，由自己取而代之。

魯隱公四年（公元前七一九年）春天，衛桓公去周朝國都洛陽朝見周天子。啟程前，州吁要為桓公餞行，就在西門外大設酒宴。酒至半巡州吁斟滿一杯酒，進給桓公，並說：「祝兄遠行一路順風！」

桓公接過酒杯，一飲而盡，也斟滿酒回敬說：「我這一去不過個把月就回來，請弟弟放心！」州吁雙手去接，佯裝沒接住，酒杯掉在地上了，他慌忙去拾起來，乘機突然地跳到桓公背後，抽出短刀從桓公背後猛力刺了進去，桓公即刻倒在地上斷了氣。嚇得周圍大臣們個個面如土色。

可是這些大臣平時都知道州吁粗野專橫，武力過人，而且心狠手辣，誰又還敢說話？州吁殺了桓公，自立為衛國國君，任命石厚為衛國上大夫。

對內外都說桓公是得了暴病而死的，只可憐桓公為

君一場，竟遭其弟毒手，這全是莊公縱子不教的結果啊！州吁即位後，國內議論紛紛，街頭巷尾沸沸揚揚，都在傳說州吁殺兄篡位的事。

州吁深感若百姓不服，江山很難坐得穩，得想個辦法立威鄰國震懾國民。最好的方法是向外攻伐，打個勝仗回來既能樹立威望，又能轉移國內視線緩和衝突。

於是州吁和石厚就去聯絡宋國、蔡國、陳國、加上魯國，共五國聯合出兵去攻打鄭國，直把鄭國都城包圍得嚴嚴實實。

魯隱公對衛國州吁的行為，心中也畫了個問號，就向他的大夫眾仲問道：「你說說看，衛國州吁會成功嗎？」

眾仲回答：「我聽說，只有用道德來規範引導人民，才能得到人民的擁護。卻沒聽說作亂胡為也能得到人民支持的。企圖以發兵動干戈來壓服人民，就好比抽絲，把絲弄亂，還怎麼抽呢？州吁憑藉武力殘害百姓，就必定失掉人心陷自己於孤立之境。戰爭就像那熊熊的烈火，不把它熄滅，就會將自己燒死。州吁殺了他的國君，虐待百姓，像這樣的踐踏道德而想用兵亂達到自己的目的，失敗是注定了的。」於是魯國和其他幾國就都班師回國了。只有衛國還在堅持對鄭國的攻擊。

州吁殺君篡位，又發動戰爭向外擴張，折騰得老百姓沒法過日子，衛國人更加怨恨他，反對的聲浪越來越高。州吁得不到人民的擁護，只好罷兵回國。回國後，他每天都像坐在針氈上一樣，寢不安枕，食不知味，一直擔心老百姓會起來反他，就與石厚商量辦法。

石厚說：「家父當年是衛國的上卿，衛國人都很信服他，您如果把他老人家再請出來，與您共商國政，別人也服氣了，您的寶座也就坐穩了。」

州吁聽了非常高興，就派石厚回家見他父親石碏，詢問安定君位的辦法。

石厚說：「現在新君剛即位，人心不服，這樣下去恐怕君位不穩，請教父親有何良策。」

石碏一聽，強忍怒火，心想：「好啊，你們這些賊臣賊子倒向我來請教了，看我如何收拾你們吧！」他表面不露聲色地回答說：「諸侯即位，應該得到周王的認可，新君最好能到洛陽去朝見周王，如此君位就可以坐穩了。」

石厚說：「您說得對，但怎樣才能得到朝見周王的機會呢？」

石碏說：「這個不難，陳桓公忠順周王，經常前去朝晉，很得周王的寵信。陳國和我們的關係也很和睦，你們如果先去朝見陳國，請陳侯在周王面前替衛君請命，通通情宜，一定可以得到朝見周王的機會。」

石厚把父親的主意告訴了州吁，州吁非常高興，就帶了些珠寶玉帛等貴重禮物，與石厚一起到陳國去了。而這邊石碏也在積極行動著：他與陳國大夫子鍼關係很好，就暗地寫了一封信，讓他的心腹秘密去陳國送給了子鍼，託他交給陳桓公。州吁和石厚到了陳國，當晚安排好後，大家都休息了。第二天，陳桓公在太廟裡接見他們。陳桓公坐在正位，左右兩邊是大臣，還安排許多武士一旁侍候。石厚見太廟門上，立著一塊白色木牌，上邊寫著工工整整的十個大字：

「不忠不孝之人不許入內。」

石厚大吃一驚，汗毛都豎了起來，忙問子鍼：「立這塊牌子是什麼意思？」

子鍼說：「這是我們先君的遺訓，我們君王不敢忘記，所以立在這裡。」二人這才放心地進入太廟。正待鞠躬行禮，只見子鍼立在陳侯旁邊，大聲喝道：「周天子有命，擒拿弒君之賊州吁、石厚二人！」話音未落，早有武士上前將他們二人五花大綁起來。

子鍼把石碏的信拿出來當眾宣讀一遍，信上說：「外臣石碏敬拜陳賢侯：衛國土地狹小，不幸天降大難，發生了弒君大禍。州吁、石厚正是弒國的兇手，此賊不除，國家的災難就會接踵出現。我，年老力微了，已經無能為力，請在他們到貴國朝見時，將他們擒獲正法，這不僅是衛國的大幸，也是天下的萬幸啊！」眾人和州吁、石厚才知道這原來是石碏的主意。

陳侯正要殺掉州吁、石厚二人，群臣說：「石厚是石碏的兒子，現在咱們不知石碏的意下如何，還是請衛國自己來處理為好。」

於是他們就把州吁和石厚分別押在兩個地方，派人星夜趕到衛國，報告情況。

石碏告老退休後，很少出門，這會兒見到陳國使臣來了，就立即召集大臣，對他們說：「州吁殺君亂國，石厚助紂為虐，陳國按我的意見已經把這兩個逆賊擒獲拘押，他們都屬罪不容赦，應該立即正法，替先君報仇。」

到了九月，衛國派右宰丑到陳國濮的地方去斬殺州吁。等到把州吁押赴刑場準備就法時，州吁看見了右宰丑，就大聲呼喊：「豈有此理，你是我的臣僕，怎敢前來殺我！」

右宰丑說：「衛國先有弒君之臣，我也學樣來殺你！」州吁低頭就刑，衛國除了一大害。

石碏又派遣他的家臣獳羊肩到陳國都城去斬殺石厚。

石厚見到獳羊肩說：「我罪該萬死，但，請讓我見父親最後一面。」

乳羊肩說：「我奉你父親的命令，來殺你這個逆子，你想見你父親，讓我帶著你的頭去見他吧！」說罷，拔劍斬殺了石厚，衛國又除了一大害。

石碏秉公持正為國除害，君子們都讚頌他說：「石碏是真正的忠臣，他痛恨石厚與州吁殺君篡國，把他們兩個人都殺掉了，真是『大義滅親』啊！」

（選自《左傳・隱公四年》）

季梁——百姓為上論

楚國是春秋時期的一個大國，為了能爭奪霸主號令諸侯，楚國經常向外發動兼併戰爭。

楚武王時，在打了些勝仗以後，又準備去侵襲隨國。

軍隊出發前，楚武王先派使臣去隨國談判修好的條件，實際是想先給隨國施加壓力，藉機撈到些好處。於是就先把出征的軍隊先駐紮在瑕地，等待談判的結果再做下一步打算。

和談是由隨國的少師主持進行的。

那時是弱肉強食，大國欺凌小國的時代。小國為了自己的生存和發展，往往彼此聯合起來共同對敵。

大夫斗伯比給楚武王獻策說：「我國雖然是大國，但在漢水以東不能得志，是因為那裡沒有我們的軍隊勢力，不怨天不尤人，這是我們自己造成的。因為我們一個勁兒地擴充軍隊，不斷地強加軍備，用武力威脅漢水以東這些國家，他們能不擔憂害怕嗎？於是就相互聯合起來，共同對付我們。他們合作的關係是那麼的緊密，我們想分化離間他們都無隙可乘了。但仔細觀察，漢東這些國家中間也有衝突。隨國在他們中間算是個大國，而隨國自高自大，不能平等待人，很有點『山中無老虎猴子稱大王』的架勢，這樣，小國就會有意見，有意見就會對它離心離德，這對我們楚國有利。隨國少師這個人很是驕傲狂妄，我們可以利用他的弱點以智取勝。我有一個主意，把我們的士兵偽裝一下，叫他們都裝出一副疲憊不堪、虛弱無力的樣子，等少師來時給他們一種錯覺，使他更加自滿輕敵，然後我們就可以打敗他們。」

大臣熊率且比說：「可別想得太天真了啊！那隨國有個季梁誰不知道，他足智多謀是不會輕易上當的，照你的主意辦，我們也不一定會撈到什麼好處。」

斗伯比說：「這是一種長遠打算，少師這個人很得他們國君的信任，這對我們的計策長遠來說是有好處的。」

楚武王採納了斗伯比的意見，他故意毀壞了軍隊的陣容，使戰士們的形象也糟透了，以此假像讓來接待少師上當受騙。少師來到後，一眼就看到了楚軍那副吊兒郎當，三天沒吃飽飯的樣子，心中立刻喜出望外，以為楚軍不堪一擊。

少師回去後，即刻將他看到楚軍的情況告訴了隨侯並請求出兵追趕楚軍，還說：「千萬別錯過了機會！」隨侯聽了後，也很高興，就準備同意少師的請求。

隨國有位著名的大夫，名叫季梁，他行事為人廉潔儉樸，老成持重，遇事總要三思而行。他主張百姓安居樂業，鄰國和睦相處。他見隨侯同意少師率兵攻打楚軍，就勸阻隨侯說：「君王，楚國現在很走運，是上天降福給楚國，使它逐漸興盛起來，國力不斷強大。現在表面上看來楚國軍隊疲憊不堪，有可能是偽裝，是使手段來引誘我們，君王為什麼這麼著急，去上當受騙呢？臣下聽說，小國力弱之所以還能夠抵抗大國，是由於小國有道，而大國貪得無厭。所謂道，就是忠於老百姓，而取信於神靈。作為萬民的君主，應該多關心多愛護老百姓，經常想到他們的利益，這就是忠；管祭祀的官，要實事求是地記錄國家的情況，報告給神靈，這就是信。現在老百姓飢寒交迫而君主為所欲為，祭祀官虛報功德來祭祀。臣下不認為這樣做是明智之舉。」

隨侯回答說：「沒有這種情況啊！我祭祀用的牲禮，都是經過精選的，既肥壯，毛色又純正；用的糧食五穀中一樣不少，既豐盛又齊全，為什麼還不能取得神靈的信任？」

季梁見自己的話已引起了楚武王的注意，就進一步說：

「因為老百姓是神靈的主宰，作為聖王，就要先讓老百姓過好日子，然後才能給神靈祭祀。也就是說，要把老百姓放在首位。這樣，在給神靈奉獻牲禮時的祝告才能夠說：『牲禮又肥又壯』，這是說明老百姓們的財力都很豐富，飼養的牲畜又肥、又壯、又多，而且黑白黃棕各種毛色都很齊全。在給神靈貢獻糧食時的祝告才能夠說：『乾乾淨淨的糧食，顆粒飽滿，豐富充盈』，這是說明春、夏、秋三時風調兩順，百姓祥和，年景豐收，就是說天時地利人和。在給神靈貢獻甜酒時的祝告才能夠說：『清香甘美的脂酒』，這是說明國中上下人都有高尚的品德，沒有違背道德的行為，祭祀時能夠說到這些食品的甘美芳香，就是指人們沒有邪惡的歹念，不誤春、夏、秋三季的農時，做好道德教化，對家族裡的人和睦相親。能以這樣的標準向神靈祭祀，就能使百姓安居樂業，而神靈就會降福給他，要做的一切事情就一定能成功。但現在呢？老百姓人心各異，鬼神沒有主宰，君主雖然自己安逸富有，又怎麼能求得神靈降福呢？希望君主還是重視德教，管好國家政事，親近四鄰兄弟國家，不要外征攻伐，這樣就會免於災難的。」

隨侯覺到季梁的話很有道理，從此他修明政事關心百姓，發展生產，重視教育，國家呈現了安定和平的局面。楚國看到隨國這種狀況，也就不敢輕易來犯了。

（選自《左傳．桓公六年》）

屈瑕之驕兵必敗

屈瑕是楚武王時期楚國的莫敖官。公元前六九九年春，楚國準備攻打弱小的羅國，由莫敖官屈瑕率領和指揮楚國的軍隊。軍隊正式出發時，大夫斗伯比去為屈瑕送行。他眼看著隊伍走遠了，心裡真不是滋味，就蹣跚著回到了住處。

他憂心忡忡預感到楚國這次可能要打敗仗，就對他的車夫說：「屈瑕這次出征必定失敗。」

車夫說：「您這話從何說起？屈瑕很能帶兵打仗啊！上次在蒲騷戰役中，他以輕師襲擊鄖國，鄖國敗得好慘啊！」

斗伯比說：「就是因為上次打了勝仗，他就驕傲了，你看他現在，走起路來邁著四方闊步，搖晃著身子，心神浮躁，得意忘形，唉！驕兵必敗啊！」說完，他就去晉見楚武王，說：「臣下懇請君王，這次屈瑕出征打仗，君王一定要給予增援。」

楚武王心想，屈瑕帶了那麼多軍隊，怎麼還要增援？就拒絕了斗伯比的建議。楚武王大半天都在想這事，就進宮去告訴夫人鄭曼，說：「斗大夫提出對屈瑕一定要給予增援，真不知他是出於何意。」

鄭曼聰明善解人意，她一聽武王的話就明白了斗大夫話中的真實意思，她面帶微笑地對楚武王說：「君王，您可能沒有領會斗大夫這話的含義，他說的恐怕不是指派出的軍隊人數少，所以要求增加人馬。而是說君王要用『信』來撫愛百姓，用『德性』來訓誡官員，用『刑罰』來使屈瑕畏懼。就是說，要在觀念作風上對屈瑕給予增援。屈瑕經蒲騷戰役的勝利後，態度上有些驕傲了，這樣他會輕視羅國的，君主如果對他不嚴加督察，他甚至會因輕敵而對羅國的戰爭不加設防的啊！斗大夫提出的對屈瑕一定要增援的意思，是請君主要好好訓誡眾將官，對他們嚴加督察，將他們召集在一起，對他們進行精神講話，以美德來勉勵他們。您應該接見屈瑕，批評他打了勝仗就飄飄然，告訴他上天是不會寬容輕浮怠慢的行為的。斗大夫就是這個意思，難道他不知道現在楚國的軍隊已經全部出征去了嗎？還談什麼派兵增援呢？」經鄭曼夫人這麼一說，楚武王明白了，他趕快派人去追趕屈瑕，告誡他要—嚴已守德，驕兵必敗。可是部隊已經走遠了，沒有追上。

屈瑕打了幾次勝仗，的確驕傲自滿了，他主觀武斷，聽不進不同意見，對部下說話眼睛連抬也不抬，甚至在軍隊中通告：「敢於來提意見、規勸的人，要割舌頭、割鼻子！」戰士們看他那自鳴得意的樣子，心裡都明白，他是被勝利沖昏了頭腦。結果造成軍紀鬆弛，上下離心。

部隊行軍到了鄢水，渡河時沒有行列，有如一盤散沙。而且都快到前線了，屈瑕還不設置軍務防備。部隊到了羅國以後，羅國早有準備，他們加強訓練了軍隊，修築了防禦工事，還與盧

戎人聯合，羅、盧兩軍從兩邊共同夾擊楚軍，楚軍招架不住，被打得落花流水，死傷無數。

屈瑕兵敗走投無路，就在荒古（地名）地方，一根繩子把自己給了結了。其他將領則被囚禁在治父聽候處罰。

楚武王說：「這都是我的罪過啊！是我對將士教育不嚴，才有今天的慘敗！」他全部承擔了責任，隨後全部赦免了敗軍的將領們。

屈瑕的下場啟示著人們：「驕兵必敗！」

（選自《左傳．相公十三年》）

言而無信——連稱、管至父之亂

齊桓公即位以前，齊國的政令反覆無常。齊襄公的一舉一動都沒有準則，而且這人又荒淫暴虐。當時齊國的大夫鮑叔牙就預感到齊國將有變，他說：「國君對待百姓倨傲放肆，禍爭就要發生了。」

於是他就保護襄公的弟弟公子小白逃到莒國去了。結果，在魯莊公八年（公元前六八六年）齊國內部果然發生了一次大的動亂。

當時齊襄公派遣連稱及管至父兩位大臣去戍守齊地葵丘。他們帶兵前往的時候正值七月瓜熟的季節，襄公對他們倆說好了：「等到明年瓜熟的時候我就派人去接替你們。」

可是後來，一年已經到期了，齊襄公應派人來接替的命令卻一直沒有下達。這樣一來，連稱與管至父兩人就著急了，他們一直向上面請求趕快派人來替換他們，但誰知齊襄公竟沒有答應他們。因此，他們倆人就暗中商量，準備發動叛亂，殺掉齊襄公。

再說，襄公的父親齊僖公，他有個同母所生的弟弟，各叫夷仲年，這夷仲年生了公孫無知，也就是襄公的堂弟，這公孫無知很受僖公的寵愛，所以他的衣物服飾以及他所享受的待遇，

都跟襄公完全一樣，這樣一來，襄公心裡當然就很不服氣了。因此，等到襄公即位後，他馬上就把公孫無知的享受和待遇給降低了。

這樣，連稱和管至父也就正好以襄公貶退公孫無知為藉口，來個趁機作亂。

當時，連稱有個堂妹正好在襄公宮中，但是一直不受襄公的寵愛。連稱就利用她窺探襄公的行動，好找機會下手，並且連稱還給她傳遞公孫無知的話說：「如果謀殺襄公的事成功了，我就讓你當夫人。」

這年冬天十二月時，有次齊襄公到齊地姑棼去遊玩，並在貝丘這地方打獵。

就在打獵的時候，襄公發現了一隻大野豬，隨從們一見馬上說道：「這是公子彭生！」這公子彭生，原是齊國的大夫，在八年前，襄公因與魯桓公夫人文姜（齊襄公妹妹）私通，被魯桓公發覺，襄公怕事情敗露，就指使彭生殺掉了魯桓公。

後來魯國質問此事，襄公為了推卸自己的罪責，就歸罪於公子彭生，並殺了公子彭生。因此，這會兒一聽到「彭生」這名字，襄公大吃一驚，馬上又大怒道：「彭生怎麼敢在我的面前出現。」說著就用箭射牠。

誰知這隻野豬竟像人一樣站起來大聲嗥叫。

襄公本來就是殺人心虛，一看這情景心裡更是害怕，結果一下子從車上掉下來，跌傷了腳，連鞋子也丟掉了。

打獵回來後，襄公就向一個叫費的隨從追究鞋子的下落。費到處也沒有找到鞋子，結果被襄公用鞭子痛打一頓，打得皮開肉綻，渾身是血。費嚇得跑出宮外，誰知恰好在門外遇上了作亂的人。作亂的人把也捉住並用繩把他給捆綁起來。

費一見這情景，心裡明白是怎麼回事，就向作亂的人解釋說：「你們看，我哪裡是抵抗你們的呢！」說著，就脫下衣服指著身上被打的累累傷痕給他們看。作亂者一看也就相信了他。

這時費馬上趁機請求讓他先進宮去幫助給探探情況，作亂的人答應了他。

結果，費進了宮中後，趕忙先把襄公給藏起來，然後又出來跟作亂的人搏鬥，後來也戰死在宮裡。作亂的人一路殺入宮中。這時襄公身邊的一名小官孟陽假裝襄公的模樣躺在襄公的床上，一下子被作亂者殺死，等殺了孟陽一看相貌不像襄公，他們才發現這不是國君。

接著他們就到處搜尋，突然發現門的下面露出一雙腳來，於是就把那個人從門後拖了出來，一看果然是國君齊襄公，便一刀殺了他。接著，他們立公孫無知為齊國的國君。

當齊國發生這次內亂時，公子小白的庶兄公子糾的師傅管仲和召忽，護衛著公子糾，逃到魯國去了。第二年，公孫無知被殺，公子小白從莒國返回齊國即位，這就是春秋時的五霸之一齊桓公。

（選自《左傳・莊公八年》）

曹劌論戰

當魯莊公八、九年齊國發生內亂以後，魯國就曾想用武力將公子糾送回齊國，與兄弟公子小白（即齊桓公）爭奪君位。於是，當齊桓公剛一即位，就雄心勃勃要向魯國報復，這就爆發了我國戰爭史上一次以弱勝強的著名戰役，即齊魯的「長勺之戰」。

魯莊公十年（公元六八四年）的春天，齊國派兵來攻打魯國，魯莊公準備迎戰，這時魯國的大夫曹劌（ㄍㄨㄟˋ）知道了這個情況，他就請求要晉見莊公。他的同鄉們都勸他說：「這些打仗的事是由那些做官的人去謀劃的，你又何必要參與進去呢？」

但曹劌不這樣認為，他說：「你們這些看法不對，我看啊，當官的人他們往往是目光短淺，看事情未必能深謀遠慮。」於是他還是去拜見了魯莊公。

曹劌見到魯莊公後，首先就問他：「請問國君您這次準備依靠什麼條件來打贏這一仗呢？」

莊公毫不猶豫地回答說：「我平時待人很好，吃的、穿的凡一切用以安生的東西，我從來不敢獨自拿來享用，我一定拿些來分給別人。」

曹劌聽了搖搖頭說：「這只不過是一些小恩小惠，何況也不能普遍地使老百姓得到，因此，老百姓是不會跟從您去死戰的。」

莊公想了想補充說：「我在祭祀鬼神時，所用的牛、羊、豬及寶玉、絲綢這些物品，我從來是不敢向鬼神虛報的，我總是很誠實，很守信用。」

曹劌聽後仍搖頭說：「這也只是一點小小的信用，光有這點信用，也還是不能取得鬼神對您的信任，他們也不會因此而保佑您的。」

這時莊公又仔細地想了想，最後說：「我作為一個國君，雖然大大小小的案子，我不可能一件件地親自調查清楚，但我一定盡力合情合理地來處理好這些事情。」

聽了莊公的這一回答，曹劌才滿意地點點頭說：「您這才是在盡心盡力為百姓辦事啊！我看，憑著這一點，您就可以跟齊國作戰了。」說完，曹劌又向莊公提出請求：「等您打仗的時候，請允許我跟您一塊去。」莊公答應了他的請求。後來齊、魯兩國在魯國的長勺交戰了。

莊公和曹劌同坐在一輛戰車裡。戰事一開始，齊軍就擂響了戰鼓要進軍了。莊公一看著急了，他也迫不急待地要擊鼓進軍。可是此時曹劌阻止他說：「等等，現在還不到擊鼓的時候。」直等到齊軍擂了三次戰鼓後，曹劌才告訴莊公說：「現在可以擊鼓發動進攻了。」

莊公這才下了命令，只見魯軍的戰鼓一響，戰士們個個精神抖擻，像離弦的箭一下子衝了上去。結果把齊軍打得大敗而逃。

眼看齊軍敗退，莊公又急得準備下令追趕齊兵。這時曹劌又阻止他說：「請再等等，現在

還不行。」說完，曹劌就從戰車上下來，實地仔細地察看了一番地上所留的齊軍戰車的車輪印，然後又返身登上戰車前的橫木上全神貫注地瞭望齊軍，過了一會，他才對莊公說：「好！現在可以全力追擊齊軍了。」於是，魯莊公就下令開始追擊齊軍。這次戰役魯國取得了勝利。

打勝仗後，莊公心裡還不明白這場仗曹劌為什麼讓他這樣打，於是就親自向曹劌請教。

這時曹劌給莊公具體分析了這場戰爭勝利的原因，他說：

「作戰打仗，那全憑戰士們的勇氣！第一次擊鼓，戰士們都是鼓足了勇氣的；第二次擊鼓時，戰士們的勇氣就衰退一點了；等到擊第三次鼓時，戰士們的勇氣可就全部消失了。當敵人的士氣全部消失時，我們適時擊第一次鼓，戰士們的士氣正旺盛，這樣我們就必定會戰勝敵人。再一方面，敵人敗退時，我們為什麼不能馬上追擊呢？因為齊國是個大國，他們的用兵往往讓人難以捉摸，我怕他們埋下伏兵假裝逃跑，因此，我仔細察看了他們戰車的輪印，發現輪印確實很亂，再登高望望他們的軍旗，也已東倒西歪，確實是戰敗而逃，這時我才請您下令追擊齊軍。」

正是由於曹劌戰前做了充分的準備，又採取了弱者先讓一步，後發制人的方針，才取得了戰爭的勝利。

（選自《左傳．莊公十年》）

衛懿公和鶴將軍

齊桓公當年叱詫風雲，稱雄一世，是春秋五霸中第一個霸主。當諸侯國遭受到外族侵略時，齊桓公也常常發兵前去救援，諸侯們都佩服他，一致稱他為「共主」。

春秋時期，在列國中有一個地處今河北省南部和河南省北部一帶的衛國，是周王室的近支。

衛國與北部的少數民族夷狄人相鄰。夷狄是個遊牧部落，善長騎馬射箭，練得一手好箭法。夷狄人不斷南犯騷擾衛國，因此兩國經常發生戰事。

當初，衛惠公即位時年紀尚輕，大約只有十五、六歲吧，還不能完全獨立地主持國家大事。齊國就乘他年幼可欺，一定要惠公同父異母的哥哥昭伯，與惠公的生母名叫宣姜的結婚。昭伯認為這不合倫理堅決不答應，可是他怎麼頂得過威震天下的霸主？以後他們就生下了公子申、公子毀等幾個兒子。

魯莊公二十六年（公元前六六八年），衛惠公的兒子衛懿（ㄧˋ）公即位。這衛懿公昏庸無能，國家災難不斷。懿公有一個特別的愛好：喜歡玩仙鶴。那些下臣為了投其所好，都以最好的

仙鶴向懿公進獻。這些鶴長長的腿，白白的毛，紅紅的頂，尖尖的嘴，十分引人喜愛。

衛都從禽苑到宮廷到處都養著鶴，數量有數百隻之多。

懿公給這些鶴都封了官職和俸祿。每當懿公出遊時，這些鶴也要按等級乘坐大夫所坐的大篷車，前呼後擁地跟著懿公去享受那大自然的陽光雨露，好不神氣！

這些鶴號稱為「鶴將軍」。負責養鶴的人也得到很高的俸祿。

為了養鶴，衛懿公無止境地向老百姓攤派糧租、賦稅，老百姓的缺衣無食飢寒交迫他全不管。

這時，衛國有名的忠誠正直的大臣石祁子和寧莊子眼見懿公這樣的不務正業，荒淫無度，多次勸說，但懿公全聽不進去。公子毀想，照這樣下去衛國無望了，一氣之下就投奔齊桓公去了。從此，衛國一天天衰落下去。

魯閔公二年（公元前六六〇年），北方狄人又發兵攻打衛國，這時衛懿公正要備車載鶴出遊郊野，有人來報告說：「大王，不好了，北狄人打進來了！」

懿公一聽，大驚失色，他馬上組織士兵，發放武器準備迎戰。可是他萬萬沒有想到，這些士兵誰也不願聽他的指揮，都不穿鎧甲，也不領武器，不肯替他去打仗，老百姓也都逃難去了。

懿公焦急地問：「你們為什麼不聽我的命令？」

戰士們挖苦他說：「你不是有『鶴將軍』嗎？你的『鶴將軍』享有大夫的地位和俸祿，那你讓他們去打仗好了，我們什麼都沒有哪能打仗呢？」

懿公說：「你們怎麼說出這等怪話呀，那鶴怎麼能打仗啊！」

眾人齊說：「鶴既然不能打仗，大王為什麼又要養這些無用之物呢？所以老百姓都不服啊！」

懿公這時才恍然大悟，知道自己已大失民心，號令不靈了。緊急關頭，他決定自己親自御駕出征，既表示悔過，也以領頭出征安定百姓。

臨出發前，懿公把一塊玉交給了大夫石祁子，讓他留守國都代理國政，並對他說：「我要走了，我把國事都委託給你了，希望你辦事要有決斷，不要優柔寡斷。」

又把一支令箭交給大夫寧莊子，讓他在國率眾堅決抵禦敵人，千叮寧萬囑咐地叫他倆好好守國，說：「你們就憑這兩樣東西全權處理國中的事，只要是對的，你們就堅持。我是不獲全勝決不回來！」回頭又把一件繡花送給夫人，並對她說：「現在我就要出發了，妳一切都聽從他們二位的主張和指揮就是了。」懿公吩咐完畢，立即率兵出發。

由大夫渠孔給他駕車，于伯在車上為他作警衛，黃夷作先鋒，孔嬰齊率領後隊。隊伍走到滎澤地方，一看狄兵才不過千人上下，而且紀律鬆散，行軍隊伍沒個行次。

渠孔見狀就下令軍隊向前追殺，正在驅趕中，狄兵突然呼哨而起，如天崩地塌，虎狼似的從兩邊撲了過來，原來衛軍中了埋伏，衛軍軍隊的隊伍被截成三截，前後沒法互相照顧，形勢一下吃緊起來。衛軍兵士本來就沒心拚命退敵，這會兒一見狄兵勢力兇猛，大多數都扔掉手中武器拚命地逃跑了。衛懿公被狄兵重重包圍，懿公雖然猛力還擊，怎奈寡不敵眾。

渠孔見勢急喊：「快把旗幟放倒，不能讓狄人發現大王，大王你換穿便服趕快逃跑吧！」

懿公說：「不能放倒旗幟，咱們互相救援，以這面旗為標誌啊！」

由於懿公不肯拔去他的旗幟，暴露了目標，轉瞬間，衛軍前後都被打敗，黃夷、孔嬰齊、于伯幾位將領都戰死了，衛懿公和渠孔也先後被殺，懿公竟被狄人砍為肉醬，全軍覆沒。

大臣中只有太史華龍滑和禮孔二人逃了出來，跟著又被狄人浮獲。

他二人知道狄人信鬼，就向狄人說：「我們倆是衛國的太史令，是專管祭祀的，讓我倆先回衛國為你們祈禱神明吧，不然的話，神就不會保知你們，那麼你們也不可能拿下衛國來。」

狄人一聽，信以為真，就同意他們先回衛國。他二人飛也似的回到了衛國國都—漕邑，趕緊把前線情況，懿公被殺詳細告訴了石祁子和寧莊子兩位留守大臣，並說：「狄人兵力非常強大，你們不能坐以待斃，得趕快撤離啊！」

到了晚上，夜幕茫茫時，兩位大臣帶著眷屬、宮人們匆匆逃走了。

當全城百姓得知這兩位大臣帶著家眷逃離時，也都紛紛撤離國都，一路驚慌逃命，哭聲震天。百姓剛剛離開，狄人就長驅直入占領了衛國國都，隨後是野獸般燒殺搶掠，未來得及逃離的百姓都被他們殺戮了，衛國國庫及城中百姓遺留下來的東西也被洗劫一空，然後狄人又拆毀了衛國都城，這才滿載而歸。

狄兵撤後，大夫石祁子和寧莊子才帶領逃難的衛國人回到國都漕邑。一清點人數，一共才有七百三十來人，加上各地湊集一起的，也不過五千來人。

再說當狄人侵犯衛國，在滎澤交戰衛國大敗時，衛國使臣騎著快馬直奔齊國向齊桓公報告說：「北狄人打進了衛國，懿公已經被他們殺死了，老百姓也死傷無數，請霸主快來救護吧！」

齊桓公一聽衛國國破人亡，大吃一驚，立即派公子無虧率領兵車三百輛，戰士三千人，迅速來到衛國，守衛國都漕邑，並把公子毀也送回了衛國。齊桓公還送給衛國牛、羊、豬、鴨、狗三百隻以及大量木材，以重建家園。

公元前六五九年，衛國人擁立公子毀即位，這就是衛文公。衛文公即位後，大力發展生產，減輕人民負擔，實行緩和的刑罰，讓人民能安心地去從事生產。

同時，文公還躬身示範，他和百姓一樣，穿的是粗布衣裳，吃的是粗糧淡菜，每日早起晚睡親自參加勞動，與百姓同甘共苦，眾人一致稱讚說：「好一個賢君啊，衛國有望了！」經過文公的勵精圖治，全國上下，團結一致，才逐步地恢復了衛國的舊日聲望。

（選自《左傳・魯莊公二十六年》）

唇亡齒寒——虞公借道

春秋戰國時期，各國相互兼併，強滅弱，大吞小，爭鬥不止。在這一場爭鬥中，虞國的滅亡很發人深省。

魯僖公二年（公元前六五八年），晉國的大夫荀（ㄒㄩㄣˊ）息向晉獻公獻策，他建議獻公用屈地出產的駿馬和垂棘出產的美玉作為禮物，向虞國借路去攻打虢國。

晉獻公有點捨不得，他說：「這些可都是我們的寶物啊！」

荀息勸他說：「大王您不要捨不得，如果我們向虞國借到了路，那時這兩種寶物就像是寄存在外國的倉庫裡一樣，將來，這些寶物仍然還會是屬於您的。」

虞國當時有個賢臣名叫宮之奇。晉獻公很擔心他會勸虞公不借路給晉國，於是就提醒荀息說：「你可別忘了，虞國還有個宮之奇在啊！」

只見荀息笑了笑說：「宮之奇這個人，大王您別擔心，我看他性情懦弱，他不會堅決勸諫虞國國君的。況且他從小就在虞公的宮中長大。虞公呢？也不過是跟他很親近，並沒有重視他，即使他進諫勸阻，我料虞公也不會聽他的。」

聽荀息這麼一說，晉獻公就同意了，並派荀息帶著禮物到虞國去借路。到了虞國後，荀息一見到虞公就奉承他說：「上次冀國真是不講道義，從顛軨入侵您虞國，一直攻打到您國鄍邑的三面城門。結果，冀國還是被打得受到很大的損傷，這可是全靠了您這位能幹的國君啊！現在虢國也不守信義，在客舍裡築起城堡，聚眾結伙來侵襲我們晉國南方的邊境。為此，我們請求貴國是否能借我們一條路去向虢（ㄍㄨㄛˊ）國問罪。」

虞公聽了荀息的吹捧，心裡樂淘淘地，於是，他毫不思索地滿口答應了晉國的請求，甚至還主動提出請求讓他先去攻打虢國。

聽到這事後，宮之奇看出了晉國別有陰謀，因此就出來勸阻，但虞公此時哪能聽得進他的勸告，只顧積極準備出兵去攻打虢國。

這年的夏天，晉國的大夫里克和荀息統率軍隊，會合虞國的軍隊攻打虢國，結果把虢國國都附近的下陽城攻下了。過了三年，晉獻公又要向虞公借路去攻打虢國。

宮之奇再次出來勸阻虞公說：「虢國是我們虞國的屏障，兩國是相互依存的。如果虢國滅亡了，那我們虞國也將會保不住，必定會隨虢國滅亡的。再說晉獻公這樣貪得無厭，我們可不能助長了他的野心；跟強盜打交道我們可千萬不能放鬆警惕啊！您上次借給他路，就已經幹了一件蠢事，難道您還準備再錯一次嗎？」為了給虞公說得更明白，宮之奇又打比方說：「俗話說得好：嘴唇和牙齒是相互依存的，失去了嘴唇，牙齒就會露出來而受寒。這句話恰好說明了我們虞國和虢國的依存關係啊。」

虞公卻又說：「晉國和我們本是同一個宗族，難道他們會加害於我們嗎？」

針對虞公的這種依靠宗族關係的思想，宮之奇又舉出事例分析說：

「從前，太伯、虞仲都是周朝祖宗太王的兒子，太伯他不聽從父親的話，因此沒有繼承王位。虢仲、虢叔都是王季的兒子，是周文王的同母兄弟。他們倆都當過哥哥周文王的執政官，在王室他們都有過功勞，而且均有記載於史上。這些記載現都收藏在掌管盟約的宮府裡。照說虢和虞跟晉都是出於同一個宗族，現在晉國連虢國都要滅掉，他怎麼會特別保護虞國呢？您再想想，就算晉國的國君能愛我們虞國吧！難道還能比對待晉君自己的堂兄桓叔、莊伯的後代更親近嗎？桓叔、莊伯兩族的後代有什麼罪？結果不都是被晉君給殺絕了嗎？這是為什麼？還不是因為他們勢力強大，威脅著晉君他自己嗎？所以，您想想看，因為威脅自己連親情骨肉都可以殺掉，那更何況我們跟他也只不過是國與國的關係呢？」

虞公此時還是聽不進宮之奇的勸說，他又用他所迷信的神權來替自己的行為辯解，他說：「你知道，我祭神用的祭品是又豐盛又清潔，神明一定會保護我們的。」

宮之奇又有力地反駁他說：「我聽說，鬼神不是隨便就保佑人的，而是依據人的德行，只保佑那些有德行的人。所以《周書》上說：『上天對人不分親疏，只有有德行的人才被保佑。』《周書》上又說：『黍稷並不馨香，只有明顯的德行才是最香的。』《周書》上還說：『人們用的祭物相同，只有有德的人的祭物才是神所享用的。』像《周書》上所說的那樣，如國君沒有德行的話，人民不會安定，鬼神也就不會來享受他的祭品了。鬼神所依據的，也就是那人有沒有德行。」

宮之奇為虞公明確指出國家的存亡在人不在神，應實行德政，民不和則神不享。他又說：「像現在這樣，如果晉國攻佔了虞國，修好了德行來祭神，難道虞國山川社稷之神會拒絕他們的祭供嗎？」不管宮之奇如何用事實與道理來規勸虞公，最後他還是答應了晉國再次借路的要求。

宮之奇一看這樣，就只好帶領著自己的家族離開了虞國，臨走時，他說：「虞國的滅亡看來是等不到今年年終祭祀的時候了！晉國將要一舉兩得，用滅虢的軍隊來滅虞了。」

果不然，在這年的十二月初一，晉軍滅掉虢國，虢公丑逃到洛陽周王那裡去了。晉軍勝利凱旋回來，藉口在虞國附近駐紮休整，就此又順道襲擊了虞國，將它滅掉了。

晉人捉住了虞公和他的大夫井伯，晉獻公把他們作為自己女兒秦穆姬嫁到秦國去的陪嫁。

由此看來，虞國被滅真是何等容易啊！

（選自《左傳・僖公二年》）

齊桓公伐楚

齊桓公即位以後，雄心勃勃，他任用賢臣、發展經濟，使國力不斷強盛起來。他為了稱霸天下，鞏固其霸主的地位，就打著先王的旗號，找種種藉口，糾集了八國的兵力去伐楚。但是楚國也毫不示弱，使齊桓王終究未能達到自己的目的。

魯僖公四年（公元前六五六年）的春天，齊桓公率領魯、宋、陳、衛、鄭、許、曹等諸侯國的軍隊，以八國的兵力進攻蔡國，結果蔡國潰敗了。於是齊桓公又率領諸侯軍隊去征伐楚國。

這時楚成王就派使者屈完到齊軍中對桓公說：「齊王您住在北方，楚王住在南方，即使是放牧牛馬，兩國相距甚遠，牠們也不會碰到一起的。現在料想不到您竟進入到我們這個地方來了，不知這是什麼緣故？」

面對楚國使者的發問，齊國的大夫管仲以一種倚強恃眾，極其倨傲的口氣回答說：

「從前召康公命令我們先君太公說：『五等諸侯、九州伯長，如果有罪行，你有權討伐他們，以便共同輔佐周王室。』召康公也賜給我們先君可以征討的範圍，這就是東邊到海，西邊到黃河，南邊到穆陵，北邊到無棣。」接著，管仲又羅列楚國的罪狀說：「現在你們楚王不把應該向周王進納的青茅給進貢上去，結果因為沒有滲濾酒糟的青茅，而使得周王的祭祀都供應不上，現在我特來追究這件事；再有周昭王巡行南方為什麼到現在沒有回來，我也特來質問這件事。」

面對管仲的責問，楚國的使者屈完卻針鋒相對，從容對答說：「沒有進貢青茅，那的確是我們國君的過錯，今後我們一定按時進貢，至於您說的周昭王南巡沒有回國的事，那還是請您到水邊去問一問吧！」

齊桓公見楚國不肯服罪，於是就派諸侯聯軍繼續向楚國進軍，並在陘地駐紮下來。這年夏天，楚成王又派遣了使臣屈完到齊軍中進行交涉，因此齊軍後退，並臨時駐紮在召陵。齊桓公讓各諸侯的軍隊擺開陣勢，並同屈完同坐在一輛兵車上，有意讓屈完觀看各諸侯軍隊的行列。

齊桓公很得意地指著這些軍隊，對屈完說：「你看這些諸侯國的軍隊並不是為了我個人啊！他們只不過是為了繼承我們先代君主的友好關係罷了。」說到這，他又用委婉勸聽的話對楚使屈完說：「怎麼辦，你們楚國是否也和他們這些諸侯國一樣，也與我們建立友好的關係呢？」

屈完回答說：「承蒙您光臨我們國家並為我們的國家祈求福澤，又肯忍辱容納我們國君，這正是我們國君很願意的事啊！」

見楚使這樣回答，齊桓公就又以一種威脅的口氣說：「你看看，我率領這些軍隊作戰，誰能夠抵擋它！我用這些軍隊攻城，什麼樣的城攻不下來呢！」

面對齊桓公這咄咄逼人的氣勢，楚使屈完不卑不亢，他也給了齊桓公一個有力的警告，他說：「是啊，齊王您若能以仁德來安撫諸侯，哪！哪個敢不服您呢？但是您若單想用武力來對付

我們的話，那我們楚國君就會把萬城山當作城牆，把漢水當作護城河，到那時候，我看您的軍隊就是再多，恐怕也是沒有什麼用處的！」

結果，楚使屈完代表了楚國和諸侯國訂立了盟約，齊桓公也無可奈何於楚國，只得草草了事，結盟而回。

（選自《左傳・僖公四年》）

驪姬之亂

春秋時期，在晉國發生了一次大的宮廷內亂，這就是有名的驪姬之亂。

晉獻公原先在賈國娶了個妻子，但沒有兒子。後來獻公與齊姜私通，生了秦穆夫人和太子申生，後他又在戎國娶了兩個女人，生了重耳和夷吾兩個兒子。

魯莊公二十年（公元前六六六年）的時候，晉國攻打驪戎國，驪戎國把女兒獻給了晉獻公。獻公晚年時十分寵愛驪姬。當初的時候，晉獻公想把驪姬立為夫人，他就請人用龜甲來占卜，結果是不吉利；又改用蓍草占筮，結果吉利。

獻公就對他身邊的人說：「就按占筮的結果辦吧！」

可是卜人勸他說：「占筮不靈驗而占卜卻是很靈驗的，大王您不如就按照靈驗的占卜結果來辦。而且占卜的兆辭說：『專寵她過了分就會生出壞心，將會奪去您的美事。香草和臭草混在一起，過了十年還會臭味！我勸您一定不要這樣做。』」

但，獻公不聽占卜人的話，還是立驪姬做了夫人。驪姬生了個兒子叫奚齊。等到將要立奚齊為太子的時候，驪姬已經與中大夫里克訂好計謀。

有一天，驪姬十分關心地對太子申生說：「太子啊！國君看見你的母親齊姜了，你一定趕快去祭祭她吧。」

太子申生聽了驪姬的話就趕緊到苗沃去祭祀。等祭祀完後，申生就把祭酒祭肉拿回來獻給父王獻公。此時，恰逢獻公到外打獵去了，驪姬就把這祭酒、祭肉在宮中放了六天。等獻公打獵回來，驪姬趁人不備，偷偷地在酒肉裡投進了毒藥，然後把它獻給獻公吃。

獻公很高興，他在飲酒之前先將酒祭地。誰知，當把酒一灑在地上時，只見地上的土立即突起一個個小包；他又把肉扔給狗吃，結果狗被毒死了；他又把肉給小臣吃，結果小臣也被毒死了。

獻公一看臉色大變。

驪姬一看此事敗露，馬上就哭了起來說：「這酒肉是太子申生獻給您的！這是太子想謀害您啊！」這樣一來，太子申生就只好趕快跑到了新城。

晉獻公為此非常怒，一氣之下，殺了太子申生的師傅杜原款。這事發生以後，有人不平，就勸太子申生說：「太子您應回去向父王申辯一下，國君一定能判明是非的，否則您這不是太冤枉了嗎？」

可是太子申生滿臉愁容直搖頭說：「不行啊！我不能這麼做。要知道我父王是多麼地喜愛驪姬，要是沒有了驪姬，我父王他一定會覺也睡不著，飯也吃不香。我要是回去申辯，那驪姬一定有罪。且我父王現在也老了，他老人家一旦失去了驪姬，那是會很不快活的，要這樣的話，那我又有什麼快樂可言呢？」

人們看太子申生這樣地孝順他的父王，就只好另想主意，就又勸他說：「那您還是趕快逃走吧！否則太危險的。」

可是申生又顧惜他自己的名譽，他說：「現在國君還沒有查清驪姬的罪過，我要是背著這個殺父的罪名逃出去，那誰還會接納我呢？」

魯僖公四年（公元前六五六年）的十二月二十七日，太子申生在新城上吊死了。

在太子申生死後，這驪姬又到處散佈誣陷另外兩個公子重耳和夷吾的謠言，說他們倆人都知道申生毒害國君的事。這樣一來他們倆在京城也待不住了，公子重耳又只好逃到蒲城，公子夷吾逃到了屈城。

起初，晉獻公派晉國的大夫士蔿（ㄨㄟˇ）為重耳和夷吾修築了蒲城和屈城，築城時不小心，在土牆內滲進了柴草。公子夷吾就把這件事告訴了晉獻公。獻公派人去責備了士蔿。

士蔿回答說：「我聽說，沒有喪事而悲傷，那憂愁就必然會相隨而來。沒有兵患而築城牆，那仇敵一定會來據守。既然仇敵可以來佔據它，那築城又何必那麼小心呢！在職位的官不接受君命，這就是不敬；而加固仇敵佔據的城池，這就是不忠。如果失掉了敬和忠，那又用什麼來事奉國君呢？《詩經》上說：『心懷德行就會安寧，公子們就是堅城。』國君若能修養德行，並且努力鞏固公子們的地位，那什麼城池能夠比得上呢？我看三年後就要用兵了，築城哪還用得著那麼小心謹慎呢？」士蔿對獻公說完話退下來後，又誦讀了一首詩說：「狐皮袍子皮毛染亂蓬

鬆，一個國家有三個公，我該去跟從誰呢？」

後來，等到發生驪姬誣殺申生的禍難時，晉獻公又聽了驪姬誣陷公子重耳與夷吾的言辭，就派寺人披攻打蒲城。

公子重耳說：「父王的命令是誰也不能違抗的。」於是他就對眾人下令說道：「凡是違抗命令的人就是我的仇敵。」說完他就跳牆逃走了。寺人披追趕公子重耳，砍掉了重耳的一截袖筒，結果重耳逃奔到狄國去了。

魯僖公六年（西元前六五四年）的春天，晉獻公又派賈華去攻打屈城。公子夷吾守不住了，就跟屈人訂立盟約，然後也出走了。

他原先準備逃到狄國去，但他手下的臣子欲芮（ㄖㄨㄟˋ）對他說：「到那裡去恐怕不合適吧？您想想看，您在公子重耳之後出走離開晉國，現在又倆人一齊逃到狄國，這不等於是證實了你有罪嗎？我看還不如到梁國去。梁國靠近秦國，而且又受到秦國的信任。」於是夷吾就到梁國去了。

正是由於驪姬的陰險狠毒及晉獻公的昏慵糊塗，才使得晉國眾公子遭誣陷、被逼自殺以及為避免殺身之禍而流亡國外，造成了晉國一場空前的大內亂。

（選自《左傳・四、五、六年》）

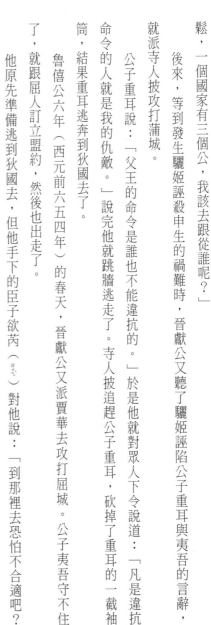

秦晉韓之戰

魯僖公九年（西元前六五一年）時，晉獻公死了。當時驪姬的兒子奚齊和他的異母弟卓子均被大夫里克殺死。而此時，晉國的眾公子又都逃亡在外，這樣一來，晉國國內成了無君的狀態。

這時候，逃亡在外的夷吾就用厚禮賄賂秦王穆公，由秦國用武力護送夷吾回晉為君。這就是晉國的第二十二位國君晉惠公。

當時，晉惠公由秦國護送回來擔任晉國國君時，秦穆公的夫人，也就是惠公的異母姐姐秦穆姬，曾囑託惠公照顧已死公子申生的妃子，夷吾的長嫂賈君，並且對他說：「你一定要設法把那些逃亡在外的眾公子都接納回國。」

當時重耳等五位公子都逃亡在外，可是惠公回國即位以後，他全不按姐姐秦穆姬的話去做，他不但不接納眾公子回國，而更有甚地姦淫了賈君。

因此，秦穆姬很怨恨他。原先，惠公也曾答應過要酬謝在他即位之前那些幫助執政的晉國大夫，可是他即位後，答應過的事又都不算數了。他也曾答應把黃河以南的五座城送給秦穆公，

以酬謝秦穆公幫他做了國君，這五座城池東邊到虢國的邊界盡頭，南邊到華山，北邊到晉國內地解梁城。可是等惠公即了位後，這些地方他也不給秦穆公了。

晉國發生了飢荒，秦國輸送糧食給他；可是當秦國發生飢荒時，晉國卻不賣給秦國糧食。惠公這一連串的做法惹惱了秦國，所以，秦穆公決心要來征討晉國。

出師前，秦國的占卜官徒父用蓍草卜筮秦國這一仗的結果，得到的是吉兆，卦辭預示著秦國的軍隊要渡過黃河，晉侯的戰事最後必定要失敗。

秦穆公又向占卜官細問卦情，卜官徒父說道：「這個卦象徵秦國將出師大吉。會把晉軍接連打敗三次，而且最後一定會俘獲晉君。」結果，果然晉軍打了三次敗仗，最後退到了韓地。

此時，晉惠公很著急地問大夫慶鄭說：「現在敵人已經深入進來了，你看我們該怎麼辦呢？」

慶鄭回答：「這都是因為國君您背信忘義不守信用，才招致的敵人深入，這能怎麼辦呢？」

聽慶鄭這麼不客氣的回答，惠公很生氣，就申斥道：「你太放肆了。」

後來，晉惠公又占卜，看誰能擔任他的兵車右衛，占卜結果是慶鄭擔任此職吉利，可是惠公因為生慶鄭的氣，所以決定不用他。後來他讓晉國大夫步揚駕馭兵車，由大夫的家僕徒做兵車右衛。

駕車的是從鄭國進貢來的小駟馬。

這時慶鄭又勸惠公說：「古時候出兵打仗，一定要駕本國出產的馬。因為牠生長在本國水土上，懂得本國人的心思，也會順從本國人的調教，也就熟悉本國的道路，這樣，一旦打起仗來，發生什麼情況，才可以任憑您隨意駕馭牠，牠都會如人願的。如果您現在駕著外國所產的馬來打仗，一旦遇到意外情況，它可能就會改變常態，行動一定會違背您的意願。再說，馬一受到刺激，就會呼吸紊亂而變得暴燥緊張，血液也會在周身急劇循環，由於血湧急漲沸騰，雖然牠外表體形強壯，但體內卻已是氣虛衰竭。這樣一來，牠就會進退不得，打轉轉圈也不行了，真到那時您一定會後悔不已的。」

可是惠公對慶鄭這番曉之以利害的勸說根本就不願意聽。

九月時，晉惠公將要率軍迎擊秦軍。惠公先派遣了大夫韓簡去探一下秦軍的虛實。韓簡回來報告：「秦軍的數量比我們少，但是他們鬥志昂揚的士兵卻要比我們晉國多一倍。」

惠公大為不解，問道：「這是什麼緣故呢？」

韓簡說：「國君您逃亡時，是依靠了秦君的資助，後來您回晉國擔任國君，也是全靠了秦國的厚愛和護送；我們晉國遇到飢荒時，靠的也是秦國救濟的糧食。可是如今，國君您得到了秦國三次恩惠，可是您卻沒有報答人家一次，因此，秦軍要來征伐我們晉國。現在國君您不僅不反省自己，反而還要出兵去迎擊秦國，因此，咱們晉國軍隊的士兵士氣鬆懈而秦國軍隊的士氣則很振奮。要是這樣看來，秦軍鬥志高昂的士兵比晉國還不止多一倍呢！」

惠公不聽，還不服氣地說：「一個普通的人尚且不能被人輕侮，何況是一個國家呢？」

於是，他就派韓簡前去向秦國求戰，並且向秦穆公說：「寡人無能，我只會將軍隊集合起來而不能將他們解散。您如果還不退兵，我國是不敢迴避您進軍的命令的，我們將一定奉陪到底！」

秦穆公見晉惠公竟然口氣還這樣強硬，就派大夫公孫枝回答說：「請您別忘了，當您還沒有回到晉國時我替您擔憂；當送您回到晉國而還未能安定君位時，我還替您擔憂。如今既然您已經穩居國君之位了，我怎麼敢不接受晉君您的請戰命令呢？」聽了這話，韓簡心裡很明白，已經有了預感，因此，他回到晉營後說：「這回我們若是能做秦國的俘虜，那就已經是很幸運的了。」

九月十三日，秦國和晉國兩國的軍隊在韓原交戰。

那替惠公駕車的小駟馬，果然陷在爛泥中只轉圈卻怎麼也出不來。

這時惠公可真是著急了，他大聲呼叫慶鄭來救他，可是慶鄭卻說：「您既不聽勸告，又不相信占卜，這本來就是自食惡果，為什麼還要逃跑呢？」說完慶鄭沒有救惠公就離開了。

這時梁由靡給韓簡駕車，虢射擔任車右，恰好遇上了秦穆公，正要擒獲秦穆公，但由於慶鄭不救晉惠公而耽誤了韓簡，就失去了擒獲秦穆公的機會，讓秦穆公跑掉了。結果，反而是晉惠公被秦穆公俘虜帶回了秦國。這樣一來，晉國的大夫們都著急了，他們把自己的頭髮弄得紛亂披散，拔起帳篷一直隨著秦軍。

秦穆公一看這樣，就派人故意耍外交辭令，勸止這些晉國的大夫說：「你們何必那樣憂傷呢？我只是隨著晉君往西去而已，這麼做也只不過是為了壓息晉國的妖夢之言罷了。怎麼敢把晉君作為我們的俘虜而帶回秦國呢？」

晉國的大夫們此時都一個勁地向秦穆公叩頭，嘴裡直說：「秦王您腳踩地，頭頂天，天地的神可都聽到您的話。現在我們晉國的群臣就都在您的下風，傾耳敬聽您的吩咐了。」

再說秦穆姬聽說惠公就要被拘押到秦國來，就帶著太子罃（ㄧㄥ）、弘和女兒簡、璧登上一個高台，並腳下堆滿了乾柴草，準備要自焚。並且同時她令人們穿上喪服去迎接秦穆公，而且還讓人告訴秦穆公說：「看來上天降下了災難，要使我們秦、晉兩國的國君不能用玉帛為贈禮用一般禮儀相見，而非用興師作戰兵戈相會不可。如果晉君早晨被虜進都城，那我們晚上就死；如果是今天晚上押進都城，那我們明天一早就死。現在這件事如何辦就由您來定奪了。」

一看這情況，秦穆公就知道不好將惠公直接押進秦國了，他只好把晉惠公安置在靈台這座秦宮裡。可是秦國的大夫們卻一致請求要把惠公給帶回秦國的都城。

秦穆公說：「這次捉了晉惠公，我原以為是帶著豐碩的戰果回來，如今卻將引出喪事，現在押他回去還有什麼用呢？對大夫們又有什麼益處呢？何況臨回時，晉國的大夫們可真是用誠摯的感情深深地感動了我。而且他們又用天地聽見我說：『豈敢以至』的話約束了我，事到如今，我若不考慮晉人的憂傷，那就會加重晉國人對秦國人的憤怒；我如果不履行自己的諾言，那就是違背天地。這樣加深了晉國人憤怒的責任，我可擔當不起。同時違背天理對我也不祥。看來，我還是將晉君放回去為好。」

聽穆公這一說，秦國的大夫公子縶就勸他說：「我看，還是不如將晉君殺掉，免得再讓他回去與惡人們聚首。」

而公孫枝卻勸說道：「我看將晉君放回去而把他的太子送來作為人質，這樣一定會得到滿意的成果。既然晉國強大不好滅掉，可是殺了他的國君，這樣必然會造成相互間的仇怨。何況周武王的太史佚曾經說過：『不要做禍亂之首，不要恃人之亂為已利，不要增加眾人對自己的怨恨。』加重對自己的憤怒，最後就會使自己承擔不起，恃強去欺凌別人也將會對自己不利。」一聽了公孫枝的這一番分析，秦穆公覺得有道理，就答應與晉國講和了。

這時晉惠公就派遣晉國的大夫郤（ㄒㄧˋ）乞回國，把秦國已答應講和的事通知給晉大夫呂甥，並召他到秦國來進行談判。

這時呂甥就事先教導郤乞，告訴他應如何在朝中代表晉侯發表宣言，他說：「你可先朝見咱們國都裡

的群臣，代表國君下命令賞賜他們，然後又以國君的口吻告訴他們說：『我現在雖被釋放回國，但是也已經辱沒了國家的名聲。我還是請大家用卜筮來決定如何輔佐太子圉（ㄩˇ）即位吧。』」

當晉國的群臣聽到這番話後，大家都被感動得哭了。

晉國並在這樣的情況下開始改易田制，把公田的稅收都賞給了群臣。

呂甥說：「君王流亡在外不為自己憂慮，反而替我們群臣擔憂，這真是對我們莫大的恩惠啊！那我們該如何對待國君呢？」大家想一想，覺得很對，就問：「那我們該怎樣做才好呢？」

呂甥這時就進一步說：「征收賦稅、整治軍備，輔立太子圉為君。各國諸侯都知道，我們失去了原來的國君，但還有新的國君，現在我們群臣都和睦團結，鎧甲武器也比原來更多。這樣一來，同我們友好的國家，就會勉勵我們，跟我們交惡的國家也會因此而懼怕我們。這樣或許會有不少益處吧！」群臣都對呂甥的話很悅服。

晉國就在這樣的情況下開始建立了各地方的武裝力量。

十月間，晉國的大夫呂甥會見了秦穆公，兩國在秦國的五城訂立了盟約。

當時，秦穆公問道：「你們晉國人的意見一致嗎？」

呂甥回答說：「我們晉國人的意見不一致。下層的人恥於我們的國君被你們秦國俘獲，也很為那些在戰爭中被你們秦國所殺害的人悲痛。因此，他們不怕征收軍賦、修整甲兵的勞苦，他們極力要擁立太子圉。他們都說：『我們一定要報秦國征伐晉國的仇。』；但我們的上層人物們，他們愛護國家並知道過去曾犯的罪過，因此，他們不怕征收軍賦、修整甲兵的勞苦，他們極力要擁立太子圉。他們都說：『我們一定要報秦國征伐晉國的仇。』但我們的上層人物們，他們愛護國家並知道它過去時曾犯的罪過，因此也不害怕征收賦稅、修治軍備來等待秦國送回晉惠公的命令，他們說：『秦國對我們的大恩大德我們是一定要報的，這決無貳心。』」

秦穆公又問：「你們晉國人對晉君的命運是怎樣估計的呢？」

呂甥說：「下層的人只是憂傷，以為國君肯定會被秦國殺害；而上層的人呢，以自己的想法推測秦國，認為秦王您必定會將晉君送回晉國。下層的人說：『我們接受了秦君的三次恩德而不報，秦君怎麼會讓我們國君回來呢？』上層的人又說：『戰後晉國已經服罪了，秦國一定會送國君回來的。晉君當初對秦國有貳心，被秦君擒去，現在既然已經服罪認錯了，那秦君肯定會放他回來的，秦國的恩德沒有比這個更大的了，秦國的刑罰也沒有比這更威嚴的了。

服罪的人思念秦國的恩德，叛逆的人懼怕秦國的刑罰。憑秦君您這次送晉君回國這件事，我看您秦君在諸侯當中就可以完成霸業了。秦國當初既然送惠公回國，而現在又不能使他的君位安定，廢掉晉侯卻又不立新的晉君，這豈不是將恩德變成仇怨了？我想秦國大概不會這樣吧？』」

呂甥的這番話正合秦君想成霸業的心理，因此他大為讚賞地對呂甥說：「這話真不錯，它正合我的心思啊！」於是，秦穆公就派人讓惠公換到賓館住，並且以國君之禮對待他，送晉惠公牛、羊、豬各七頭。這時晉國的大夫蛾析對慶鄭說：「你原先那樣對待惠公，見死不救，現在你為什麼還不逃走呢？」

慶鄭說：「我陷害國君被戰敗，國君失敗了而我又不能為他戰死，現在我若逃去，就又使國君不能運用刑法，這就更不是做人臣子應該有的行為了。作為臣子而又不像個臣子，就是出逃，我又能逃到哪裡去呢？」

十一月，惠公回到了晉國。十一月二十九日，晉惠公殺了慶鄭之後才進入都城。

這一年，晉國又遇到了飢荒，秦穆公又給晉國贈送了糧食，並且還說：「我雖怨恨晉國的國君，但我憐憫晉國的人民。而且我聽說過，晉國是唐叔的後代，殷紂王的叔父箕子說過：『唐叔的後代必定強大。』由此看來，對晉國是可以亂打主意的嗎？現在暫且對晉國施捨一些恩德，等待那能幹的人才出現。」

從這時起，秦國開始征收晉國河東地區的賦稅，並且設置了官吏負責管理這些地方。

（選自《左傳．僖公十五年》）

仁義之師—宋襄公

魯僖公十七年（公元前六四三年）時，鄭國依附了楚國。

魯僖公二十二年（公元前六三八年）夏天，宋襄公率領許、衛等國出兵攻打鄭國。

楚國這時一看鄭國遭到宋國的攻擊，很是氣憤，於是就在這年的冬天，楚國派軍來攻打宋國，以此來救援鄭國。這次，宋襄公決定應戰。

這時宋國主管軍政大權的大司馬子魚出來勸阻襄公說：「上天已經很不佑保我們宋國了，您這次想打算振興宋國提高聲威，看來是不可能的；我看您這次還是不要同楚國作戰的好。否則，您會後悔的。」可是，宋襄公決心應戰的主意已定，他不聽子魚的勸告。

魯僖公二十二年冬季十一月一日，宋襄公同楚軍在泓地展開了激戰。宋軍早已做好了準備展開了陣勢。可是這時楚軍還沒有全部渡過河來。

大司馬子魚一看此時雙方的情勢，就馬上提醒宋襄公說：「君王，現在看來楚國的兵多而我們的兵少，是不是可以乘楚軍還沒有全部渡河的時候，馬上下令攻打他們。」

宋襄公一看這情況，一點也不著急地說：「等一會，現在還不行。」

等到楚軍全部渡過河，部隊還沒來得及擺開陣勢時，子魚怕錯過了時機，又趕緊對襄公說：「君王，趁現在楚軍還沒有擺好陣勢，我們應乘機趕快出擊才是。」

這次宋襄公仍不同意地說：「還不行，再等等吧！你沒看楚軍還沒有做好準備！」

後來，一直等到楚軍已全部擺好了陣勢，宋襄公這才下達攻擊的命令。

結果，宋軍大敗。宋襄公的大腿也受了傷，而且他的侍衛也全部被楚軍打死了。這一下，宋國都城的人都紛紛責備宋襄公。但宋襄公不僅不自責反省，反而還強調自己的一套理由，他說：

「君子不傷害已經受了傷的敵人，不擒獲頭髮已經花白的敵人。古人的用兵之道，不靠險阻來取勝。我宋國雖是亡國君主、商朝的後代，可是我們不應進攻還沒有擺開陣勢的敵人，我們要做『仁義之師』啊！」

針對宋襄公的這套作戰要講仁義的說教，子魚反駁說：「看來您還是不懂得作戰的道理。那些很強大的敵人，遇到險阻還沒有擺開陣勢，這正是上天在贊助我們啊！利用敵人受到險阻的這個時機去進攻他們，這不正好是贏得勝利的好機會嗎？這樣都還怕不能順利取勝呢？

「況且，現在跟我們爭鬥的人，都是我們的敵人。只要是敵人，即使是頭髮花白的，能抓獲的也都應抓獲，而決不能因敵人的頭髮花白而寬恕他。應該讓我們的戰士都認識到，打仗失敗是可恥的。也應該教給他們作戰的方法。作戰的有效方法就是要最大限度地殺傷敵人。敵人受傷而沒有死，怎麼就可以不再殺傷呢？如果打仗中不忍心去殺傷敵人，那還不如別打仗；如果是在

打仗中要憐惜那些頭髮花白的敵人，那還不如早點服輸。兩軍對壘中根本沒有什麼仁義可言。

「還有一點很重要，這就是軍隊打仗，應該是抓住有利的時機來作戰，金鼓是軍隊中進軍和退軍的命令，是用來鼓舞士氣的。既然作戰要利用時機，那就應該乘敵人遇到險阻時發起進攻；既然響亮的鼓聲能鼓舞士兵士氣，那戰鬥中就應擊鼓以振奮士氣殺敵致勝，而對沒有擺好陣勢的敵人，同樣也應這樣進攻，絲毫不能講仁義，否則，結果只會像我們宋國今天這樣的慘敗。」

（選自《左傳・僖公二十二年》）

退避三舍——晉公子重耳

晉國自發生了驪姬之亂後，眾公子遭誣陷，或被逼自縊，或為流亡國外。晉公子重耳被迫出逃，他先後輾轉八國，歷經了十九年的流亡生活，從一個胸無大志、貪圖逸樂的貴族公子，逐步磨煉成了一個機智、有膽識的成熟統治者，成為春秋時期的一代霸主。

當初，公子重耳遭受驪姬的迫害後，逃到了自己的封地蒲城。晉獻公聽了驪姬的誣陷之辭，就派軍隊到蒲城去追殺他。當時蒲城的百姓群起準備抵抗，可是重耳不同意，他說：「我靠了父王的命令，才享受到俸祿的供養，才得到所屬的百姓，現在有了屬下百姓我就同父王較量高下，這罪過可真是太大了。我還是逃走為好。」於是重耳就逃到狄國。

當時，隨同他一起出逃的，還有重耳的舅舅狐偃（ㄧㄢˇ）及晉國的大夫趙衰、顛頡、魏武子、司空季子……等人。

那時，狄國人去攻打一個部落，抓獲了君長的兩個女兒，名字叫叔隗（ㄨㄟˇ）、季隗。狄國就把她們送給了晉公子重耳。重耳娶了季隗，生下了伯鯈（ㄔㄡˊ）、叔劉兩個兒子；把叔隗嫁給了大夫趙衰，生下了趙盾。後來重耳準備離開狄國到齊國去時。他對季隗說：「你等我二十五年，要是我二十五年不回來你就改嫁。」

可是季隗對他說：「我現在已經二十五歲了，過二十五年後再改嫁，到時候，我恐怕都要進棺材了，還是讓我等你吧！」重耳在狄國住了十二年才離開。

重耳和他的隨從人員經過衛國，可是衛文公卻不按當時的禮節來接待他。他們一行人就從衛國的五鹿這地方出去，到鄉下向那裡的人討要食物，結果一個鄉下人給他們土塊，公子重耳一看非常惱怒，準備拿鞭子抽打那個人。

可是狐偃卻認為：得土是有國的好預兆，就勸阻重耳說：「這是上天賜給你的啊！」於是重耳磕了個頭，把那土塊接過來裝在車上。

重耳到了齊國後，齊桓公又給他娶了個妻子，給了他二十輛馬車。這下，重耳對這種生活

感到很滿足，就打算留在齊國不走了，可是他的隨從們認為長期這樣待下去不是辦法，他們還想到別的國家去，於是他們就在桑林裡秘密商謀這事。

不料有一個養蠶的女奴正在桑樹上採桑葉，無意中偷聽到了他們的談話，回去後就把所聽到的話都告訴了重耳的妻子姜氏。

姜氏怕女奴把聽來的秘密洩露出去，就把她給殺了，然後對重耳說：「您有離開齊國遠行四方的打算吧？偷聽到你們計劃的那個人，我已經把她給殺了。」

重耳說：「沒有這回事。」

姜氏是很有胸襟氣度的女人，就勸重耳說：「您還是走吧！懷戀妻子、貪戀享樂、安於現狀是會敗壞您的前途的。」

但重耳還是不肯離開。後來姜氏就跟狐偃定下計策，他們用酒把重耳灌醉了，然後把他送出了齊國。等重耳酒醒後發現這情況很是生氣，拿起長戈就要去追殺狐偃。

後來他們到了曹國，曹共公曾聽說重耳的肋骨長得非常緊密，而且連成一片，因此他想看看重耳的身子。於是，有一次重耳洗澡時，曹共公就走近重耳的身邊去看他的肋骨。

曹國大夫僖負羈（ㄐㄧ）的妻子對她丈夫說：「我看晉公子的隨從人員，都能夠擔當輔佐國家的大任。要是讓他們輔助公子，那公子重耳一定能回到晉國為君；一旦他回到晉國當了國君，將來也一定能夠稱霸於諸侯；他在諸侯中要是一稱霸，就會來討伐那些對他無理的國家，到那時，曹國可能就會是第一個。所以，您為什麼不早點向重耳公子表示與曹君不同的態度呢？」

僖負羈一聽這話確實有道理，於是就派人給重耳送去了一盤飯，並偷偷地在盤底放了一塊寶玉。結果，重耳只接受了食物，而把寶玉給退了回去。

後來重耳到了宋國，宋襄公送給他二十輛馬車。

後來他們又到了鄭國，鄭文公也不按禮節來接待他。

這時鄭國的大夫叔詹勸鄭文公說：「我聽說上天所要扶助的人，普通人是比不上他的。我看晉公子重耳身上有三件不尋常的事，從這些方面可以看出上天可能是要扶持他為晉國國君？我看，您還是應以禮相待才是。人們都說同姓的男女結婚，生下的子孫不會昌盛，晉公子重耳的父母都姓姬，而公子卻一直好好地活到今天，這是第一件特殊的事；再有公子重耳雖遭到流亡國外的災難，但上天亦不讓晉國安定，大概這是上天要重給他開闢一條路，使他有機會做國君吧，這是第二件特殊的事；還有晉公子重耳身邊有狐偃、趙衰、賈佗這三個才智過人的賢士跟隨他，這是第三件特殊的事。晉國跟鄭國都是地位相等的國家，現在晉國的子弟路過我們鄭國，我們本應依禮來接待，更何況晉公子重耳又是上天所贊助的人呢？」但是鄭文公還是沒有聽取叔詹的分析及勸告。

重耳又到了楚國，楚成王設宴款待他，並且問他：「公子您如果回到晉國，如願地當上了國君，日後準備拿什麼來報答我呢？」

重耳回答說：「美玉、寶玉和絲綢您有的是；美麗的鳥翎、獸皮和名貴的象牙、皮革又都是貴國的特產；而那些流散到晉國的也只不過是您挑剩下的，我還能拿什麼來報答您呢？」

楚成王說：「話雖這麼說，可是您總得拿點什麼來報答我呀！」

重耳說：「如果託您的福，我能夠回到晉國，那麼假如我們兩國為情勢所迫一旦發生戰爭，我們兩國的軍隊在戰場相遇時，為了報答您，我一定會『退避三舍』（古時一舍為三十里）。但如果仍得不到您退兵的命令，那我也就只好左手拿著馬鞭和弓梢，右邊持著箭袋和弓套來與您周旋較量。」

楚國的大夫子玉請求成王殺掉公子重耳，可是成王說：「我看晉公子志向遠大而且生活儉樸，言談文雅而且又有禮貌。他的隨從們也都態度恭敬而且待人寬厚，他們赤膽忠心而且盡心竭力。現在晉國的惠公不得人心，國內外的人都憎恨他。我聽說姓姬的諸國中，其中唐叔一支，衰落得最遲，這恐怕要由晉公子重耳來振興吧？若是上天要讓他興盛，那誰還能除掉他呢？誰要是違背了天意，那他一定要遭到大禍的。」於是，楚成王就派人把公子重耳護送到秦國去了。

到了秦國，秦穆公對待重耳很好，他把宗族的五個女子嫁給了重耳，連秦穆公的女兒懷嬴也在內。有次懷嬴端著水盆淋水給重耳洗手，他洗完手後便很不客氣地揮手讓她走開。

懷嬴就很生氣地對他說：「秦、晉兩國是同等的國家，您為什麼瞧不起我？」

公子重耳怕秦穆公知道了這事會生氣，就趕忙脫去衣服把自己囚禁起來，用以表示認錯。

後來有一天秦穆公請公子重耳赴宴。狐偃對重耳說：「我比不上趙衰那麼擅長辭令，還是讓他陪你去吧。」

在宴會上，公子重耳朗誦了《河水》這首詩，表示自己回到晉國也服從秦國的領導。秦穆公則朗誦《六月》，期望重耳將來統治晉國，輔助周天子。

這時趙衰高聲謝道：「重耳拜謝君主恩賜的美言。」

重耳下了台階，一再地向秦穆公拜謝、叩頭。穆公也走下一級台階表示不敢接受叩拜的大禮。

趙衰這時又說：「君主將輔助周天子的重要使命交與重耳來擔當，重耳怎麼敢不拜謝您的厚意啊！」

魯僖公二十四年（西元前六三六年）春季，周曆正月，秦穆公派軍隊護送公子重耳回晉國。到了黃河邊上，狐偃把一塊寶玉獻給了重耳，說：「我服侍您走遍了天下，一路上我得罪您的地方太多了，這些我自己都很清楚，更河況您本人呢？現在請允許我就此離開您吧！」

重耳一聽這話，趕忙向狐偃表示：「我可以指著河水向您賭咒！如果我與舅舅您不一條心，那我任憑河神懲罰我！」說完，他就把寶玉扔到河裡。

秦軍護送重耳渡過了黃河，包圍了令狐，開進了桑泉，攻下了臼衰。

二月四日，晉懷王的軍隊駐紮在廬柳地方，秦穆公派秦大夫公子摯到晉國的軍隊中去遊說，勸說他們不要抵抗。之後晉軍後退，又駐紮在郇（ㄒㄩㄣˊ）城。二月十一日，狐偃和秦國、晉國的大夫，三方在郇城結盟，訂立了盟約。二月十二日，重耳接管了晉軍。二月十六日，重耳進入曲沃城。二月十七日，重耳到武公廟朝拜。二月十八日，重耳派人到高梁將晉懷王殺死。公子重耳做了晉文公。

這時，晉惠公的舊臣呂甥、郤芮怕受到晉文公重耳的迫害，他們企圖放火燒晉文公的宮室，並且想殺死晉文公。

這時，寺人披請求晉見文公。文公派人去責備他，並拒不見他，同時勸他說：「當初你到蒲城來殺我，君王是叫你過一夜再去，可你是立即就趕到了蒲城。後來我避難到狄國，跟著狄君在渭水邊上打獵，惠公又命你來行刺我，他命令你三天趕到，可是你在第二天就趕到了渭水。雖然你是奉國君的命令行事，可是你為什麼那麼快呢？那時你截斷了我的半截袖子，我至今還保存著呢？現在我勸你還是趕快走開吧！」

寺人披說道：「我原以為您回國為君，已經懂得了治國為君的道理。如果您現在還不懂為君之道的話，我看晉國恐怕就又要遭殃了。對待國君的命令，做臣的不能有貳心，這是自古以來的法規。我替國君除惡，當然應盡自己的一切努力。您逃到蒲城時是蒲人，您逃到狄國就是狄人，蒲人和狄人跟我又有什麼關係呢？現在您做了國君，難道就沒有像蒲人、狄人那樣反對國君的人嗎？從前，齊桓公不計較管仲射中他腰帶的仇恨，仍任管仲為相；如今您如果不能像齊桓公那樣胸懷大量，還念念不忘那斬袖之怨，那我自己馬上就會走開，這還須辱勞您下令嗎？到那時，我看懼罪出逃的人將會很多，豈止是我這樣一個受過宮刑的小臣！」

晉文公聽了這話，立即召見了寺人披。寺人披就將呂甥、郤芮的陰謀告訴了他。

這年三月，晉文公和秦穆公在王城秘密會見。三月三十日，文公的宮室起火，呂甥和郤芮沒有捉到晉文公，就跑到了黃河邊上。後來秦穆公用計把他們誘騙去殺掉了。

文公把夫人懷嬴接回晉國。秦穆公送給晉國三千名衛士，這都是些幹練的、有能力的卒僕。

當初，重耳手下有個小吏，名叫頭須，他是替文公看守庫藏的。當重耳逃亡出國的時候，頭須偷了庫藏裡的一些財物逃跑了。可是，當重耳要回國時，頭須就把庫中的財貨全部變賣，想辦法讓重耳能重返晉國。當重耳回到了晉國，頭須請面見，可是文公藉口洗頭推辭不見。

頭須就說：「人洗頭的時候要低下頭，心的位置就要反覆，心既反覆，那想法就要反常，所以文公才不肯接見我。留在國內的人是替國君看守國家的；隨從出去的人是替國君奔走服役的；留下的和出走的人的行動都是對的，何必要認為留在國中的人就一定有罪呢？作為國君要是老念念不忘一個普通人的小仇怨，那麼在他身邊感到害怕的人可就太多了。」

僕人把頭須的一番話回報給了重耳，重耳聽了感到這話中確是有一番道理，他立即就召見了頭須。

＊＊＊＊＊＊＊＊＊

「上天要立他為君主，而那些曾隨他逃亡的人，卻都爭說自己的功勞，這不是太可笑了嗎？偷別人的錢財，尚且叫做賊，更何況是貪取上天的功勞來當作自己的功勞呢？在下的人把罪過當成正義的行為，在上的人卻獎賞他們這種壞的行為，這是上下互相蒙騙，因此，我很難與他們相處了。」

介之推的母親聽了兒子的這一番道理就對他說：「你為什麼不也向晉侯請求賞賜，如果不

去求而這樣死去那又能怨誰呢？」

介之推說：「我已指責了這種行為，卻又要去效法他們，那罪過豈不是更大了嗎？況且我已經說了埋怨的話，就再不能去貪享那樣的俸祿。」

他母親又說：「即使是這樣，那也應該讓國君知道一下，你說怎麼樣？」

介之推又說：「言辭本來就是人身上的修飾，我既已準備退隱，又何必還要用言辭來裝飾自己呢？如果照母親您所說，那樣做可就真是追求利祿顯達了。」

他母親問他：「你真能夠這樣做嗎？那我就跟你一同隱居吧！」於是，他們母子二人一直隱居到死。

晉文公尋找介之推，到處找但結果是沒有找到，他就把綿上這地方的田作為介之推的祭田，他說：「用這個來記載我的過錯，並用它表彰好人。」

（選自《左傳·僖公二三、二四年》）

魯展喜犒勞齊師

魯僖公二十六年（公元前六三四年）的夏天，齊孝公發兵攻打魯國北部的邊鎮，其來勢洶洶。這時，魯僖公卻出乎人意料地派出了大夫展喜，要他前去慰勞將要入侵的齊軍，並且讓他去之前先去向魯國的另一個大夫展禽請教一下，問問他犒勞時該如何說。展喜按魯僖公的吩咐去做了。

當時齊國的軍隊還沒有進入魯國的境內，展喜就先出境去迎接齊軍，並且一起跟隨著齊孝公前進。展喜一邊走就一邊對孝公說：「尊敬的齊君大人，我們國君聽說您這次是親舉貴足，要屈尊光臨我們敝國，所以特地派小臣我前來犒勞您的左右隨從。」

孝公聽著很是得意，就頭也不回地問展喜：「怎麼樣，我們這次派大軍來聲討你們魯國，你們魯國人很害怕嗎？」

展喜回答他說：「從小臣看來，我們魯國那些在下的、沒有見識的人他們都害怕，但那些在上的、有見識的人他們就不害怕了。」

齊孝公一邊聽著，一邊用手指向四周圍人追問道：「你看看你們魯國，百姓的房屋都是空蕩蕩的，就像那掛起的磬一樣，只有一間屋脊高隆兩檐（ㄧㄢˊ）下斜的空房子。再看田野裡，到處是光禿禿的一片，連青草也沒有，你說你們魯國憑什麼能不怕呢？」

面對齊孝公這一句句輕蔑、傲慢的逼問，只見展喜輕輕一笑，語氣卻十分肯定地回答說：「我們是很窮，但我們是靠著先王的命令。」

接著展喜慢慢地對齊孝公說：「從前周公旦和齊國的始祖齊大公輔佐周成王。因此，周成王慰勞他們，並且賜給他們盟約說：『世世代代的子孫，不要相互侵害。』當時他賜的這盟約都是有所記載的，而這記載的盟書也藏在了盟府裡，現在仍由太史掌管著它。所以，當時齊桓公召集了諸侯，共同商討、研究，以謀求解決他們之間的不和與衝突的辦法，當時他們可都是採用這些辦法來彌補他們各自的過失，這一切都是在發揚光大齊大公的職責啊！」

展喜說到這裡，有意停下來，然後又直接對著齊孝公說：「齊君啊！現在到了國君您即位，我可聽說各國的諸侯他們都盼望說：『但願孝公能遵循桓公

的功業。』所以到現在，我們魯國也不敢修築城堡，聚集百姓。因為大家都這麼說：『難道他齊孝公即桓公之位才九年，就要丟掉先王之遺命，放棄齊桓公的職責嗎？要是這樣的話，那他將如何面對先君呢？君王一定不會這麼做的。』」說完展喜又停了一會看著孝公的臉，只見孝公是強裝著笑臉不住地點頭，展喜笑著又進一步問孝公說：「是啊！我也一直認為君王您是不會遺棄先王遺命的，您是一定會遵循先王所賜給的盟約的，您說是這樣吧？所以，我們魯國有見識的人根據這一點，就不會害怕您齊國出兵了。」

面對展喜的這一番不失恭敬的言辭，齊孝公自感理虧無以對答。於是就率兵回國了。

（選自《左傳．僖公二六年》）

晉楚城濮之戰

我國歷史上有許多有名的戰例。魯僖公二十八年（公元前六三二年），晉、楚兩國為爭奪霸權所展開的城濮之戰就是其中一例。

當時，楚成王要圍攻宋國，他命令楚國的前任令尹子文在楚國的睽地進行練兵，結果，從早上到晚上子文只練了半天就結束了，而且在整個練兵過程中也沒有責罰一個人。而子文舉荐的

現任令尹子玉當時也在楚國的蒍地練兵，但他卻與子文不同，也不但練了整整一天兵，而且訓練中用鞭子抽打了七個人，還用箭刺穿了三個人的耳朵。

對此，一些退了職的老臣們認為子文舉荐了一個賢人，就都紛紛來向他表示祝賀。子文也很高興他為此請大家喝酒。當時蒍賈年紀還小，他最後一個到場卻不向子文表示祝賀。

子文一看，只有他不向自己表示祝賀，於是問蒍賈為什麼不向自己祝賀。

蒍賈對他說：「對不起，我真不知道該祝賀什麼。你當時把國家的政事傳給了子玉，還說：『用他來安定楚國。』如果國內得到了安定，而國外卻遭到了失敗，那楚國能夠得到多少好處呢？子玉所以敗壞楚國，是您舉荐的結果。您想想，由於您的舉荐而使國家敗壞，這又有什麼可以值得祝賀的呢？再說，子玉這個人很剛愎自用，他不能很好地治理民眾。如果叫他率領三百乘以上的戰車去作戰，恐怕其結果是─有去無回啊！如果他能勝利回來，到那個時候我再來向您祝賀我看也不晚啊！」

這年的冬天（魯僖公二十七年），楚成王和諸侯領兵來圍攻宋國，宋國的大司馬趕快到晉國去告急，希望晉國能派救兵。面對這一問題，晉國的名將先軫（ㄓㄣˇ）心想：「我們如果藉此機會報答宋國的恩惠，解救他們的危難，這樣在諸侯中就能取得威望，這一仗如果打好了，那也就可以奠定霸業。」因此他積極主張派兵援宋。

但晉國的大夫狐偃卻有自己的主意，他認為現在楚國剛剛和衛國結為婚姻關係不錯，而且曹國又剛剛歸附於楚國，關係也很好，如果晉國出兵去攻打衛國和曹國，那楚國必定會前去援救那兩個國家，這樣一來，宋國和齊國都可以免除威脅了。因此，他主張出兵去攻打衛國和曹國。

晉文公重耳採納了狐偃的主張。

晉國開始在被廬這地方舉行大規模的閱兵，並擴充武力，開始建立上、中、下三軍，並且商謀由誰來當中軍的元帥。這時趙衰推荐晉國的大夫郤穀做中軍元帥，他根據多次聽郤穀的談話，看到郤穀既喜歡禮、樂、又愛重詩書。趙衰認為詩書是義理的府庫，禮、樂是道德修養的準則，一個人有了德義才是根本。

他舉出《夏書》上的一句話說：「選用一個人材，應該先聽取他的言論，觀察他做事的能力，有了功績就應該賞給他車馬和服飾，以此作為獎勵。」因此，他主張讓欲穀試試看。

晉文公接受了趙衰的舉荐，於是就開始部署自己的兵力。

他讓郤穀（ㄏㄨˊ）統率中軍，讓郤穀的同族人郤溱來輔佐他。又命狐偃統帥上軍，狐偃推辭而讓給狐毛，自己來輔佐他；又命趙衰做下軍的統帥，而趙衰讓給欒枝、先軫，又命欒枝統領下軍，先軫輔佐他。荀林父給晉文公駕駛兵車，大夫魏犨（ㄔㄡ）做晉文公的兵車右衛。

晉文公在魯僖公二十五年剛回國即位國君時，就開始注意教化國民，到第二年時他就打算動員民眾去進行征戰。

當時狐偃就勸他說：「現在民眾還不能明辯道理，生活也還不安定。」

於是晉文公就出兵救周襄公並護送襄公歸國復位，同時在國內又積極努力做些對民眾有利的事，使民眾的生活逐步安定下來。在做了這些之後，晉文公又準備要動員作戰了。

狐偃又勸他說：「現在還不行，因為目前民眾還不懂得誠信，也還不明白許多政令措施的用意。」

於是晉文公就又用「伐原退兵一舍」的事例向民眾表明誠信的作用。逐步使百姓在以物易物交換貨物時，不狡詐，而且說話也老實可信。

這時晉文公就問狐偃說：「這下可動用百姓了吧！」

可是狐偃又說：「民眾還不懂得禮法，還沒有產生對上的恭敬之心」。

這樣，晉文公又通過舉行盛大的閱兵典禮來申明禮儀，並設立掌管爵祿秩位的官，調整了國家官吏。由此，民眾聽到上級的命令就不再懷疑。晉國經過了這樣一連串的準備之後，這才開始徵用民眾作戰。

魯僖公二十八年（公元前六三二年）春天，晉文公開始攻打曹國，他首先派人去向衛國借路，但衛國沒有答應。晉國軍隊只好從衛國的南河繞道渡過黃河南下，再入侵曹國，然後又分兵去攻打衛國。正月十一日，晉軍拿下了衛國的五鹿。

二月，晉國的郤縠病逝。晉國又選拔了有德的先軫升任中軍統帥，胥（ㄒㄩ）臣輔佐下軍。接著，晉文公和齊昭公在斂盂這個地方訂立盟約。這時衛成公也提出請求，想加入晉、齊的聯盟，但是被晉文公拒絕了。

這樣一來，衛成公就打算進一步去投靠楚國，可是他們國內的人卻都不願意；他們想把衛成公趕走好來討好晉國。衛成公一看這樣，很害怕，他就逃出國都到襄中這個地方。

當時魯國的大夫公子買正領兵駐防在衛國，楚國發兵來救衛但沒有成功。之後，魯僖公害怕晉國，他就殺了公子買來討好晉國，可是他卻對楚國說是因為公子買沒有很好地完成交給他的防守任務。

後來，晉文公領兵包圍了曹國的國都，他們拼命攻城，結果許多戰士戰死了。曹國人就把晉兵的屍體陳列在城上示眾。晉文公看到這情況，心裡就很擔心，他怕曹國的這種做法會影響晉國軍隊的士氣。

這時，底下有士兵獻計說：「他們這樣對待我們的戰士，我們乾脆把軍隊駐紮到他們曹國人的墓地上去。同時，我們也派人到處去給他們宣傳，就說我們要挖掉他們的祖墳。這樣一來，肯定他們曹國人會很害怕的。到那時，我們再看他們怎麼做。」

晉文公覺得這的確是個好主意，於是就採納了。

果然，曹國人一看晉軍這樣都恐慌起來，他們趕忙把晉軍士兵的屍體用棺木收殮好並送出城來。而晉軍這時就趁著曹國人心惶惶的時候，又加緊了攻城。

三月十日，晉軍攻入了曹國的國都，並且活捉了曹共公，晉文公這時當著面數說曹共公的罪狀，斥責他不重用賢臣僖負羈，可是他們曹國乘坐高大馬車的無用大夫卻有三百多人，而且還指責曹共公過去觀看自己裸浴的罪狀。

同時晉文公又下令不准軍士進入僖負羈的住宅。

過去晉文公逃亡到曹國時，曹共公對他很不禮貌，而僖負羈卻暗中給他送過菜飯和玉璧，現在為了報答當年僖負羈對他的深情厚誼，文公赦免了他全家族的人。

這時，晉國的將領魏犫和顛頡聽到了這些事，心裡很不服氣，他們嚷嚷道：「我們過去跟從文公出亡，可以說是吃盡了千辛萬苦，可是現在對我們都沒有什麼獎賞，那僖負羈這點小恩小惠又算得了什麼，還值得如此報答！」

於是，他們倆就乾脆放把火燒掉了僖負羈的家。結果，為此魏犫的胸部受了傷。本來晉文公是準備要殺了他，因為他們沒有服從命令。可是文公又很愛惜他的才能，於是就派了個人去看看他的傷勢，並想趁機看他的傷情，若是傷得很重，那就殺了他來正法。

這時魏犫也已猜到了晉文公的用意，於是，他事先就把胸部包扎好，出來迎接文公派來的使者，並且精神抖擻地向使者說：「我真是託國君的福啊，您看我身體恢復得多好啊！不信您看！」說著，當著使者的面向上跳了好幾次，又向前跳了好幾次，像是根本沒受傷似的。

後來文公聽到了使者的回報，果真就寬恕了他。文公只是殺了顛頡在軍中示眾，撤了魏犨的車右職務，改任命舟之僑為兵車右衛。

這舟之僑原是虢國的舊臣，後來才投奔晉國的。這時，楚國和陳、蔡等國一起圍攻宋國，宋國派遣大夫門尹般到晉國告急求援。

晉文公召集眾將領商議：「宋國來求救兵，我們要是不去援救，那兩國的關係就會中斷了。要是請楚國退兵，楚國肯定是不會答應的。那麼我們就只好和楚國作戰了。可是這樣一來，齊國和秦國又不會贊同幫助我們，這該怎麼辦呢？」

這時中軍元帥先軫獻策說：「我看這樣辦，我們設法讓宋國不向我們求援，而讓他們先去給齊國和秦國送些禮物，請齊國和秦國出面去請楚國撤兵；同時，我們把曹國國君扣留下來，把曹、衛兩國的土地分一部分給宋國。楚國與曹國和衛國是盟邦，他們的關係很好，因此，楚國一定不會答應齊國和秦國的要求。這樣一來他們不就會互相打起來嗎？」

晉文公聽了很高興，馬上就將曹共公給關起來，並把曹國、衛國的部分土地分給了宋國。

楚成王看到自己和晉國之間的局勢緊張了，就回兵進駐申地，並且命令申叔撤出谷地，又叫子玉撤離宋國，同時還叮囑他們說：「你們可不要迫近晉國的軍隊。晉侯在外國流亡了十九年，現回國即位做了國君。他在外面經歷了各種各樣的艱難險阻，民間的真假虛實，人民的好惡愛憎，他都是非常清楚的。現在上天讓他長壽，又幫助他清除了晉惠公、晉懷公、呂甥、郤芮等仇敵。看來這些都是天意！這還有誰能推翻得了呢？況且兵書《軍志》上說：『適可而止。』又

說：『知難而退。』同時又指出：『有德的國家是不可抗拒的。』這幾句話我看好像說的就是晉國啊！」

這時子玉派部將伯棼（ㄈㄣˊ）向楚成王請求出戰，他說：「我不敢說一定有把握打勝仗，可有人污蔑說我不會打仗，我想趁這個機會來堵住那些搬弄是非的小人的嘴。」

楚成王一聽子玉是為賭氣才要求打仗的就很生氣，所以只給他派了少量的兵，只有西廣、東宮兩支隊伍和子玉的家兵若敖族的六百兵卒隨他出發。

子玉此時派遣部將宛春去通知晉軍說：「請你們趕快恢復衛侯的君位，並讓曹國重立國家，這樣我們才撤走圍困宋國的軍隊，否則，我們將要不客氣了。」

狐偃一聽楚國這口氣，就對晉文公說：「子玉太沒有禮貌了，國君的只得到一樣好處，可他做臣子的倒要得到兩樣好處。晉國可不要失掉這進攻楚國的好機會，我看咱們就跟他打吧！」

可是先軫卻提出了不同的意見，他說：「您最好還是先答應他的要求。讓人家安居樂業這就叫『有禮』。現在您聽聽，楚國的一句話就能夠安定曹、衛、宋三個國家，我們要是一句話給拒絕了，可就是斷送了三個國家，這樣就會顯得我們太無禮了，那以後我們還靠什麼去打仗呢？而且，如果我們不答應楚國的要求，那就會拋棄了宋國，我們本來是為宋國的，結果反而棄絕了宋國，這樣我們將如何向別的諸侯國交代呢？很明顯，現在楚國的一句話，對三國都有恩惠，我們要是不聽，那肯定這三國就會跟我們結下仇，仇恨結多了又如何去作戰呢？因此，我看咱們還不如將計就計，暗中答應恢復曹、衛這兩個國家，以便拆除他們跟楚的關係，再將宛春扣留下來，使楚國格外惱火，等打完仗我們再去考慮恢復曹、衛的問題。」

晉文公聽了先軫的計謀很高興，立刻就把宛春拘留在衛國，又派人暗中告訴曹、衛兩國，答應恢復他們的國家。結果，曹、衛兩國果然宣布同楚國斷絕關係。

一看這樣，子玉大怒，他立刻率兵進擊晉軍。晉軍卻只是向後撤退。

這時晉軍中一些軍官們可著急了，他們說：「這是怎麼搞的！我們的統帥是國君，敵人的統帥只不過是個臣子，我們的國君一直退避人家的臣子，這真是莫大的恥辱啊！況且楚軍出征在外已很長時間了，士氣也已衰落不振，我們為什麼要一直撤退呢？」

面對部下的不滿，狐偃耐心地向大家解釋說：「軍隊作戰，理直就能氣壯，理虧鬥志就衰落，勝負也根本不在於出征時間的長短。」接著，狐偃向部下講敘了晉與楚過去的一段往事及晉文公曾許過的諾言。他告訴部下說：「從前，公子重耳逃亡到楚國，如果沒有當時楚國的幫助，我們晉國就不會有今天。再有，當時為報答楚國的恩惠，我們國君有言在先，曾答應過楚君，日後若兩軍交戰，我們將會先退兵九十里。今天我們之所以後撤九十里，就是要報答楚國的恩惠，實現我們國君的諾言。大家想想看，如果我們忘恩背信，那就會激起他們的憤怒，這樣我們就是理虧而他們理直了；再說楚國的士兵向來士氣高昂，不能以為人家衰落不振。如果我們後退而使楚軍也撤了回去，這不就達到目的了，那我們還要求什麼呢？要是他們不肯撤回，那我們的國君在後退，而他做臣子的不僅不退反而一再進逼，那他們豈不是就太理虧了。」

後來，晉軍一直後退了九十里，楚兵一看晉軍守信也想停止前進，可是子玉不答應只好繼續進軍。到了這年夏季四月初三，晉文公、宋成公、齊國的大夫國歸父、崔夭、秦國的小子憖分別統率軍隊進駐城濮。

這時，楚軍背靠著險要的酅（ㄒㄧ）山安營紮寨。晉文公看到敵人佔據了有利的地勢，心裡有些犯愁。

同時他又聽到自己軍中的一些士兵們傳唱著這樣一首歌：「原野上的青草密密叢叢，捨棄舊田闢新田。」心裡又有些疑惑不定。

狐偃對晉文公說：「我看咱們現在打一仗吧！打勝了我們就一定能得到各諸侯的擁護。就是打不勝，我們晉國外有黃河之阻，內又有太行之險，對我們一定也不會有什麼損害的。」

可是晉文公猶豫不決，他總感到過去楚國對他的恩惠太大，他不能隨便對楚使用武力。

這時在一旁的晉將欒枝也鼓動他說：「您不看看，漢水北邊我們那些姬姓的國家，都已被楚國一點點給吞併了。現在我們不能光想到他過去的這一點點小恩惠，而忘掉現在這個大的恥辱。我看咱們還是跟他打一仗得好。」

這天夜裡，晉文公夢見跟楚成王對打，結果自己被楚王打倒在地上，楚王爬在他身上吸他的腦漿，他想到這個惡夢心裡都感到害怕。

可是狐偃聽到後卻向他祝賀：「大吉大吉，這個夢很吉利。」並且給晉文公解夢說：「您面向天就是晉國將得到天助；楚王他伏向您，就是向您認罪；他吮吸您的腦漿就是您可以使楚國順服。」

子玉又派斗勃來向晉文公下挑戰書，措辭傲慢地對文公說：「我請求和您的兵士們玩耍一下，您可以靠在車前的橫木上看看熱鬧，子玉我也奉陪您瞧瞧。」

晉文公讓欒枝給他回話說：「我們的國君領教了。楚國對我們的恩惠，我們從來都不敢忘記，所以現在我們才退兵到這裡。對於您，我們都還要退讓，又哪裡敢抵擋楚君呢？現在既然得不到你楚國退兵的命令，那麼就有勞你費心，轉告貴國的諸位將領，請他們準備好戰車，認真對待你們國君交付給你們的任務。明天早上咱們就在戰場上相見吧。」

晉軍共有七百輛戰車，並且披掛齊全，晉文公登上城樓檢閱了全軍，說道：「年少的和年長的都很有禮貌、知進退，可以用他們來作戰了。」

於是他們就又砍伐了許多樹木，用來補充、增加一些作戰的器具。四月初四，晉國的軍隊

在薪北擺開了陣勢，下軍副將胥臣率領部下，抵擋楚國方面的陳、蔡兩國軍隊。楚國的主將子玉把他的若敖氏家兵六百人作為主力，他親自統率中軍，他很自信地說：「今天一定要讓晉軍徹底完蛋！」楚將子西統率左軍，楚將子上統率右軍。

會戰開始了，晉將胥臣把戰馬蒙上虎皮，首先發兵去攻擊陳、蔡兩軍隊。結果陳、蔡兩國的聯軍棄甲潰逃，同時楚軍的右師也潰敗了。這時晉軍的上軍主將狐毛樹起兩面大旗，假裝是引導中軍敗退。晉軍的下軍主將欒枝故意讓戰車的後面拖著樹枝跑，這樣一來，就像是逃跑時揚起灰塵一片，果然，楚軍被騙，打馬就來追趕晉軍。

這時，晉國的中軍主將先軫、副將郤溱（ㄓㄣ）指揮著中軍的主力向著楚軍攔腰衝殺過來，狐毛、狐偃指揮上軍調過頭來夾擊子西，子西的軍隊手忙腳亂，招架不住，結果楚軍的左軍也潰敗了。城濮大會戰楚軍大敗。只有子玉及時收住了他的兵不動，所以楚軍的中軍沒有潰敗。

晉軍佔據了楚國的營地三天，吃楚軍丟下的糧食，到了四月初八才起程回國。

四月二十九日到達衡雍，晉文公聽說周襄王要親自前來慰勞晉軍，就吩咐在踐土地方為周襄王建造了一座行宮。

在這次戰役前的三個月，鄭文公曾去楚國把自己的軍隊交付楚國使用，現在鄭文公看到楚國打了敗仗心裡感到害怕，就派大夫子人九向晉國求和修好。晉國的欒枝去鄭國同鄭文公議盟。

五月十一日，晉文公和鄭文公在衡雍訂立了盟約。

五月十二日，晉文公把楚國的俘虜獻給了周襄王，還獻了四馬披甲的戰車一百輛，步兵一千人。鄭文公替周襄王主持典禮儀式，用從前周平王接待晉文侯的禮節來接待晉文公。

十四日，周襄王用甜酒設宴款待晉文公，並且勸文公進酒加餐。

襄王還命令尹氏、王子虎、掌管策命的官叔興文，用策書任命晉文公為各諸侯的領袖，並且賜給他一套祭祀時乘的大輅車和相應的服飾，一套舉行軍禮時乘的戎輅車和相應的服飾，紅色的弓一張，紅色的箭一百支，黑色的弓和箭一千支，黑黍米和香草釀造的酒一缸，勇士三百名。

周襄王又對晉文公說：「周王告訴叔父：『要恭恭敬敬地服從周王的命令，好好地安撫四方諸侯，認真地為周王督察和懲治壞人。』」

晉文公辭讓了三次，才接受了策命，並再次叩謝襄王，表示繼承和發揚周天子的偉大、光明、美善的聖命。他這才接受了策書退出。他先後一共朝見了周襄王三次。衛成公聽到楚國被晉國打敗的消息，很害怕，就輾轉逃到楚國又逃到陳國。衛國派了大夫咺輔佐衛君的弟弟武叔去接受晉國和諸侯的盟約。

五月二十八日，周王的卿士王子虎主持諸侯在王庭訂立了盟約，誓辭說：「大家共同扶助周王，不得相互殘害。若有人違背盟約，讓聖明的神去懲罰他，使他的軍隊覆滅，不再享有國家，一直到他的遠代子孫，不論老幼都遭到違背盟約的禍害。」

史官評論說，這次盟約是有信用的，又認為此次晉國在的戰役中，是倚仗德義而進行討伐的。

當初，楚將子玉奢侈過度，他用美玉裝飾了自己的馬冠和馬鞍，可是他還從沒用過。

在跟晉國交戰前，有次子玉夢見河神對他說：「你把你的馬冠和馬鞍送給我，我把宋國孟諸的沼澤送給你。」子玉不肯把這些送給河神。

子玉的兒子大心和楚國的大夫子西就讓楚國大夫榮黃去勸他，但子玉還是不肯。榮黃就對他說：「一個人如果犧牲了生命而能對國家有利，那就得去做，更何況只是些美玉呢！這些東西只不過是糞土罷了，如果能夠用它來幫助軍隊取勝，那還有什麼可捨不得的呢？」

子玉仍是不聽，榮黃只好退出來。他告訴大心和子西說：「不是河神叫令尹打敗仗，而是令尹不肯替民眾盡心盡力，這實在是令尹自找失敗。」

後來楚國戰敗了，楚王派人對子玉說：「如果你安然地回到楚國，又怎麼向申、息兩地的父老交代呢？」

子西、大心對楚王的使者說：「子玉本來是想自殺的，我們倆人勸阻了他，對他說：『楚王將會制裁你的。』」子玉後來到了連谷地方，就自殺了。

這次晉國之所以能迫使楚國撤退解除楚軍對宋國的圍攻，並以城濮一戰的勝利而躍為霸主，其原因在於晉國修政教民、君臣團結、善於結盟、正確部署。

（選自《左傳・僖公二八年》）

燭之武退秦師

春秋時期是強凌弱、眾欺寡、戰爭不寧、互相吞併的大動蕩年代。各國之間為了各自的利益，忽而聯合一致，忽而又互相攻伐。彼此間的衝突互相交織，錯綜複雜。

魯僖公三十年（公元前六二二年），晉文公以當年受到驪姬陷害而出逃路過鄭國，想在鄭國避難，而鄭文公對他不夠禮貌熱情的仇恨還沒有報，再加上鄭國又與楚交好親善，兩國又簽訂了盟約為理由，去邀請秦穆公聯合出兵攻打鄭國以洩私憤。這年九月二十三日，兩國果然興師圍攻鄭國。晉文公領兵駐紮在函陵，在帶鄭國都城的西邊。秦穆公領兵駐紮在汜水以南，在鄭國都城的東邊。晉秦兩國東西夾擊鄭國，而且兵眾勢雄，聲勢十分浩大。鄭國面臨兩大強敵，形勢十分危急，大臣們都嚇得沒了主意，鄭文公更是慌得手足無措。

這時，有個大夫名叫叔詹的對文公說：「大王，我覺得現在秦晉兩國合兵，兵強馬壯，我們不能拿著雞蛋去碰石頭，最好的辦法是派一個能言善道者，去說服穆公進兵，如此一來晉國勢孤力單，就沒什麼可怕的了。」

叔詹話音未落，鄭文公趕忙追上一句：「那你說誰能去說服秦穆公？」

叔詹說：「最合適不過的是佚之狐。」

鄭文公就命令佚之狐去完成這項使命。

佚之狐說：「國家現在處在危難時刻，王給我的使命，我應該去。可是我覺得有一個人比我更合適，這人口才極好，措辭能撼動三山五嶺，思維敏捷，遇事能隨機應變，如果派他去說服秦穆公，圍鄭的軍隊一定會撤退。」

鄭文公忙問：「這人是誰啊！」

佚之狐說：「這人叫燭之武，他雖年過花甲，但才智超凡，對國君忠貞不二。」

鄭文公忙派人把燭之武請了來，見他已經是個傴僂著身體，鬢發花白的老翁了。燭之武拜見了鄭文公，鄭文公說：「我知道您言辭超群，想請您去說服秦穆公退兵，事情成功，挽救了鄭國，我願與您共同執掌鄭國。」

燭之武推辭說：「臣才學淺薄，年輕力強時尚且不如別人，如今老了就更是無能為力了。」

鄭文公說：「像先生這樣有才幹的人，過去我沒有及早重用您，現在國家處在危急時刻才來求您，這都是我的過錯，然而鄭國如果滅亡了，對您也不利啊！還是請老先生以國家為重吧！」

燭之武聽了鄭文公的話，便不顧個人生命的安危，答應鄭文公出使去見秦穆公。

這時秦晉大兵圍城的形勢越來越緊急，燭之武知道秦兵在城東，晉兵在城西，兩下各不相見。

當天夜裡，就讓鄭國幾個壯士用繩索繫著他，悄悄從東門城牆上吊著下去。

燭（ㄓㄨˊ）之武下得城牆，就直奔秦國的兵營，見到了秦穆公，滿面愁容地說：「尊敬的大王，我今天來見您，是要對您說，我心裡著實擔憂啊！」

秦王說：「擔憂什麼？」

燭之武說：「我擔憂的是鄭國快要滅亡了。」

秦王說：「這個話何必跟我說啊！」

燭之武說：「只是我同時也為秦國擔憂啊！」

秦王說：「這話從何說起？」

燭之武說：「大王且聽我說，秦國和晉國聯合起來圍攻鄭國，鄭國已經知道自己快要滅亡了。如果滅了鄭國能對秦國有好處，那麼麻煩您用兵也還值得，老臣也就不用來費口舌了。現在的問題是，滅了鄭國，對秦國有損無益，您何必勞師傷財，為別人出力呢？」

秦穆公說：「你說對秦國有損無益，這話怎麼講？」

燭之武說：「大王您想想，鄭國在晉國的東邊，秦國在晉國的西邊，東西相隔千里之遙，隔著晉國而想把鄭國變為自己的疆土，談何容易？秦晉兩國原是勢均力敵，如果鄭國被滅了，土地就會歸晉國了，秦國寸土也甭想得到。那不就是增強了晉國的實力了嗎？您應該明白，晉國實力雄厚了，就等於您秦國的力量削弱了，聰明人才不會這麼做呢！如果留下鄭國為您的東路上的

主人，秦國使者東西往來，缺什麼，要什麼，鄭國就可以供應了，這對您沒有任何害處啊！再說您對晉惠公也曾有過大恩大德，他答應把晉國的焦、瑕兩地送給秦國。可是晉惠公早晨渡河回國，晚上就在那裡築起城牆拒守了，他們出爾反爾，忘恩負義，這些大王您是知道的。您對晉國那麼好，可是您何曾見到晉國有絲毫的感恩之意啊！從前虞國幫助晉國滅了虢國，等到晉國滅了虢國後，順便也把虞國給滅了。虞侯實在不聰明，去幫助晉國來消滅自己，晉國哪有滿足的時候？虞國的教訓，大王不能不引以為鑒。它今天向東滅了鄭國，明天就要向西去擴張。到那時，他不打秦國的主意，還能到哪裡去取得土地？像您這樣有守有為的賢君明主，損害秦國的利益而讓晉國佔便宜，這種事兒，只有您自己來考慮了。」

燭之武以他出色的言辭，機智勇敢的才能，雄辯的邏輯和氣勢向秦穆公進行了一場心戰。

秦穆公靜靜地聽他講出的道理，頻頻點頭說：「大夫說的對啊，大夫說的對啊！」

燭之武看到秦穆公改變了協助晉國攻打鄭國的主意，接著又說：「如果貴國能與我國訂立盟誓，我們願服從貴國，脫離楚國。」

秦穆公答應了燭之武的要求，兩國私下裡訂立了盟約。秦穆公並派大夫杞、逢、楊孫三位副將領兵戍守鄭國，自己率大軍回國了。秦穆公率軍撤回了，晉文公非常生氣。

晉國大夫狐偃見秦國背約，就請求晉文公進軍去攻打秦軍，說：「秦軍剛去不遠，如果我們派兵去追擊，秦兵歸心似箭，一定無心戀戰，我們就可以一戰而勝。秦兵敗了，鄭國就會聞風喪膽，那時豈不無攻自潰了。」

晉文公說：「不能這樣做。我當年依靠秦國力量即了君位，今天反而去傷害它，這是不仁。喪失了同盟國家，這是不智，我們還是回去吧！」於是晉文公也率軍回國了。

（選自《左傳・魯僖公三十年》）

秦晉殽之戰

魯僖公三十年（公元前六三〇年）秦國與晉國的關係不錯，秦穆公曾支持和扶助晉惠公和晉文公取得君位。此時秦、晉已結為同盟國家，並聯合出兵包圍鄭國。鄭國為要解圍，就千方百計想法瓦解他們兩國的聯盟，結果，由於鄭國老臣燭之武對秦穆公的遊說，使秦國同意與鄭國講和，並首先把自己的軍隊撤走了。這樣就使得晉文公也不得不退兵，於是秦、晉兩國由此埋下了不合的種子。

城濮之戰後，晉國奠定了它霸主的地位。而這時秦國的力量也逐步強大，它已不甘於現前自己的地位，因此，他想將自己的勢力轉向東邊發展，也想稱雄於中原。到了僖公三十二年（公元前六二八年），兩國間的衝突日趨尖銳，終於爆發了一場戰爭。

這年的冬天，晉文公重耳去世。十二月初十，準備將他的靈柩移到曲沃停喪待葬。剛出國都絳城時，晉文公的棺木裡竟發出了像牛叫的聲音。

晉國有個叫偃的卜筮官，他早已料到秦軍將要經過晉國去襲擊鄭國，所以這時他馬上讓大夫們下拜朝禮，假籍君命說：「現在國君有事要發佈命令，他說將有西方的軍隊越過我國國境，要我們去襲擊他，一定會取得大勝。」

秦國的大夫杞（ㄑㄧˇ）子從鄭國派人密報秦穆公說：「鄭國人叫我掌管他們國都北門的鑰匙，如果國君能秘密地派支軍隊前來，我可以做內應打開城門，這樣我們就可以得到鄭國了。」

當秦穆公得到這個消息後，就馬上徵求秦國老臣蹇（ㄐㄧㄢˇ）叔的意見。

蹇叔說：「讓部隊這麼辛辛苦苦地去偷襲那麼遙遠的國家，這樣的事我可沒聽過。這樣會把軍隊搞得疲憊不堪，筋疲力竭，而且遠方的國家屆時也會先做好準備，我看這樣恐怕不行吧？您讓軍隊勞累折騰了半天，結果什麼也沒有得到，這樣就會使將士們產生抵抗情緒。況且軍隊要行軍千里，這樣有誰會不知道我們的行動呢？」但是秦穆公沒有聽取蹇叔的勸告。

他召來秦國老臣百里奚的兒子孟明將軍及西乞、白乙兩將軍，命令他們帶領軍隊從東門出發去攻打鄭國。蹇叔哭著為他們送行，他說：「孟明啊！今天我看著大軍出發，可是可是我再也看不見他們回來了！」

秦穆公知道了很生氣，就派人去呵斥他說：「你知道什麼？你如果只活到六、七歲就死了的話，現在你墳上的樹也該有兩手合抱那麼粗了！」

這次蹇叔的兒子也跟這支軍隊出征，蹇叔又哭著為自己心愛的兒子送行，他老淚縱橫地對兒子說：「這次晉國人一定會在殽（ㄧㄠˊ）山狙擊我軍。殽山那個地方有兩個山頭，南邊那個山頭，是夏代君主皋的墳墓；北邊那個山頭，是周文王曾經躲避風雨的地方。你們肯定會死在這兩個山頭之間，等以後我再到那裡去收拾你們的屍骨吧！」

當秦國的軍隊經過周朝都城洛邑的北門。為了表示對周王的敬意，兵車兩邊的將士都脫下頭盔下車步行，可他們剛一下車就又馬上跳上車。

王孫滿這時年紀還小，當他看到秦軍這種樣子，就對周天子襄王說：「秦軍這樣輕狂無禮，他們一定要失敗。因為他們輕狂就會缺少謀略，沒有禮貌就會粗心大意，一旦進入險境而粗心大意，加上又不能用計謀，這還能不打敗仗嗎？」

秦軍到了滑國，鄭國的商人弦高正要到周都去做買賣，恰好在這裡遇到秦軍。弦高知道了秦軍的來意，他就先給秦軍送去了四張熟牛皮，後來又用十二頭牛做禮物去犒勞秦軍。他對秦軍說：「我們鄭國的國君早已聽說你們將要行軍經過我家，現特派我前來犒勞貴國大軍。雖然我們的國家不富裕，但你們軍隊在外行軍已經很久了，所以我們國君說願為你們提供住宿所需的一切；在你們動身的時候，我們也會為你們安排一夜的守衛。」

此時，弦高一方面盡力與秦軍周旋先穩住秦軍，同時已暗暗派人趕快回鄭國去報信。鄭穆公接到弦高送來的消息後，馬上派人到賓館去察看。果然秦國的杞子等人已經做好了一切迎接秦軍到來的準備。

這時鄭穆公就派鄭國大夫皇武子前去給他們送行，實際上是對他們下逐客令，皇武子毫不客氣地對他們說：「你們在我國已住了很久了，我們的肉、糧食、牲畜也都用光了。現在聽說你們各位要走了，我們鄭國有個養獸的獵場，就像你們秦國有個養禽獸的獵場一樣，請你們各位自己去獵取一些麋鹿，這樣也好使我們安閒安閒，也減輕點我們的負擔，你們看怎麼樣？」

這樣一來，他們幾個人知道事情已暴露，於是杞子逃到了齊國，而另外兩人逢孫、楊孫逃到了宋國。這時，孟明看見鄭國已有了準備。他想現在既然攻它不成，圍它又怕後援部隊接不上，還是不如回去地好，於是他們順便滅了滑國就撤兵回去了。

這時晉國的先軫看到這種局勢，就對晉襄公說：「這次穆公之所以不聽蹇叔的勸告，是因為他太貪心而且不愛惜百姓的勞苦。這實在是上天給我們的好機會，這天賜良機可不能失掉，千萬別把敵人給放跑了。假如是放走了敵人那可就會產生禍患，違背了天意那可就會不吉利，現在看來是非攻秦軍不可啊！」

可是欒枝提醒說：「別忘了，我們還沒有報答秦國的恩惠，卻要去攻打它的軍隊，難道說因為國君剛去世，我們就要忘記過去的交情嗎？」

先軫不同意這種看法，他說：「秦國現在不但不為我們國家的喪事哀悼，反而要去攻打我們同姓的國家，這完全是秦國無禮，那我們還講什麼恩惠呢？我聽說：『一天放縱敵人，就會給幾代人帶來禍患。』我們現在這樣做完全是為子孫後代著想，這怎麼能說是因為國君死了我們就忘記舊交情呢？」

晉君採納了先軫的意見。於是就發布了命令，迅速動員了晉國北境的姜戎部族也來參戰。這次晉襄公穿上了染黑的喪服出征，梁弘給他駕兵車，萊駒替他擔任車右。到了夏季四月十四日，晉軍在殽山打敗了秦軍，俘獲了百里孟明、西乞、白乙三員秦將勝利而歸。

由於這次晉襄公是穿著黑色的喪服安葬了晉文公。因此晉國從此將喪服由白色改為黑色。

晉襄公的嫡母文嬴，是秦穆公的女兒，她請求襄公把楚國的三個統帥給釋放了，她對襄公說：「正是他們三個人挑撥了我們晉、秦兩國的關係，假如現在秦君能得到他們，就是吃他們的肉也不能夠解恨，何必辱沒您親自去懲罰他們呢？我看不如把他們放回去，讓秦君去處置他們，這樣也可以滿足秦君的心願，您看怎麼樣？」

晉文公一看是母親出面請求，就答應了她的請求，釋放了俘獲的秦國三位將軍。

先軫上朝時，就問起秦國的俘虜。晉襄公告訴他，說他已答應了母親文嬴的要求，將那三個秦國統帥給放回去了。先軫一聽可氣壞了，他忿忿地嚷道：「您可知道，這三員秦國的大將，是咱們將士們在戰場上拼了死命才捉獲的，婦人家的一句話，您就輕易地把他們放了，我們的戰果就這麼隨便地給丟棄了。這樣做只是會助長了敵人的氣焰而已。」

說到這，先軫焦慮地嘆口氣說：「唉！我看啊，咱們國家滅亡是要不了多久了！」說完話他惱怒地也不顧什麼君臣禮貌了，當著晉襄公的面吐了一口唾沫，頭也不回地走了。

聽先軫這麼一說，晉襄公也確實感到這麼做是有些不妥，他就趕忙派大夫陽處父去追趕孟明他們，等他趕到時恰好孟明他們三個已經上了船，這下事情可難辦了。

這時陽處父急中生智想出一招，只見他解下車子左邊的馬，假用晉襄公的名義說要把馬送給孟明，他想以此把孟明他們騙上岸來，好再將他們抓獲。

可是孟明心裡也清楚的很，這「左驂」之賜完全是個詭計。

只見孟明站在船上叩頭拜謝道：「謝謝您。我實在是承蒙您們國君的恩惠，他沒有把我們這些戰俘殺了來取血祭鼓，而是放我們回秦國去接受制裁。請您回去轉告晉君，如果我們的國君將我們處死，你們的這個大恩大德我們是永遠不會忘記的。如果我們國君遵從晉君的好意而赦免了我們，那我們三年以後，一定會再來拜謝晉君的恩賜。」孟明說完，只見小船戴著這獲釋的三員秦將返回秦國。

秦國得到孟明他們獲釋歸來的消息，秦穆公穿著白色的喪服在郊外等候，見到這些敗歸的秦將，他哭著說：「怨我啊！怨我啊！只怨我當時不聽蹇叔的勸告，才使得諸位蒙受了這樣的恥辱，這實在是我的罪過啊！」

因此，秦穆公沒有撤掉孟明的職務，因為他心裡很清楚，這次的失敗都是由於他個人的過錯。同時他也向手下的大臣們表示：「我是不會因為一次小的過失，而抹殺了你們過去護國為民的大功勞的。」

（選自《左傳・僖公三二、三三年》）

築城者歌譏華元

華元是宋國的大臣，他在春秋中期掌管宋國的政務，前後有四十年。但他的見識、才能都有限，帶兵、打仗更是庸碌無能。當時築城的工人唱了一首歌，對他的形象做了最好的刻劃。

魯宣公二年（公元前六〇七年）的春天，鄭國的公子歸生接受了楚國的命令去攻打宋國。當時宋國由主帥華元和副帥樂呂兩人統兵迎戰。二月初十，在宋國的大棘地方進行了戰鬥，結果宋軍大敗。鄭軍不但活捉了華元，打死了樂呂，還繳獲了兵車四百六十輛，俘虜了宋軍二百五十人，割下耳朵的一百多人。

在這次由華元指揮的戰鬥中，他手下有個大夫叫狂狡，在戰鬥中和一個鄭國士兵遭遇了，那士兵一看害怕了，掉頭慌忙逃跑，不小心一下子失足掉進一口井中，這時正好狂狡追來，一看這情況，他就倒拿著戟，把柄伸進井裡，把戟頭向著自己，用勁將鄭國士兵吊了上來，可是不料，當那個士兵剛一從井裡出來，雙手握著戟，反把狂狡給俘獲了。

史官們評論這件事時都認為：打仗時做主帥的必須要讓將士們懂得用兵之道，打仗時應該以「果敢」、「有毅力」的態度去對待敵人，爭取打仗取勝，要懂得這打仗的規矩。可是華元的

部下狂狡不守作戰的規矩，違反了果敢殺敵的命令，結果被俘獲，這是自取滅亡。

另外，在鄭、宋兩國交戰即將開始的時候，華元宰羊犒勞將士們，結果，他的車夫羊斟卻沒有分得羊肉，認為這是對他的不公。

後來到了宋、鄭兩軍交戰的時候，羊斟心想這下可有機會了，他忿忿地說：「以前分發羊肉那是由你作主；可是今天打仗，戰車前進、後退的事可得由我作主了。」

後來在打仗過程中，果然羊斟故意把華元乘坐的戰車給趕到鄭軍中去了，結果宋軍大敗，主帥華元也被擒住。

史官們評論這件事時說：「羊斟可算不是個人啊！他因為個人的一些私怨而置國家利益於不顧，打仗時竟做出這種禍國殃民的事來。《詩經》裡所說的『喪盡天良的人』，不正是罵的羊斟這類的人嗎？他害了許多宋國的人民來報私怨。」

兩國停戰以後，宋國用兵車一百輛，好馬四百匹，將華元從鄭國贖回來。可是宋國剛把車馬給鄭國交了一半的時候，華元卻已逃了回來。華元逃到宋國的城門外，裝模做樣地說明了自己的身分，這樣才進得城來。

後來，他見到守城的大夫叔牂（ㄗㄤ）問華元：「華元大夫，是因為您的馬出了毛病才使您落得如此結果的嗎？」

華元大言不慚地回答說：「不是因為馬的緣故，而是因為人的緣故。這次我是趁著兩國在講和就偷著跑回來了。」

戰後，宋國修築城牆，華元擔任了監工官。有一次他洋洋自得地巡視工程進度。到了工地只聽見築城的民工們都嘲笑他，唱道：

「瞪著大眼睛，挺著大肚子，丟盔棄甲逃回來，倒還挺神氣！絡腮鬍子，絡腮鬍子，丟盔棄甲還逃回來！」

華元聽了築城民工們唱的歌，不僅不感到羞愧，並且派他車上的衛士對民工們回唱道：

「黃牛有的是皮啊，犀牛、犛牛也還有不少，丟盔棄甲那又算什麼！」

聽到華元這恬不知恥的回答，築城的民工們又唱道：

「即使牛皮有那麼多，沒有丹漆又怎麼辦？」

一看民工們的這種毫不示弱的架勢，華元自知不是對手，他趕快對駕車的人說：「我們趕快走吧！他們人多勢眾，可是我卻只有一張嘴，怎麼也鬥不過他們啊！」於是他和隨從急忙逃離了築城工地。

（選自《左傳・宣公二年》）

殘暴無道晉靈公

晉靈公，名夷（ㄍㄠ）皋，是晉襄公的兒子，晉國的第二十六君，他在位十四年，是我國歷史上有名的暴君。

晉靈公身為國君，但他的言行很不合禮節體統，完全不像個國君。他殘酷地剝削人民，加重徵收賦稅以滿足他荒淫無道的生活，連他的宮殿的牆壁上都裝飾著極華麗的彩繪；他還經常站在高台上用彈弓射人，每當他看著人們害怕地慌慌張張躲避彈丸的樣子時，心裡就覺得特別有趣，他把這作為自己的一大樂趣。

有一次，廚師給他做熊掌吃，但燜得不夠爛，結果晉靈公一發怒就把這位廚師給殺了。殺了以後，他令人將廚師的屍體放在簍子裡，讓宮女抬著這簍子經過朝廷送出去，他想藉此讓群臣們都懼怕他。

這時晉國的大夫趙盾、士季看見露在簍子外面的手，就趕忙查問。當他們得知廚師遭殺害的原因後，都感到晉靈公未免太殘忍、太荒唐了。同時他們也很為之憂慮，所以他們兩人打算進去勸勸國君。

這時士季跟趙盾商議說：「要是咱們倆人一塊進去勸他，萬一國君他不肯聽勸，可就再沒有人能繼續去勸他了。我看不如這樣做，由我先進去勸他，他要是不聽，那時你再進去繼續勸他。」

後來士季就先進去朝見國君，可是晉靈公卻裝著沒看見。士季就三進三伏直到殿檐下，晉靈公眼見躲不過了，才不得不抬起眼看了看士季，還沒等士季開口，晉靈公倒搶先說話了：「你別說了，我已經知道我自己錯了，我今後一定改過就是了，這總可以了吧！」

士季叩頭回答說：「哪個人沒有犯過錯呢？犯了錯能改過，這就是最大的好事啊，不過《詩經》上說過：『事情有個好的開頭並不難，難的是很少能從一而終的。』像《詩經》所說的這樣，能夠真正改正錯誤的人太少了。您若能夠有始有終，不斷改過，這不但我們群臣有所依賴，就連咱們國家也可以永遠鞏固了。《詩經》上還說：『周天子有了過失，全仗仲山甫來彌救。』這是歌頌周宣王能接受大臣的規勸改正錯誤。您要是也能這樣補救過失，那君位就不會失去了。」

晉靈公聽得有點不耐煩，但嘴上還不住地說：「是這樣，我得改錯，我得改錯。」

但是，晉靈公嘴巴上雖不住地說要改錯，可是他依然如故，一直不見有什麼改變。這時趙盾就接著士季又三番五次地苦苦規勸。這一來，可惹得晉靈公非常氣惱，竟然派了一個刺客去暗殺趙盾。

這個刺客名叫鉏麑（ㄔㄨˊ ㄋㄧˇ），他接受了晉靈公的指示，行動哪敢怠慢。

一天早晨天剛蒙蒙亮，鉏麑就悄悄地潛進趙府躲在隱蔽處，這時他看見趙盾臥室的門已經打開了，趙盾已起身，並且見他已把朝服穿得整整齊齊準備上朝，但此時因時間還早，他就坐在那閉目養神。

一看這情形，鉏麑就趕忙退了出來，心裡不禁對趙盾肅然起敬，他想：趙盾在自己家裡還如此嚴肅，這麼恭敬國君，這真是一名好官啊！要是我殺掉老百姓的好官員，這不就是不忠了嗎？可是我若是不執行國君給我的命令，那就是失信啊！在這進退兩難的矛盾中，鉏麑不忍心殺害趙盾這樣的人，那可怎麼辦才好呢？違背國君的命令那也是不可能的，還不如自己死了好。於是他就一頭撞在趙盾家庭院裡的一棵大槐樹上，當場就死了。

到秋季九月的時候，有一天晉靈公邀趙盾進宮喝酒，可是他暗中埋伏了武士，準備在酒席宴上殺掉趙盾。這個預謀被趙盾的衛士提彌明發覺了，於是他就趕快大步登上殿堂，並大聲說：「做臣子的陪伴國君飲宴，酒過三巡還不告退，這就不合禮節了。」說完，馬上就把趙盾攙扶下殿。

晉靈公一看趙盾要走，連忙喚出他的猛犬追咬趙盾。見此情景，趙盾氣憤地說：「不用好人，卻豢養惡狗，這惡狗雖很兇猛，可是有什麼用呢！」

晉靈公的武士這時追趕上來，提彌明就一邊抵擋武士，一邊保護著趙盾，邊打邊往外走，結果，提彌明為保護趙盾而戰死了。

幾年前，趙盾有一次在首陽山打獵，中途在一片桑樹蔭底下歇涼。

看見有個漢子倒在地上，這漢子名叫靈輒，趙盾以為他生病了，就上前詢問他是不是生了什麼病，靈輒回答說：「我沒有生病，只是三天沒有吃飯了。」

趙盾一聽，就馬上叫隨從弄些飯給他吃，可是靈輒卻留下一半飯來。趙盾問他為什麼這樣。

他說：「我離家在外已經三年，還沒有回過家，不知道現在我家中的老母親是否還健在。現在我離家已經很近了，請允許我把這一半食物帶回去送給她老人家吃。」

趙盾一聽很受感動，真是孝子啊！他就讓靈輒把飯全吃了，另外又給他準備好了一籃飯和一些肉，好讓靈輒帶回去孝敬母親。靈輒十分感激，一再表示對趙盾的救命之恩將湧泉相報。後來，這個靈輒做了晉靈公的武士。

恰好在這次謀殺趙盾的事件中相遇了，靈輒一看所要謀殺的正是自己的恩人，因此在搏鬥中，靈輒就假裝追趕趙盾，卻把手裡的兵器掉過頭來，擋住其他追趕的武士，就這樣掩護趙盾脫了險。趙盾當時還不明白怎麼回事，就問他為什麼這樣做。

靈輒告訴他說：「恩人啊！我就是餓倒在桑樹下被您救活的靈輒啊！」

趙盾再要問他住處及詳情時，他什麼也沒告訴就馬上退了出去。後來他為了避免遭晉靈公的殺害就逃走了。

九月二十七日，趙盾的同族趙穿在桃園地方將晉靈公殺死。恰巧這時候趙盾正準備出國避難，但還未出境。當聽到晉靈公被殺的消息後，他想國家發生這樣的大事自己絕不能走，就趕緊又返了回來。沒想到晉國當時的太史董狐卻寫道：「趙盾殺了國君晉靈公。」不僅如此，還將這些記載拿到朝廷上公布於眾。

趙盾向他解釋說：「事情不是這樣的！」

但太史董狐卻反問他說：「你身為國家的正卿，想逃走又不過國境，回朝來又不聲討殺死國君的罪人，那麼不是你殺的又是誰殺的呢？」

面對這種推理式的質問，趙盾只能是嘆氣罷了，真是有理講不清啊！他無可奈何地說道：「唉！《詩經》上說：『我因為懷念祖國，反而給自己留下了憂傷。』這兩句詩大概說的就是我吧！」

（選自《左傳・宣公二年》）

晉楚邲之戰

晉、楚兩國在僖公二十八年（公元前六三二年）時進行的城濮（ㄆㄨˊ）之戰，結果晉勝楚敗。雖然說這次晉國壓下去了楚國的氣焰，給了想稱霸中原的楚國一個有力的打擊，但楚國並沒有因此而一蹶不振。後來，它努力發展生產，修明政治，加強軍事訓練，努力吸收中原文化。到楚莊王時，國力已逐步恢復。因此，到魯宣公十二年（公元前五九七），晉、楚兩國再度發生戰爭時，雙方的力量形勢就大不同從前了。

這年春天，楚莊王統兵圍困鄭國的國都，圍困到第十七天時，鄭國人很害怕了，想派人去跟楚國求和。去之前他們找來卜卦，結果不吉利；再卜卦，卦文的意思是要鄭國人到祖廟大哭，並且把兵車都陳列在街巷準備作戰，這樣才會吉利。於是，鄭國人就按卦文的意思行事。大家都聚集到祖廟大哭一場，結果全城哭聲連天，連守城的士兵也是嚎啕大哭。

當楚莊王聽到鄭國都城內傳出的哭聲，就下令讓軍隊向後撤退，好讓鄭國投降。可是鄭國人卻趁楚軍撤退這個機會加緊修築城牆，準備堅守。楚莊王一看鄭國不但不來投降反而準備抵抗，於是就再次進行圍困。三個月以後，終於攻下了鄭國的國都。

勝利後，楚莊王從皇門進入鄭國都城，走到城中心的大街時，只見鄭襄公像罪人一樣袒著肩，牽著羊去迎接楚莊王，並且畢恭畢敬地對莊王說：

「我沒能按照老天爺的旨意辦，沒能好好地侍奉您，致使楚君您生氣，一直打到了我們的國家。這全是我的罪過啊！現在我哪還敢不聽您的命令呢？如果您現在要把我俘虜到江南，來充實您楚國的海濱，我完全聽命；如果您要把鄭國的土地分割給諸侯各國，讓我們鄭國的老百姓做奴僕，那我也服從。如果承蒙您楚君施恩，顧念我們兩國過去的交情，不把我們鄭國消滅，而讓我們來侍奉您，作為您楚國的屬縣，這既是您楚國的恩惠，也是我們最大的願望。」說到這，鄭襄公稍停了停，看著楚莊王接著又說：「當然，我也不敢這樣妄想，現在我只是把自己的心裡話說出來，請您考慮考慮。」

聽了鄭襄公的一番話，楚莊王左右的大臣們都一致建議莊王說：「您可不能答應鄭襄公的要求。既然我們現在用了這樣大的力量才攻佔了他的國家，就不能輕易地放過。」

可是楚莊王搖搖頭，口氣平緩地勸他們說：「你們看看，鄭國的國君現在能這樣以禮自甘屈居於他人之下，他一定是很得民心的。這樣我們哪能再期望取得他的國家呢？咱們還是算了吧！」

於是，楚軍後撤了三十里，並且同意與鄭國講和。楚國派了大夫潘尪（ㄨㄤ）跟鄭國訂立同盟，鄭襄公派他的弟弟子良到楚國做人質。

六月間，晉公派出了軍隊去援救鄭國。荀林父統率中軍，先穀做副將；士會統率上軍，郤克做副將；趙朔統率下軍，欒書做副將。趙括、趙嬰齊做中軍大夫；鞏朔、韓穿做上軍大夫；荀直、趙同做下軍大夫。韓厥做司馬，執掌軍法。

當晉軍到達黃河邊時，聽說鄭國已經跟楚國講和了。荀林父一看既然這樣，晉國就沒有必要再去援救了，就想要率軍回國，他說：「我們已來不及救鄭國了，現在如果再興師動眾去和楚國作戰，那只是徒勞我們的軍隊，還進軍幹什麼呢？等以後楚國軍隊再來圍困鄭國，那時我們再來救援也不算晚。」

士會也贊同這一看法，他說：

「對啊！用兵是要等待時機，看到敵人有機可趁，然後才能調動兵馬。現在楚國的德、刑、政、事、典、禮等諸方面都沒有錯，國家各方面都很順昌，我們現在是不能與它為敵的，不應該征伐這樣不可敵的國家。這次楚國之所以討伐鄭國，是因為鄭國懷有貳心，因此楚國惱恨它，現在它又卑服於楚國，所以楚國哀憐它。鄭國背叛楚國，楚國就征伐它；鄭國服罪，楚國就赦免它，由此可見楚國是德行和刑罰兩樣都具備了。

「討伐背叛的人就是刑，用懷柔的辦法對待服罪的國家，這就是德。目前看來，楚國的德和刑是已經確立不移了。再說，楚國去年征戰陳國，今年又討伐鄭國，他們雖連年用兵，可楚國老百姓卻並不感到煩勞，對國君也沒有怨言，可見楚國現在的政治措施是有條有理的。

「列陣出兵，農工商業不曾受到影響，兵士們很和睦，國家內外的大事互不相擾，可見他們事情沒有做得很好。看見有勝利的可能就進攻，發覺進兵有困難就撤退，這是行軍打仗的上

策。可以兼併弱而不振的國家，攻取政治昏昧的國家，這也是用兵的好方法。我看我們可以先暫且整頓軍隊，練兵蓄力，看其它諸侯中還有弱而不振、政治昏昧的國家我們就可以去征伐，何必現在要去跟楚軍交戰呢？

「再說，商湯的左相仲虺（ㄏㄨㄟˇ）有遺言說：『對淫亂、失道的國家是可以用武力去征討和侮慢的。』這也是指兼並弱而不振的國家。《詩經・周頌・酌》說：『強大的武王的武裝力量，遵從天意伐取了這個昏昧的紂王。』這是指攻取昏昧的國家。《詩經・周頌・武》說：『武王的功業是盛大無疆的。』這是說安撫弱小的國家，攻取政治昏昧的國家，就可建立武王那樣盛大無疆的功業。」

聽了士會這一番長篇的論說，先縠馬上反駁說：「不行！我們晉國現在所以能稱霸，全靠軍隊勇敢、群臣盡力。現在失掉鄭國，不能說是盡到了責任；面對敵人而不去和它周旋，那也不能說是勇敢。依我看，晉國要是在我們手裡失去了霸業，那還不如一死為快，否則將如何面對我們的先人！況且我們現在已經大張旗鼓地出了兵，現在一聽到敵人強大就馬上退兵，這簡直不像一個大丈夫！我們既然接受了國君的命令來做統帥，就應去做大丈夫應該做的事。你們如果願意撤，你們就撤，反正我是要繼續戰鬥下去！」

於是，先縠就以中軍副將的身分，拉出自己統率的軍隊先渡過了黃河。

荀林父見先縠這樣做就批評說：「先縠這樣做太危險了。出師要有法度紀律，法度紀律不好，其結果必凶。每辦一件事，要是聽從了主帥的命令，完成了使命，結果自然就是好的，如果違背主帥的命令而各行其是，那結果必然就是不好的。一旦眾心渙散力量就變得薄弱了。軍隊有法度紀律，是為了讓部下聽從主帥的命令，有主帥而不服從其領導，還有什麼比這更壞的呢？像先縠這樣不服從命令，要是碰到敵人，定會一敗塗地的，先縠這樣做一定是要遭到大禍的；即使他最後能免於戰死回來，他也難以逃罪。」

這時，韓厥對荀林父說：「要是先縠帶領他自己的部隊讓敵人給殲滅了，那您的罪過也就夠大的。因為您是三軍元帥，您的部下不聽從您的號令，難道只是別人的過錯嗎？」他又說：「依我看，這次出兵丟掉了鄭國，再加上先縠那支隊伍被殲滅，罪名就已經很重了，與其這樣，咱們還不如乾脆進兵。戰如果不勝，回去後失敗的罪名還可以由大家分擔，與其讓您一人承擔罪名，還不如由我們六個將領共同分擔，這樣不是更好點嗎？」荀林父聽了這話，就下令叫全軍渡河。

這時，楚莊王統率軍隊北上，駐紮在鄭國的邊境郔（ㄧㄢˊ）地。楚國大夫沈尹率領中軍，子重率領左軍，子反指揮右軍。莊王原打算楚軍將士到了黃河邊飲馬後就率軍回去。

他聽說晉軍已經渡河，就打算馬上率師回國；可他的寵臣伍參卻主張迎戰。

但令尹孫叔敖卻不主張同晉國作戰，他說：「我們去年征伐了陳國，今年又攻打鄭國，已經夠辛苦了，要是不能戰勝晉軍的話，就是吃掉伍參的肉也不夠抵罪啊！」

可是伍參也不服，他反唇說道：「要是我們能夠戰勝，那你孫叔敖可就顯得太沒有謀略了。要是我們打敗了，我伍參的內將落入晉軍的手裡，您就是想吃我伍參的肉您也吃不著啊！」

孫叔敖沒有理會他，就下令把戰車、軍旗都轉向南方，準備撤兵回國了。伍參一看著急了，就又馬上對楚莊王分析說：「晉國現在的主帥是新升任的，他的命令也不被執行。他手下的中軍將領先縠，既剛且狠又無仁心，他現在很自以為是，不肯服從命令。另外其他幾位將領也都是各執一說，各有各的主張，軍中聽不到主帥的命令，在下的士兵們也不知該聽誰的好。像他們這樣意見分歧、各行其是、軍令不統一，軍隊一定會吃敗仗的。而且，您是楚國的國君，現在卻躲避晉國的臣下，這怎麼對得住國家！」

楚莊王聽伍參這一說，自己也感到「君而逃臣」是比較難堪的。於是就下令讓令尹孫叔敖再調轉戰車與軍旗向北進發，把部隊一直開到鄭國管地駐紮下來，等待迎擊晉師。

晉軍渡河以後，駐紮在敖、鄗（ㄏㄠ）兩座山之間。

鄭國派大夫皇戌為使臣到晉國的軍隊去做解釋說：「我們鄭國之所以向楚國求和，為的只是要保全我們的國家。實際上我們鄭國對您晉國並沒有貳心，我們根本不會背叛晉國的，你們放心好了。」接著他又向晉國報告楚國目前的情況說：「現在楚軍戰勝了我們，他們被勝利沖昏了頭，現在是很驕傲，再說他們出兵已很久了，軍隊已很疲憊，因此，他們現在也很鬆弛，也沒有什麼防備。趁現在，如果你們晉軍能出兵，我們鄭國馬上會跟上來，這樣楚軍一定會失敗的。」

聽到鄭國大夫皇戌提供的這種情況，晉國的將領們又開始了議論，他們各執己見。

一味好戰的先縠馬上就說：「現在看來戰敗晉國，征服鄭國，就在這一戰了！咱們一定要答應鄭國使者皇戌的請求。」

欒書稍加思索後，不同意先穀的意見，針對皇戌所說的情況，提出自己不同的看法，他說：

「楚國自從攻取庸國以來，楚王沒有一天不在治理楚民，時時教育百姓要想過安定的生活不容易，要想到時時可能有禍患來臨，因此，不可放鬆警惕。在軍事上，楚王也時時不忘整治武器裝備，他經常告誡將士，勝利是不會一直長久保持的，像殷紂王雖然屢次取勝，但最後還是滅亡了。同時楚王也不斷用楚國的若敖、蚡冒兩位先君的事蹟來教育百姓，告訴大家，先君他們都是乘坐粗糙的車輛，穿著破舊的衣服來開創基業的。楚王又用良言勸誡大家說：『人民的生計在於辛勤勞作，能做到辛勤勞作就不會貧乏。』由此看來，楚國現在並沒有驕傲。

「再說咱們晉國的先大夫狐偃有遺言說：『軍隊理直就能氣壯，理虧就會士氣低落。』現在我們晉軍的做法是不合乎正義的，而且也會使楚國怨恨於我們。楚國國君他的用兵之法是分左右兩廣，每廣備有戰車十五輛，有步兵一百人作為後備力量，每一百人的卒，又有五十人的「偏」和二十五人的「兩」做為它的後備力量。右廣一大早就開始駕車備戰，一直到中午休息，然後再由左廣接替，一直到黃昏休息。另外國君身邊的官員也都夜裡輪流值班，準備應付意外發生的事。因此看來，楚軍並不是沒有防備。

「鄭國的公子子良是一個賢人，潘尫是楚國的貴官，現派他到鄭國去訂立盟約，而子良到楚國做人質，可見鄭、楚兩國的關係還是很親密的。鄭國現在派皇戌來鼓動我們與楚國作戰，要是我們勝了，鄭就倒向我們，如果楚國勝利了，鄭國就會靠向楚國一邊。照我的推測和估計，鄭國皇戍的話是絕對不能聽從的。」

對此看法，趙括、趙同卻一齊反對說：「我們進兵到此，目的就是要同敵人作戰。打敗敵人收復屬國，我們還等什麼呢？咱們一定跟從先穀進軍！」

荀林父見此情景說道：「趙同、趙括這兩個人可都是自找倒霉的傢伙！」

趙朔說：「欒書的話真是說得太好了！」

另一方面，楚王也派了少宰來到晉軍。

少宰對晉軍將帥說：「我們的國君從年少時就遭遇憂患，不善於辭令。他聽說從前楚成王、楚穆王兩位國君統率軍隊來此征伐鄭國，為的是教導、安定鄭國，怎麼敢得罪晉國呢？你們各位不要長久留在這裡。」

士會回答楚國使者說：「從前周平王吩咐我們先君晉文侯說：『晉國要與鄭國一起共同輔佐周朝，不要廢棄周王的命令！』現在鄭王他不遵照周王的命令，所以我們晉國國君派我們來向鄭國問罪，我們哪敢煩勞你們出兵呢？晉國願意拜受楚君賜予的命令。」

先穀一聽士會的話，認為這話明顯是在

奉承楚國的意思，就派趙括馬上去更改士會的話說：「剛才我們使者的話說錯了，我們晉君派我們到這裡來，是要把楚國從鄭國遷移出去，並且吩咐我們說：『別在敵人的面前退讓。』我們這是不得不執行國君的命令。」

後來楚莊王又派使者來向晉軍議和。這次晉軍答應了楚的要求，並且已訂好了簽定盟約的日期。

楚將樂伯坐了戰車，由許伯駕車，攝叔為車的左衛到晉軍前面挑戰。

許伯說：「我聽說向敵軍挑戰的人，應該駕著戰車，放下軍旗，飛快地衝到敵人軍壘，然後再跑回來。」

樂伯說：「我聽說挑戰的事，應當從車左射出箭去，替駕車的人執著繮繩，駕車的人下來，故意把馬和馬頸上的皮件整理一下表示很鎮靜，然後再回來。」

攝叔也說：「據我聽說向敵軍挑戰的人，作為車右應該進入敵人的營壘，割掉一個敵人的耳朵，抓獲一個俘虜，然後回來。」

這三個人各自有自己的看法，結果他們三人都按照各自的說法做了一遍，然後回來。

這時晉人來追擊他們，並兵分左右兩翼來包圍楚軍。這時樂伯拿起弓箭，左邊射馬，右面射人，使得晉軍左右翼都不能靠前。這時樂伯只剩下一支箭了。突然有隻麋鹿從他面前跑過，樂伯一箭射去，一下子射中了麋鹿的脊背中央最高處。

這時晉將鮑癸正在樂伯的後面追趕他，樂伯就叫攝叔把麋鹿獻給鮑癸，並對他說：「現在打獵的季節還沒有到，好的野味還不曾送來，現在只好把這隻麋鹿送給您的部下當飯菜吧。」

鮑癸遇到這情景就停止了追趕，並且對他的隨從們說：「他們的車左善射，他們車右善於說話，都是君子啊！」於是就放過了對方不再追趕。

晉國的魏錡想做公族大夫，但未能實現，所以很生氣，心裡想讓晉國失敗。他就提出請求要去向楚軍挑戰，結果沒有准許他；他不甘心，就又提出請求作為使者出使楚軍，後來他的這個要求被答應了。

於是他就出使楚軍，到了楚軍後，他竟然請求楚軍來與晉軍交戰，然後他才回來。

在他回來的路上，楚將潘黨追趕他，一直追到滎澤這片沼澤地，魏錡看見有六隻麋鹿，他射中了一隻就回過頭來把它獻給了潘黨，並且對潘黨說：「您現在軍務很忙，主管打獵的官恐怕也來不及給您供獻上新鮮的野味，請允許我把這隻麋鹿送給您的部下嘗嘗鮮。」潘黨也就下令不再追趕魏錡了。

晉國的大夫趙旃原先想做卿，

結果沒有做成，方才又看見把楚國挑戰的人給放走了，心裡更是感到生氣，他就請求去向楚軍挑戰，結果沒有答應他的要求；他又提出請求到楚軍去，把他們召來商訂盟約，這一次准許了他的請求，並且派他和魏錡一同前去。

郤克說道：「這回這一對心懷不滿的人出使到楚軍去，我們大家若是不防備點，一定會失敗的！」先縠聽了首先又反對說：「鄭國人勸我們出擊去同楚國人作戰，我們不肯聽；楚國人要和我們講和，我們又沒能辦好。軍中現在沒有一定的主見，做那麼多的防備又有什麼用呢？」

士會提醒大家說：「我們大家還是防備點好，要是這兩個人激怒了楚國人，楚軍打過來，那我們可隨時都可能會全軍覆滅的！大家千萬不能鬆懈。如果楚軍不來攻我們，我們有了戒備而去同他們簽訂盟約，這對和好也是不會有什麼損害的；如果他們來攻擊我們，我們已有了防備，這就不至於會失敗。」

先縠他不同意設防，認為這樣做完全沒有必要。士會不理會他的意見，派了鞏朔、韓穿帶領一支隊伍，在敖山前設下了七處伏兵。正是因為有了這手防備措施，後來晉軍的上軍才沒遭到失敗。

趙嬰齊當時也採取了防備的措施，他叫自己的部隊在河邊備好了船隻，所以後來在兩軍作戰中，他雖然失敗了，但還是使自己部隊能先渡河撤退，減少了不小的損失。

趙旃（ㄓㄢ）和魏錡去到楚軍處。潘黨見魏錡這次又來了，就又去追趕他。趙旃夜裡才到達楚軍駐地，他就在楚軍的營前席地而坐，然後就命令他的部下進入楚軍的營壘進行挑戰。

楚莊王此時已佈設了兵車三十輛，分左、右兩廣。右廣是在清晨黎明雞叫的時候駕馬備戰，日中解駕放馬休息；左廣此時就接替上去，到日落的時候再解駕休息。

這時楚軍是安排了由許偃駕御右廣，養由基坐在他的車右做保衛；彭名駕御左廣，屈蕩坐在他的車左做保衛。六月十四日，楚莊王就乘左廣來追擊趙旃，這時趙旃來不及上戰車，只好丟掉戰車逃到樹林裡。屈蕩見趙旃棄車逃走，就一直追上去與他搏鬥，結果雖沒有抓獲他，卻也獲得了他的鎧甲和衣服。

這時晉軍很擔心魏錡、趙旃倆人會激怒楚軍，就派兵用戰車來接應他們兩人。

潘黨一看晉軍方面塵土飛揚，知道晉軍來了大批人馬，他就趕忙派人飛馬回去向楚軍報告說：「晉國的大軍殺過來了！」

楚國人一聽，都怕楚王會陷入晉軍的包圍之中，他們就趕忙出來列隊準備戰鬥。這時只見楚國令尹孫叔敖下令說：「向晉軍進攻！寧可我們先逼近敵人，也不能讓敵人先逼近我們。《詩經》裡說：『大的兵車十輛，讓它在前面開道。』這就是指要搶人之先，爭取主動。《軍志》上說：『先發制人，可以奪去敵人作戰的勇力。』這說的是要衝近敵人。」

於是，楚軍在孫叔敖的指揮下急速進軍，戰車和步兵都急風驟雨般地衝向晉軍。

而晉軍方面對楚軍這突如其來的凶猛的進攻，中軍統帥荀林父驚慌得無所措手足，急忙在軍中擊鼓命令說：「能先渡河撤退的有獎！」一時間，晉軍的中軍、下軍的兵士們紛紛都爭先恐後地去上船，人太多有的上不去船的就都用手扒著船舷死死不放，而船上的人生怕拖延時間過不了河，因此就用刀亂砍攀在船舷的手。結果被砍下了許多手指，簡直多得可以用手捧了。

晉軍此時只有不顧一切地倉皇逃命了。現在晉軍中，荀林父率領的中軍和趙朔率領的下軍都在逃跑，而只有士會所統率的上軍屹立不動。

這時，楚大夫工尹齊率領右軍來追趕晉國的下軍。

楚莊王這時命令楚大夫唐狡和蔡鳩居，向楚國的屬國唐國的惠侯說：「我無德而貪功，現在遇上了大敵，這是我的罪過。可要是楚國打了敗仗，對您來說也是個恥辱。因此，我想藉藉您的威力，來幫助我們楚國取勝。」

同時，楚莊王又派潘黨領機動預備隊的戰車四十輛，跟從唐惠侯編為左邊的隊伍，去攻擊晉國士會所統率的上軍。這時，晉國上軍的副將郤克就問士會：「我們現在打算怎麼辦？是等著跟楚軍作戰嗎？」

士會搖搖頭說：「不行。楚軍現在的士氣正旺盛，如果他集中起兵力來對付我們上軍，那我們就會全軍覆滅的。因此，不如撤兵回去，這樣，不但可以替中軍、下軍分擔點戰敗的罪名，同時也可以保全戰士們的性命，這樣不是更好點嗎？」於是，士會就把他的上軍做為後衛，慢慢撤退，最後總算是保住了晉國的上軍沒有潰敗。

楚莊王原來坐在左廣親兵的戰車上，這時他看見右廣親兵的戰車，就想換乘右廣戰車。左廣車右屈蕩怕楚王換車會引起將士們不必要的猜疑，就勸阻他說：「您乘左廣的車出發，現在也該乘左廣的車凱旋。」從此，楚王親兵的戰車就由左廣領隊了。

晉軍在逃跑的時候，有些兵車很笨重，行動起來很不方便。楚軍教給他們，讓他們把戰車前面的橫木卸掉；但走不了多遠，駕車的馬又盤旋不前，楚軍又告訴他們把戰旗和軍旗拔下來橫放在兵車的前面，這樣不受風力阻擋。這樣，晉軍才得以順利地逃走。

他們一邊逃還一邊回過頭來對楚國人嘲笑道：「我們晉國不像你們楚國老是逃跑，有那麼豐富的逃跑經驗，真得感謝你們的指教啊！」

趙旃這時用他的二匹好馬，來救助他的哥哥和叔父脫險；他自己卻用另外不好的馬駕車回來。不料他遇上楚軍，未能上車，只好丟棄兵車逃到了樹林裡。

這時有個姓逢的晉軍大夫帶著他的兩個兒子也正乘車要逃回晉國，他們路經樹林，他直囑咐兩個兒子說：「你們可千萬不要回頭！」可誰知這兩個兒子都回頭看了一下，正巧看見了趙旃，他們一齊向父親喊道：「趙老頭在後面呢？」

這逢大夫他原是有意要裝看不見，卻不料兩個兒子不聽話，便生氣起來，可現在已經不行了，他不能裝看不見了，他就叫兩個兒子下車，並指著一棵大樹對他們說：「你們等著，我會回來在這裡給你們收屍的！」說完，他把登車用的皮帶交給趙旃，把他拉上了車，這才使趙旃免於一死。第二天，逢大夫再到那棵大樹下尋找，果然看見他們兄弟二人都被殺死了，屍體疊倒在樹下。

楚國的大夫熊負羈把荀林父的兒子荀罃抓了起來。荀林父就趕緊帶了自己的家兵回來援救。這時魏錡給他駕車，好多下軍的士兵也都跟著來了。荀林父每次射箭時，總是把好的箭留下，放進魏錡的箭袋裡。

魏錡見他這樣做，很生氣地對荀林父說：「你不去救你的兒子，卻在一個勁地愛惜你的好箭，董澤那地方的蒲柳多的是，還不夠做你要的箭杆嗎？」

荀林父卻回答他說：「你不懂！我要是捉不到敵將的兒子，那我的兒子怎麼能夠換回來呢？我之所以不願意隨便用好箭，就是為的這個緣故啊！」

後來，只見荀林父一箭射中楚將連尹襄老，奪過他的屍體，裝在車上；接著又射傷了楚莊王的兒子穀（ㄍㄨˇ）臣，把他俘虜了。這下，荀林父獲得了穀臣和襄老這一生一死的兩件交換品，他這才回到晉營。

到黃昏時，楚軍駐紮在邲（ㄅㄧˋ）地，晉軍的殘餘部隊已潰不成軍，他們連夜搶著渡黃河，整整一夜鬧個不停。

六月十五日，楚國運送物資的車隊到達了邲地。楚莊王統率的大軍駐紮在衡雍。

此時，潘黨向楚王建議說：「君王您為何不在這裡建造軍營來顯示一下您的武功，再把晉軍戰死的屍體收集起來建造一座大墳山呢？我聽說古人要是打了勝仗，就一定要把這事告訴自己的子孫後代，目的是要叫後世不忘先代的功績。」

楚莊王卻對他說：「看來你真是不懂！從文字構造上看，止戈二字合起來才叫『武』。所謂武，包括禁暴、戢兵、保大、定功、安民、和眾、豐財七項。從前周武王就做到了這七項。可今天我一戰就使得晉、楚兩國的這麼多將士戰死在疆場，暴露屍骨，這太殘暴了；如果為顯示兵

力來威脅諸侯，那戰爭就不能消弭；強暴而不收兵，那又怎麼能保大？目前晉國這個強敵還存在，怎麼能定功？如果違反民眾希望的事還很多，怎麼能算安民？如果沒有美德卻要強爭諸侯，那拿什麼來和眾？如果乘人之危而己利，以人之亂而為己安，現乘晉師危亂，攻而勝之，以之為楚國的榮耀，那又拿什麼來豐財？用武有這七項美德，而我對晉國用兵卻一項美德都沒有，這又用什麼來告示於子孫後代呢？」楚莊王說到這，略有所思地又對潘黨及周圍大臣們說：

「我看我們還是造座祖廟，把這次收服鄭國、戰勝晉國的事告訴先君好了。這武力可不是我的功勛。古代英明的帝王，討伐無禮的國家，捕殺那些吞食小國的不義之人而修築墳墓示眾，後來變成表功的大墳山，這是對邪惡的懲戒。現在晉國並沒有什麼罪，人民也都聽從國君的命令，盡忠戰死，我又能用什麼作為景觀來示戒呢？」

於是，楚莊王沒有採納潘黨的建議，而是在河上祭祀了河神，又建造了一座祖廟，把收服鄭國，戰勝晉國的事祭告了先君，然後就班師回國了。

秋天，晉軍回國。晉軍元帥荀林父因打了敗仗，首先就請求國君辦他死罪。晉景公準備答應他的請求。這時大臣渥濁出來勸阻景公說：

「這樣做不妥當吧！記得當年，晉、楚兩國的城濮之戰，晉軍大敗楚軍，把敵人留下的糧食吃了三天，父公臉上還帶有憂色。當時父公左右的人問他：『現在我們勝利了，有這麼大的喜事，難道說您還不高興嗎？您現在怎麼看起來那麼憂慮呢？』父公回答說：『現在我們是勝利了，可是楚國的子玉還活著，這就使我不能高枕無憂啊！你知道，野獸被圍困時還會做垂死的反撲，何況是一國的宰相呢？』後來，等到楚國殺了子玉，才見到父公臉上露出了喜色，並且說道：『現在再沒有和我作對的人了。』這就好比是晉國又勝了一次，而楚國又敗了一次。楚國殺了子玉以後，經歷了楚成王、楚穆王兩代，而國勢一直不興啊！

「這次，我們晉國失敗了，也許是老天對我們的一次警告，要是再把荀林父殺掉，就等於又讓楚國打了一次勝仗，這是用我們自己的手殺掉了楚國想殺的人。這樣一來，豈不要使我們晉國再不能與楚國爭勝了嗎？再說，荀林父為國君辦事，在朝廷上一直是盡心盡力的，而且事後必省察自己的言行以彌補過失。他實在是我們晉國的一位良臣，為什麼要殺他呢？」

最後，為了進一步勸阻晉景公，渥濁又用形象的比喻對景公說：「荀林父他這次失敗，就好像日蝕、月蝕一樣，儘管它們有殘缺，但它們畢竟還是完美的。荀林父他這次的失敗哪能損害他本人對國家的一片忠誠呢！」景公終於被說服了，恢復了荀林父原來的職位。

（選自《左傳・宣公十二年》）

宋華元怒殺楚使申舟

春秋戰國時期，列國紛爭不止。各諸侯國之間不斷地挑起戰爭，相互兼併，強滅弱，大吞小。日趨強大的幾個國家都想自己稱霸於諸侯，為了與其他大國抗衡，他們就不斷設法擴大、發展自己的勢力。這樣一來，一些中、小國家也就必然成了這些大國爭奪、侵吞的對象。而中、小國家也極力要保護自己。因此，這一時期這種爭奪與反爭奪、侵吞與反侵吞的爭鬥就時有發生。

魯宣公十四年（公元前五九五年），楚國乘晉國與秦國在殽之戰後關係惡化的時機，積極向北擴張自己的勢力，想盡辦法爭奪夾在晉、楚、齊三大國之間的一些中、小國家。

楚莊王派大夫申舟到各國去訪問。

春秋時期，諸侯國的使節路過別國的國境時，必須要向對方提出借道的要求，在對方同意後才能通行，在當時這是一種必要的外交禮節。可是楚莊王因為瞧不起夾在幾國之間的小國—宋國，所以對臨出發的申舟說：「你到齊國去，不必向宋國請求借路。」

同時他又派公子馮到晉國去訪問，並且在出發前也告訴他不必向宋國請求借路。

這個楚大夫申舟在二十多年前，曾經在孟諸的一次打獵中，因為宋昭公耽誤了楚穆王的命令，而把宋昭公的駕車夫痛打了一頓並加以示眾，因此他得罪了宋國。所以這次要他路經宋國到齊國去訪問，他心裡有不吉利的預感，就對楚王說：「鄭國明智可是宋國糊塗；這次去訪問晉國的使者經過鄭國不會有什麼危險，可是我去齊國，要經過宋國，看起來我這次去是必死無疑的了。」

楚莊王安慰他說：「不會的，你放心，宋國真要是殺了你，我就發兵攻打宋國。」這樣申舟還是不放心，就把兒子申犀託付給楚莊王，然後才出發了。

申舟一到宋國，果然，宋國就把他捉住了。

宋國的執政大臣華元氣憤地質問他說：「你們經過我們的國家，也不向我們請求借路，這不簡直是把我們宋國的國土，當成你們楚國的邊邑了嗎？」後來華元又想，把我國當成楚國的邊邑，這不就是要亡我宋國嗎？我們若是殺了他的使臣，楚國就一定會來攻打我國。他若真攻打我國我宋也是亡國，反正都是一樣要亡國，那還不如現在對楚國嚴厲點。於是華元就把楚國的使臣申舟給殺了。

當楚莊王一聽到申舟被殺的消息，他馬上驚喜地意識到宋國果真上了他所設的圈套，他興奮極了，一甩袖子就霍地站了起來，急步向寢宮跑去，他的隨從這時才意識到楚王還沒有穿戴好，於是一群隨從分別拿著鞋子、寶劍，趕著車馬從後面趕緊追上來。追到寢宮的門闕才給他穿上鞋子，追到門闕外才給他佩上了寶劍，再一直又追到蒲胥街上，才讓他坐上了車子。

這年的秋季九月，楚莊王以楚使被殺為由來圍攻宋國。後來楚國就駐兵在宋國。

第二年，宋國派大夫樂嬰齊向晉國告急求救。晉景公得知這個情況，打算要去救援宋國。可是晉國大夫伯宗勸阻說：「不行啊！古人有句話說得好：『鞭長莫及。』現在上天正保佑楚國，我們還不能和它競爭。雖然我們晉國現在強盛，但能違背天意嗎？俗語說：『處理各種事情時都要先心中有數。』河流湖泊能容納污泥濁水，山林草莽能納毒蟲猛獸，美玉可以隱匿疵點，國君請暫時忍辱，這對國家並無害，這是上天的常規。君王您還是等著吧！」在伯宗這樣的勸說之下，晉景公就停止發兵救宋。

後來，晉國派大夫解揚到宋國去，叫宋國不要投降楚國，並告訴他們說晉國救援的部隊已全部出發，馬上就要到宋國了。解揚在路過鄭國時，鄭國人捉住了他，並把他獻給了楚國。

楚國這時就想辦法用重金賄賂他，條件是讓他對宋國人說相反的話。起初解揚不同意，結果楚王一再強逼他，他才答應下來。這時楚人讓他登上一種設有瞭望樓的兵車，讓他對宋人喊話。他們沒有料到，解揚正好就利用這喊話的機會，把晉景公要宋國堅守待援的命令傳達給了宋國。

楚莊王一聽十分惱怒，要殺解揚，並且派人質問他：

「你事先已經答應了我們的要求，現在為什麼又違背了你的諾言？不是我們沒有信用，而是你不守信用。你接受你該遭到的處罰吧！」

可是解揚卻理直氣壯地回答他們說：

「我曾聽說，國君能下達正確的命令就是『義』，臣子能接受國君的命令就是『信』，信

用道義貫徹並且執行下去就是『利』。以此原則領導國家、捍衛國家，這才是百姓的真正主人。而道義不能有兩種立足基點，信也不能接受兩種相背的命令。現在楚君您賄賂做臣子的我，就是不懂得講信。我先接受我晉君的命令而出使的，我寧可牲犧也不能背棄我所接受的使命，這難道是可以用財、物來收買的嗎？我後來之所以答應你們楚王的要求，是因為我知道這的確是一個很有利的機會，我可以藉此機會來完成我的使命。即使現在我要死了，但我卻已完成了使命，這真是臣下我的福份。我死了又有什麼遺憾呢？」

聽了解揚的這番表白，楚莊王也感到他的話是蠻有道理的，況且就是殺了他對自己也沒有什麼好處，於是就釋放了他，讓他回晉國去了。

到了這年夏天，楚軍要撤離宋國了。

申屏在楚王的馬前叩頭說：「我父親明知會死，但他還是不敢不遵從您的命令，可是現在君王

您卻違背了承諾，不……。」楚王面對這樣的問話不能回答。

此時楚臣申叔時正為楚王駕車，他說：「現在在這裡修造起房屋，叫種田的人都回來，宋國一定聽從您的命令。」

楚王就按照申叔時的話去做了，宋國人害怕起來，就派華元在夜裡悄悄地潛進楚營，上了楚軍主將公子側的床，把他拉起來說：「我們國君派我來把我們宋國的困難情況告訴你，我們國家現在已是到了易子而食的地步，儘管我們目前是這種情況，而且你們又兵臨城下，但我們寧可讓國家滅亡，也不會在這時與楚國訂立盟約。但如果你們現在撤離三十里地，我們就一切聽從吩咐。」

公子側害怕起來，就跟華元盟誓並報告了楚王。結果楚軍退兵三十里，宋國就跟楚國講和了。遊華元做了人質。

（選自《左傳・宣公十四、十五年》）

齊晉鞍之戰

春秋時期，晉國和楚國為爭霸先後有過三次大的交戰。在前兩次交戰中，雙方各有勝負，誰都沒有取得徹底擊潰對方的勝利。特別是晉國，在第二次的邲之戰中被楚國打得大敗，使其強國的威望大大下降。但是晉國並不甘心自己的失敗，它決心要重振霸業。為此，它首先力爭小國的歸附，又竭力遏止其他強國的擴張，終於爆發了齊晉之間的鞍之戰。

魯成公二年（公元前五八九年）的春天，齊頃公率兵進攻魯國北部邊境的城邑，包圍了龍城。當時頃公的寵臣盧蒲就魁負責攻打龍城，結果他反被龍城的人捉住了。

齊頃公一看這情況很著急，他就向魯國提出說：「不要殺他，我和你們訂立盟約，我們的軍隊也不進到你們的境內。」

但魯國人不答應，他們還是殺了盧蒲就魁，並且把他的屍體曝列在城牆上。這一下齊頃公火了，他親自擂起戰鼓下令進攻，齊軍一下子爬上城牆，三天就攻佔了龍城。接著齊軍又向南繼續進兵，一直打到魯國的巢丘。魯國危急了。

這時，衛穆公派了孫良父、石稷（ㄐㄧˋ）、寧相和向禽率兵攻打齊國。他們與齊國的軍隊相

遇了。但這時，石稷想不戰回國。

孫良夫就對他說：「這怎麼行呢！我們帶兵出來攻打敵人，結果見了敵人卻不打就退回去，這回去怎麼向國君交代呢？假如知道不能與敵人作戰，那開始就不如不出兵。現在既然已經跟敵人相遇了，那就要跟他們打一仗。」

石稷說：「我軍先前打了敗仗，你現在要是不稍停一下穩住隊伍等待救兵，那恐怕我們會全軍覆滅的，您要是折損了官兵，日後回去拿什麼向國君交代呢？」幾個大夫都沒有回答。

石稷又對孫良夫說：「您是國卿，若您被擒獲，這將會玷辱了衛國。您還是帶領士兵們先後撤，我留在這裡抵擋敵軍。」

同時他又通知全軍說：「將會有很多的戰車前來救援。」齊軍停止了進攻，駐紮在鞫居。

衛國新築的邑大夫仲叔于奚及時帶兵趕來援救孫良夫，孫良夫這才免於難堪。孫良夫回到衛都，沒有進國都就到晉國去請求救兵。恰好這時魯國的大夫臧宣叔也到晉國來請求救兵。他們倆都住在晉國大夫郤克家裡。

這位郤克曾出使齊國，齊頃公的母親曾嘲笑他是跛足，因此他心中時時以此為恨，發誓要報仇，所以來求救兵的人都來投奔他。這時晉景公答應派給他們七百輛兵車。

郤克說：「這只是城濮戰役時晉國軍隊的數目。那時多虧有先君文公的英明和前輩大夫們的認真、敏捷，所以才打了大勝仗。因此，還是請您再多派點兵車吧！」景公答應再增派一百輛，共八百輛兵車去攻伐。

這樣郤克就統率中軍，士燮輔佐上軍，欒書率領下軍，韓厥擔任司馬。他們一路出發，前去援救魯國和衛國。魯國的臧宣叔迎接晉軍，並且為他們引路。魯卿季父子也率領軍隊來和晉軍會師。大隊人馬一直來到衛國的境內，韓厥要殺人，郤克一聽說，就馬上驅車趕去，想救被殺的人。但等他趕到時這個人已經被殺了。

郤克這時就派人趕快把被殺的人示眾，並且告訴他手下的人說：「我之所以這樣做，是想分擔別人對韓厥的責難。」

聯軍追隨齊軍到了衛國。

六月十六日，聯軍來到齊國的靡笄山。齊頃公派人來向聯軍請戰，他們對晉國人說：「您帶領了貴君的軍隊屈臨齊國，雖然我們國家兵員裝備疲劣不雄厚，但我們還是很願意請你們明天早上與我們見見面比試一番。」

晉國則回答：「晉國跟魯國、衛國是兄弟之國，他們告訴我們：你們齊國經常到他們國土上去發洩你們的怨氣。我們晉君不忍心看我們的兄弟國受這樣的欺侮，所以派了我們來向貴國請求關照一下我們的魯、衛兄弟國。也別讓我們晉國的軍隊在你們齊國久留。打起仗我們也知道只能進不能退，這點就不必有勞您齊君下令指揮我們了！」

齊頃公說：「好，你們答應作戰，這也正是我所希望的。就是你們不答應，我也要與你們一戰。」說完，齊國的大夫高固就率兵衝進了晉國的軍隊，抓獲了一些晉軍的人，而且又奪了些晉國的兵車回去。

高固還把桑樹根繫在戰車後，在齊軍的營壘中到處巡行，並大聲喊道：「有要勇氣的可以來買我多餘的勇氣！」

六月十七日，齊國和晉國雙方的軍隊在齊國的鞍地正式擺開了陣勢。

齊國方面，大夫邴（ㄅㄥˇ）夏給齊頃公駕車，大夫逢五父擔任車右。

晉國方面，大夫解張給郤克駕車，大夫鄭丘緩擔任車右。

戰鬥一開始，驕傲的齊頃公就對大臣們說：「先等我去把那些敵人消滅了再來吃早飯。」說完，他也不給戰馬披上甲就驅車去進擊晉軍。

在雙方交戰中，郤克被箭射傷了，只見他身上的血一直流到鞋上，但他的擊鼓聲卻一直沒有停止。他這時對左右說：「我受傷了！」

這時給他駕車的解張說：「從雙方一開始交戰，箭就射穿了我的手，一直穿進胳膊。我是把箭杆折斷了繼續給您駕車的，現在血已把車的左輪都染成紅色了，我怎麼敢說受了傷？您現在也請忍耐一下吧！」

鄭丘緩這時也對他說：「從開始交戰，只要是遇到了險阻，我都要下去推車，您哪裡知道這些呢！現在您確實受傷了，但請您還是忍一下吧！」

接著，解張又鼓勵他說：「現在全軍的耳朵都在聽著我們的戰鼓聲，而全軍的眼睛都在看著我們的旗幟，部隊的前進與後退都在靠我們旗鼓的指揮。只要這輛戰車還繼續指揮，戰鬥就可以成功；現在，我們怎麼可以因為受傷而斷送了國君的大事呢？披上鎧甲拿起武器，本來就是抱定必死的決心，何況現在只是受了點傷，離死還遠著呢，您還是要努力啊！」說完，解張就把轡繩併在一起用左手握住，右手拽過鼓槌擊鼓。

戰馬也在鼓聲的激勵下，狂奔向前，晉國的軍隊跟著主帥的戰車勇往直前。結果齊軍大敗。晉軍追逐著齊軍，一直圍著華不注山繞了三圈。

在兩軍交戰的頭天晚上，韓厥夢見父親子輿告訴自己：「明天早上，兩軍作戰時，你乘車要避開左、右兩邊的位置！」所以，第二天交戰時，他就在中間駕車追擊齊頃公。

打仗時，邴夏對頃公說：「射那個駕車的人，那人是個君子。」

可是頃公說：「既然你說他是君子，那為什麼還要射他呢？這樣做是非禮的呀！」

於是，他們就射韓厥車上左邊的人，結果左邊的人跌到車下去了。他們又射車右邊的人，結果右邊的人被射死倒在車裡。

恰好這時晉大夫綦（ㄑㄧˊ）毋張丟掉了自己所乘的兵車，就追隨著韓厥的車子。綦毋張就跟從韓厥或立於左或立於右，而韓厥卻不時用胳膊肘碰他，讓他站在自己的身後。在追趕中，韓厥彎下身來，把倒在車裡的屍體放穩。而逢丑父就趁韓厥彎下身不注意的時候，跟齊頃公調換了位置。

當追趕到華泉時，齊頃公戰車兩邊的驂馬被樹枝絆住了，結果戰車停了下來。

頭天晚上，逢丑父在棚車裡被蛇咬了一口受了傷，但他瞞著沒有講出來。所以這時車給絆住停下來，他也沒法下去推車了，結果被韓厥追了上來。

這時韓厥手裡拿著一根栓馬繩站在齊頃公的馬前，拜了兩拜，又叩了頭，然後他捧上一杯酒和一塊美玉送給「齊頃公」。並說道：「我們晉國君命令我們群臣替魯國和衛國向您求情，他說：『不要讓大軍深入齊國。』可是很不幸的，恰好在此遇上了您的兵車，而我又沒有逃避和躲藏的地方，況且我又怕逃避和躲藏會給雙方國君帶來恥辱。我是一名戰士現在既然擔任此職，也只好完成我的職責。」

逢丑父當然明白韓厥所說的完成職責，就是要捉獲齊頃公。

逢丑父馬上就請齊頃公下車，去到華泉弄點水喝。正好這時齊大夫鄭周父駕了一輛副車，驅車到華泉，他們拉上齊頃公就趕緊逃走了。齊侯這才免於被俘。

再說因為逢丑父與齊頃公事先已調換了位置，所以此時韓厥一直誤將逢丑父當作是齊頃公，以致於將假頃公俘獲獻了上去。郤克打算把逢丑父殺掉。

只見逢丑父大聲說道：「從今以後再也沒有能替他的國君承擔患難的人了，現在有這樣一個人在這，還要被殺掉嗎？」

聽他這樣一說，郤克也認為：這個人敢於用自己的生命來解除國君的危難，我要是殺他會很不吉利的，還不如赦免他，用他來鼓勵那些忠心侍奉君主的人。於是，郤克就釋放了逢丑父。

齊頃公自脫險後，為了尋找逢丑父，親自多次出入晉軍。頃公每次殺出晉軍，齊軍都簇擁著他往回撤。他衝入狄人的陣地，狄兵都拿出戈和盾替他遮擋掩護。他闖入衛軍陣地，衛軍也放了他。於是，齊頃公從徐關逃入齊國的都城。

齊侯見到宋城的人就說：「你們要努力啊！要盡力防守好城邑，齊軍打敗了！」

這時，士兵見到路上有一個女子，就命令她躲開，可是這女子問道：「國君脫險了嗎？」

齊侯告訴她：「脫險了。」

她又問：「銳司徒脫險了嗎？」

齊侯又告訴她：「他也脫險了。」

這女子一聽放心了，她說：「這下好了，既然國君和父親都脫險了，其餘的人就沒有什麼關係了！」說完就跑開了。

齊侯認為這個女子很知禮，事後打聽，才知道她是壁司徒的妻子，就賜個地給她作為封地。

晉軍一直追擊齊兵，從丘輿進入齊境，然後攻打馬陘。齊頃公此時只好派齊大夫賓媚人用從紀國得來的甗（ㄧㄢˇ）、玉磬（ㄑㄧㄥˋ）和土地送給晉國，希望以此能使晉國退兵。他對賓媚人說：「如果這樣晉國還不答應，那就只好隨他們怎麼辦吧！」

賓媚人帶了禮物和土地對晉談和，但晉國提出的條件是：必須要用齊頃公的母親蕭同叔子做人質，並且還要讓齊國境內的田壟都改成東西向的。

晉國之所以提出這兩個條件，一是因為郤克是跛足，曾受到過蕭同叔子的嘲笑，這次給她一個回報。將田壟改成東西向，是為了晉軍向齊境東進時兵車便於行駛。

對於這種條件齊國怎麼能輕易答應呢？因此，賓媚人回答晉國說：

「蕭同叔子的身分不同於別人，她是我們國君的母親，如果我們把齊國和晉國按地位對等的國家來看，那麼她也是您晉國國君的母親。您現在向諸侯發布重大命令，卻說一定要用國君的母親做人質，那您又怎樣來對待先王的命令呢？況且這正是號令諸侯不要孝親。《詩經》上說得好：『孝子的孝心是沒有窮盡的，永遠把它感染給你（孝子）的同類。』如果現在用不孝來向諸侯發號施令，那您豈不也成了無孝德一類的人嗎？再說先王劃分天下疆界，治理天下的土地，是按照土地的情況來播種適宜生長的作物，所以《詩經》上說：『我們的疆域由我們治理，南北東西成田壟。』如今你們劃分疆界，治理諸侯的土地，反而要把田壟都改成東西向，其目的只不過是為了你們兵車行進方便罷了，而根本不考慮齊國的土地，構成什麼田壟合適。你們這樣做也只怕是不符合先王的政令吧？違反先王的遺命就是不合道義，那還靠什麼來做天下的盟主呢？這樣一來您晉國可實在是有過失了。

「夏禹、商湯、周文王、周武王此四王之所以能夠統一天下，是因為他們能樹立德政並滿足天下諸侯共同的欲望；而五伯（齊頃公、晉文公、宋襄公、秦穆公、楚莊王）之所以稱霸諸侯，是因為他們自己辛勞並能時時安撫諸侯，並不敢擅改先王的制度。而如今你們要求諸侯聯合，其目的只不過是為了滿足你們無止境的欲望而已。《詩經》中說：『施行寬和政治的君主，百種福祿都將歸聚他的身上。』而你們的政治實在是不寬和，並且也丟棄了百種福祿，現在如果你們不答應退兵，我們國君命令過我，我就還有別的說法了：你們統帥晉君的軍隊屈尊就教來到我們齊國，我們的兵力雖不雄厚，但希望以我們的軍備來犒勞你們的軍隊。你們如果對我們齊國施加恩惠，不滅掉我們齊國，並使我們兩國得以繼續過去的友好關係。那麼即使是先君留下的這些紀甗、磬和土地，我們也不敢有絲毫的吝惜。可是，你們如果還不答應這樣做，那就只好請允許我們集合我們的殘兵餘勇，背城決一死戰了。」

聽了賓媚人的這番話，魯成公和衛穆公也規勸郤克說：「看來齊國夠恨我們的了。他們戰死的，都是齊侯最親近的人。您若是不答應齊國的請求，他們一定會更恨我們的。現在您還求取什麼呢？你們得到了齊國的國家，我們魯國、衛國也收回了失去的土地，災難也已解除了，我們現在已經得到了這麼多的好處，夠可以的了。再說你們晉國、齊國也都是上天授命的大國，難道晉國一定能永遠勝利？」

晉國同意了魯、衛的意見，他們答覆齊國說：「我們群臣率領兵車和士兵是替魯國和衛國向齊君請命的，假如能有理由可以向我們國君交待，這就是你們的好意，我們怎敢不遵命？」

秋季七月，晉國和齊國的賓媚人在齊地爰婁訂立了盟約，讓齊國歸還魯國汶陽之地。

（選自《左傳・成公二年》）

晉楚鄢陵之戰

晉、楚兩國在宋國執政華元的調停下曾於魯成公十二年（公元前五七九年）於宋國都城西門外結盟，後來雙方又互派使節續約。然而這並沒有給雙方帶來長久的和平。對於楚國而言，它向北方擴展的趨勢並未減弱。結盟之後的第三年，楚國便打算進攻北方。

楚國大將子反公開揚言：「只要形勢有利，我們就前進，管什麼結盟不結盟的！」隨後在當年夏天楚國便向鄭、衛等國進攻。

鄭國背棄了晉國而依附楚國。晉國見失鄭國，便於第二年派欒書、郤錡、韓厥、郤犨分別率中軍、上軍、下軍和新軍，並約請齊、衛等國於四月十二日出征鄭國，與楚國抗衡。

鄭人將此事通報楚國並要求救援。楚國任命子反、子重、子辛率中、左、右三軍北上。五月，晉軍渡過黃河。六月，晉、楚二軍在鄢陵（今河南鄢陵西北）相遇，隨即擺開陣勢。

楚王親自登上樓車瞭望晉軍。

而晉軍這一邊，苗賁皇也把楚軍情形講給晉厲公說：「楚國的精兵全部集中在中軍，我們的精兵應該分開進攻他們的左右兩軍，然後集中攻擊他們的中軍，這樣就一定能將他們擊敗。」

晉侯認為有理，就採納了他的建議。不久，雙方便正式交戰。

在混戰中，晉將呂錡射中了楚王的眼睛，但隨即他又被楚將射殺。同時，晉將韓厥向鄭國軍隊進攻，追擊鄭成公，眼看就要追上了，韓厥突然間不想再羞辱國君就放棄了鄭伯。

在正面戰場中，楚軍形勢漸劣，他們被逼在險阻的地方，養由基以其射箭善長，多次射中晉軍，叔山冉又將屍體投向晉軍，暫時阻止了他們的攻勢。郤克但晉人俘獲了楚大臣公子茷。

酣戰之中，晉將欒針見到楚將子重的旌（ㄐㄧㄥ）旗，就向晉侯請求說：「臣下曾去過楚國，子重問起晉人的勇武，我回答說是好整齊，從容不迫。現在兩國交戰，不派遣行人（使者），就不能說是按部就班；遇到事情而說話不算，也談不上從容不迫。下臣請求君王派使者替我給子重敬酒。」

於是晉厲公就派人把酒送到子重那裡。

子重喝過酒後，又重整旗鼓，從早晨打到晚上，戰鬥還沒有結束。在戰爭間隙中，楚將子反命令部下檢查軍士們的傷情，並補充兵員，修整武器，重列戰車馬匹。

晉將苗賁皇足智多謀，他一方面大力整軍，另一方面又故意放鬆對楚國戰俘的看管，讓他們溜回去報告錯誤的信息。楚王得知晉軍情況後，急忙傳令子反商議對策，誰知子反已喝得酩酊大醉，那還顧得上談事。

楚共王見狀異常傷怨，他悲嘆著說：「這是上天要讓楚國失敗啊！」

於是當晚便先行逃回。楚王的南走，無疑使楚軍大受震動。楚軍無心戀戰，紛紛南撤，晉軍乘勢攻佔楚營，獲得楚軍軍糧，一連三天沈浸於勝利之中。楚軍後退至瑕地，子重歸罪子反誤軍，楚共王欲調解將臣們之間的衝突，但尚未來得及，子反就自殺身亡了。至此，鄢陵之戰以楚國慘敗而告結束。

其實，早在交戰之前，楚國方面就處在不利的形勢下。當初子反北上途經申地（今河南南陽），申叔時就對他分析了楚國的情況。

他認為楚方在德行、刑罰、道義、禮法、這幾個方面均失去正義，他說：「楚國在內部失去了百姓的信任，在外部與諸國斷絕了友好關係，又背棄盟約不守信誓，此時發動戰爭，讓人民困勞以逞己意，在這種狀況下，誰還肯去犧牲拼命呢？」

他預言恐怕看不到子反的歸來。結果不幸而言中。楚國潰敗，元氣大傷。

（根據《左傳・成公十六年》編寫）

晉厲公滅殺郤氏

郤氏是晉國的大族。在鄢陵之戰中，郤氏一族中有三人為大將，其中郤錡任上軍統帥，郤至任新軍副帥，他們在戰爭中勇猛頑強，立下戰功。

戰爭結束後，魯成公十六年（公元前五七五年），晉厲公派郤至到成周奉獻楚國戰俘。郤至在與周朝大臣單襄公談話中屢屢誇耀自己的功勞，引起單襄公的不滿和疑慮，他預感到郤至將會出問題。果然，晉厲公對郤氏勢力的逐漸增大早就不滿。

厲公為人驕橫奢侈，不容大族勢力，他身邊聚集了一批佞臑之臣。鄢陵戰後，厲公便打算去除一批重臣，起用身邊寵信的人。郤氏兄弟們爭強好勝，最為厲公忌恨，所以厲公便從郤氏開刀。

先是晉國下軍副帥胥克得了神經錯亂，執政的郤缺以趙朔代替，免除了胥克的職務，他的兒子胥童因此十分憎恨郤氏，後來胥童受到了厲公的寵信。這之後，郤錡又搶奪了厲公另一個寵臣夷陽五的土地；郤錡也同長魚矯爭田，並擅自將他逮捕。這幾個人後來都受寵於厲公，無形之中便加劇了厲公與郤氏的衝突。

另外，在鄢陵戰中，晉將欒書亦因郤至不聽自己的指揮而懷恨在心，想伺機報復。

他通過被俘的楚國公子茷向晉侯誣陷說：「這次戰役是郤至召來我們國君的，郤氏聲言一旦晉國被打敗，他們就擁立孫周（即晉悼公做君王），這樣，厲公與郤氏之間的衝突便開始激化。

在這期間，又有一事加劇了他們之間的衝突。

原來厲公喜歡打獵，他先是與侍女射獵，又在一起飲酒，然後讓大夫們射獵。郤至射中一頭野豬，向厲公奉獻，但被寺人孟張奪走了，郤至搶不過，就射殺了他，這下把厲公氣壞了，於是厲公就準備發動禍難消滅郤氏。

這時胥童說：「您一定要先去除三郤，因為他們勢力大，怨恨多，討伐他們容易成功。」

郤氏聽到這消息，郤錡大為震怒，他要先下手為強，與晉厲公拼個你死我活，但被郤至所阻。

郤至說：「人之所以能站得住，就是因為有信

用、明智、勇敢。信用不能背叛君主，明智不能迫害百姓，勇敢不能發動禍亂。我們丟棄了這些，誰還能親近我們？死了又增加怨恨。如果我有罪，現在去死就已經很遲了。若國君濫殺無辜，他就會失去民心。我們還是順從命運安排吧！」

魯成公十七年（公元前五七四年）十二月二十六日，胥童、夷陽五率領甲士八百人向郤氏發動突然襲擊，長魚矯刺死了郤錡、郤犨。郤至見狀，感到「冤死不如逃走」，就趁混戰之機逃走，但他又被長魚矯追上並殺死在戰車裡。與此同時，胥童又率甲士在朝廷中劫持了大臣欒書、中行偃等人。

長魚矯對厲公說：「不殺這兩個人，憂患就會降到您的身上。」

厲公因一日內連殺三位大臣，不忍再造殺戮。

長魚矯說：「您現在不忍心，他們日後會忍心殺您的。我聽說禍亂在外就是『奸』，在內就是『軌』。用德行對待奸，用刑罰對待軌。不能稱作刑罰。德、刑不立，奸、軌就來，我請求離開了。」說完，長魚矯就逃到狄人那裡。

晉厲公派人對欒書和中行偃說：「我討伐郤氏，他們已經伏罪，請你們不要把此事看得過重，從現在起官復原職。」

兩人拜謝而歸，但是他們對厲公的不道行為卻銘記尤深。這件事情以後，有次晉厲公外出遊玩，欒書和中行偃乘機他將抓獲。年底閏月二十九日，他們先殺掉胥童；次年（公元前五七三年）正月五日，欒書、中行偃又派人殺掉厲公，把他草草埋葬。同時又派荀罃和士魴等人迎接周

子立為國君，當時他只有十四歲。

周子對迎接他的大夫說：「我原來並沒有做國君這個願望，現在做國君恐怕是天意。人們之所以要求有君，是為了讓他發布命令。你們幾位用得著我在今日，用不著我也在今日。恭敬而聽從君命，這是神靈所保佑的。」

正月十五日，周子與晉國大臣結盟後進入都城。二十六日面見文武百官。二月一日正式即位，是為晉悼公。

他登位後，開始任命官員，詔免百姓積欠，救濟貧窮，禁止邪惡，寬免罪過，形勢為一振，晉國的人們很是高興，國家實力又進一步增強了。

（根據《左傳・成公十六年至十八年》編寫）

鄭國起兵伐宋

公元前五七六年，宋共公病死，宋國的司馬蕩澤為削弱王室，就殺宋太子，右師華元出奔晉國。同年八月，華元在晉人支持下開始反攻，殺掉蕩澤。他的同黨鱗朱、大宰向帶、少宰魚府等逃亡楚國。之後華元便以向戌為左師，老佐為司馬，樂裔為司寇，以安定國內。

第二年（魯成公十六年），宋與鄭交惡。鄭大臣子罕率軍攻宋，但被宋將將鉏、樂懼擊敗。卻因宋軍因勝而不戒，之後卻又反敗於子罕。

魯成公十八年，鄭國又向宋發起攻擊，鄭軍到了宋都城下，與楚軍一起攻佔了朝郟（郟音ㄐㄧㄚˊ，在今河南夏）。鄭國大將皇辰與楚將子辛又侵入城郜和幽丘兩地（均在今安徽蕭縣內），然後又攻打彭城（今江蘇徐州）。

在這同時，楚國人又將魚石、向為人這幫人送回來，以便與宋人抗衡。

宋國人見到這情形都很擔心受怕。然而西鉏（ㄔㄨˊ）吾不以為然，他向眾人說：「我們不用害怕，晉國一定會幫助我們的。」但是很不幸，在這次戰役中他陣亡了。

十一月，楚將子重救援，並再次進攻宋國。華元急到晉國求助，晉侯率軍駐紮在台谷，在靡角之谷（在今江蘇徐州附近）與楚軍相遇，楚軍在鄢陵敗於晉軍，所以見其前來就退走回國。

十二月，晉與魯、衛、齊等國又會盟救援宋國，宋人便請求諸侯出兵包圍彭城。次年春正月二十五日，諸侯軍隊將彭城包圍並將其奪獲，晉人帶了該地五位宋國大夫回去。晉又因齊人未在彭城會合，轉而進攻齊，齊即以太子光為人質以緩和雙方的衝突。同年五月，晉將韓厥、荀偃率領諸侯軍進攻鄭國，同時又分出一部分兵力轉攻楚國的焦（今亳縣東南）等地及依附於楚的陳國。

秋天，楚將子辛增援鄭國，鄭將子然再次攻宋，佔取犬丘（今河南永城西北）。

魯襄公二年（公元前五七一年），鄭軍在楚授意下又向宋國發動進攻。這年夏天，鄭國君成公生病，大臣子駟建議鄭國背楚附晉，以免遭攻擊，但被成公所拒。他說：「楚國國君是因為幫我們的緣故而眼睛中箭的，如果我們背棄他，這就表明我們不講信義，那還有誰肯親近我們呢？」

七月，晉軍又向鄭國用兵，掌權的子罕、子國等要求歸順，這時鄭成公剛剛病逝，子駟遵其遺命拒絕改變政策。但就在這個時候，宋國華元又與晉、魯、衛、曹等國大夫在戚地（今河南濮陽北）會盟，商議一下對鄭國的進攻。

同年冬天，諸侯再次聚會，並在虎牢（在今河南滎陽）築城以與鄭國爭戰。在這種形勢下，鄭國人終於與諸侯講和，轉而歸附晉國了。

（根據《左傳・成公十五年至襄公二年》編寫）

祁奚——內舉不避親，外舉不避仇

祁奚是晉國的中軍尉，因為年老就向晉悼公請求退休。悼公向他詢問接替的人選，祁奚就推薦了解狐。解狐是他的仇人，人們大惑不解，祁奚認為解狐有能力，即使是與自己有私仇也要替國家選拔適任的人才。

晉悼公很讚賞他的品格，打算重用解狐他，誰知解狐突然病逝，晉侯又向祁奚徵求新人選，這時祁奚推薦了自己的兒子，並向晉悼公說：「祁午僅次於解狐，解狐一死，只有祁午合適了。」

當時另一位大將羊舌職是他的副手，也在這個時候病逝了，晉侯又來徵詢他接替的人選，他認為羊舌職的兒子羊舌赤有能力，就向晉侯推薦了他。於是晉悼公正式任命祁午任中軍主帥，羊舌赤為中軍副帥。

對於祁奚的這種態度和行為，當時的有識之士給予了充分的肯定。

他們認為祁奚推薦賢才「內舉不避親，外舉不避仇」，做事公斷，具有德行，誠如《詩》中所說：「正因為具有美德，推舉的人才能與他相似。」祁奚正是這樣的人。

執法嚴明的魏絳

（根據《左傳・襄公三年》編寫）

魯襄公三年（公元前五七〇年）六月，十八歲的晉悼公當時正在雞澤（河北省邯鄲市東北）會盟。這是一次較大規模的會盟，參加會盟的有周靈王的卿士單頃公、魯襄公、宋平公、衛獻公、鄭僖公、莒黎比公、邾宣公、齊太子光等。會盟時各諸侯都有軍隊隨行，而且都帶的是紀律嚴明的精銳部隊以保護諸侯。這次會盟，晉悼（ㄉㄠˋ）公的弟弟楊乾也跟隨悼公來到了雞澤。

楊乾乘坐的兵車走到雞澤的東北曲梁（河北永年縣）時擾亂了軍隊的行列，破壞了軍隊的陣容，這在當時是嚴重的違反軍紀的行為，是要處重刑的。

當時，主管軍法的中軍司馬魏絳（ㄐㄧㄤˋ），為了整肅軍紀，執法不阿。

可是楊乾是晉悼公的親弟弟，按當時法律規定，有八種人犯罪，即使是犯了死罪，法官也不能處理，必須報請國君來裁決，其中國君的親屬是八種人中的第一種。於是魏絳就殺了為楊乾趕車的車夫治罪。

晉悼公就知道了魏絳殺了楊乾的車夫，因為楊乾的車夫是代楊乾受刑，與殺楊乾一樣，所以晉悼公大發雷霆，叫人把中軍佐羊舌赤叫來，忍無可忍地對他說：「會合諸侯是為了體面，而楊乾受到刑殺的侮辱，還有什麼比這更恥辱的？我一定要立刻殺掉魏絳，一刻都不想等了！」

羊舌赤回答說：「大王，魏絳是一心一意為了國家，對您忠貞不二，他執法嚴明，是為了維護法律的尊嚴，為了更好地事奉您才不顧個人安危，冒死處理違法的人，他對有罪的人決不逃避刑罰，這是魏絳十分可貴的品格，為什麼反倒要殺他呢？他自己會來辯解，會來向大王陳述罪狀的，何必勞動大王下令逮殺他呢？」

羊舌赤話音剛落，魏絳果然來到了，他把自己寫給悼公的一封報告，交給宮中專管接收緊急奏文的僕人，託他交給悼公，就要拔劍自殺。這時，卿大夫士富和負責軍中偵察工作的張老立刻上前勸止，把魏絳手中的劍給奪了下來。

那僕人將魏絳的報告交給了晉悼公，悼公坐在座席上讀了他的信。

信上說：「以前君王缺乏使喚的人，讓臣下擔任了司馬的工作。臣聽說，軍隊把服從命令視為勇武，戰爭中以寧死不違反軍紀就是對王的恭敬；今天君王您會合諸侯，臣下哪敢不執行軍法，如果君王的軍隊違反軍紀，而辦事者未即時處理，即表示辦事的人對君王不恭敬。臣下害怕因不嚴格執行軍紀，既毀壞了法律，也是失職行為，因此就懲罰了楊乾，我的罪行不能逃避。我沒有做到在事情發生前及早對他進行教育，等事情發生了才動用刑罰，我的罪過實在是深重，我怎敢不服從懲罰呢？請讓我死在司寇那裡吧！」

晉悼公聽了羊舌赤的話，又看了魏絳的信，他這回真正明白了魏絳依法辦事是忠君愛國，

是正確的，有這樣好的司法官，還有什麼不放心的呢？他怕魏絳真的自殺了，所以顧不上穿鞋，就赤著腳跑出來追上魏絳，說：「我方才說的話，只是出於對自己弟弟的私愛，你處罰楊乾是執行軍法，我有這個不爭氣的弟弟，是我沒有很好地教育他，使他觸犯了軍令，這完全是我的過錯啊！請你不要再加重我的罪過了。你不能自殺，謹此作為我對你的請求啊！」

晉悼公認為魏絳遵依法律，嚴格執法，是在輔助君主治理天下。所以，這次會盟回國後，就在祖廟的地方設宴招待魏絳，並提升他為新軍副帥。

（根據《左傳．魯襄公三年》改編）

陳國叛楚

陳是個小國，一直依附於楚。但是子辛做楚國令尹時，常常侵犯小國以滿足他的欲望，陳國就受了不少欺負。在這種情況下，陳國決定脫離楚國，於魯襄公三年（公元前五七〇年）秋派大臣袁僑參加中原諸侯會盟，與晉國結好。楚國人聽到了這個消息，馬上派公子何忌率軍進攻陳國。

次年春，楚軍駐紮在繁陽（今河南新蔡北）。三月，陳成公病死，楚人正打算進攻，聽到喪訊後便暫時停下來。

當年夏天，楚將彭名又率軍攻陳，雙方斷斷續續僵持了一年多。

魯襄公五年（公元前五六八年）秋，楚人質問陳國為什麼背叛？

陳人回答說：「這是因為你們的令尹子辛經常侵犯小國，以滿足他自己的私欲。」

楚共王聽後自知理虧，就把子辛殺了，想以此換取陳國回歸。然而陳國並沒有正面答覆。

這年九月，以晉為首的中原諸侯國也開始行動。二十三日，晉、魯、宋、衛、鄭等國君主會盟於戚地（今河南濮陽北），其內容除與各國交好外，便是聯合發兵救援陳國的問題。

在這同時，楚以子囊為令尹，開始改變政策。

對此，晉大臣范宣子說：「看來我們要失去陳國了。因為楚國改變了子辛的不道政策，陳國靠近楚國，在它的威逼利誘下，很可能會重新歸順。我們還不如現在就放棄陳國吧。」但是他的意見並沒有被採納。

同年冬，子囊又率軍開始向陳國進攻。十一月十二日，諸侯國聯軍救援，這樣雙方之間又僵持拉鋸了一、二年。到公元前五六六年冬，子囊又包圍陳國，諸侯又聯兵救助。陳國見到形勢不能好轉，便開始懼怕楚國。

這時陳國內部意見開始分化，親楚的執政大夫慶虎和慶寅私自與楚人溝通了關係，他們對楚人說：「我們使計派公子黃去貴國，你們將他扣留，我們再想辦法讓君主脫離中原聯盟。」

楚人如約扣留公子黃，兩慶派人到盟會地點鄬地（在今河南魯山）報告給新即位的陳哀公，謊稱：「楚國人逮捕了公子黃，請君王趕快回國。我們不忍心看到國家的宗廟社稷被楚國毀滅，事情恐怕還會有別的變化。」

陳哀公聞此，就獨自離開盟會，偷偷地返回了國內。這時，鄭國發生內亂，晉、楚各自率軍爭奪鄭國，雙方鏖戰數年。大國對陳國的事也暫時無力顧及了。

（根據《左傳・襄公三年至七年》編寫）

晉楚爭鄭

魯成公十六年（公元前五七五年），鄭國背晉附楚，引起晉楚鄢陵之戰，楚軍損失慘重。晉與諸國聯軍進攻鄭國。鄭一面派軍抵抗，一面又向楚國求援。第二年冬，諸侯聯軍再次對鄭用兵，楚國也增兵鄭國抗衡，雙方之間戰戰停停，持續了很長一段時間。

公元前五七一年，諸侯國經過多次會盟協議，準備在虎牢（在今河南滎陽）築城與鄭國爭戰，並做長期打算，鄭國人抵敵不住，又與諸國講和並歸附晉國了。

魯襄公七年（公元前五六六年），鄭僖公被暗殺，這個事件引發了後來鄭國政局一系列的變化。

原來，僖公做太子時，有一次與大臣子罕同去晉國，但他對子罕不加禮遇。後來又與另一位大臣子豐同去楚國，僖公對他也不禮遇。這就引致了子罕、子豐對他的不滿和怨恨了。

等到僖公即位（公元前五七〇年）當年去晉國朝見時，子豐想趁這個時機向晉國控告並罷廢他，但被子罕阻止。後來僖公參加諸侯在鄬（鄬音ㄨㄟˇ，在今河南魯山）地的會盟，由大臣子駟陪同，僖公對他也很不禮遇，並殺了勸諫的侍者。子駟很憤怒，就派人將僖公給暗殺了，但對外

界宣稱是因病致死。

旋即又冊立了僖公年僅五歲的兒子，是為鄭簡公。然而，鄭國的大夫們並不相信子駟的宣佈，他們認為僖公是死於子駟之手，所以暗地裡籌劃想推翻他。

魯襄公八年（公元前五六五年）四月十二日，子駟先下手為強，又製造罪名將反對自己的子孤、子熙、子侯這批人殺掉，另兩位大夫孫擊和孫惡則逃脫奔往衛國，子駟在鄭國的執政地位漸趨穩固。

四月份，鄭國又出兵蔡國，以顯示子駟的威力。然而到了冬季，楚國以救蔡為名開始向鄭國進攻。在這種壓力下，鄭國當權者又分成兩派，子駟、子國、子耳這一派主張歸附楚國，不與其抗爭，子駟說：「我們面臨的形勢非常危急，不如順從楚國來緩和百姓的苦難。如果晉軍來到後，我們再順從他們，這不是很好嗎？」

但以子孔、子蟜、子展為首的另一派大臣卻極力反對，子展說：「小國事奉大國靠的是信用，小國若不守信，戰爭禍亂就會降臨，很快就要滅亡。楚國北上的意圖是要我們歸順他們，我們不能答應，不如等待晉國來援。如今晉國上下和睦，勢力強大，是不會放棄我們的。我們若能依靠信用等待晉軍，這不也很好嗎？」

然而子駟並沒有聽從，他藉著手中掌握的權力與楚國人講和，又派人通知晉國。

晉國大臣知武了當即斥責鄭國背信棄義，並聲言將以兵戎相見。當下，晉國派重臣范子出訪魯國，與其商議對鄭國出兵事宜。

魯襄公九年（公元前五六四年）十月，晉國率領諸國軍隊開始攻打鄭國，晉將荀罃、士丐統帥魯、齊、宋等軍進攻鄭國都城的東門；荀偃率衛、曹、邾勢力進攻鄭國的西門；欒黶、士魴統滕、薛之兵進攻北門；趙武、魏絳砍掉路邊的栗樹，將鄭人團團包圍。鄭人見情況危急，又派人求和。

十一月十日，鄭與諸侯在戲童山（在今河南登封嵩山北）會盟，鄭國又叛楚歸晉，晉即退軍回國。但是這次結盟並沒有完全滿足晉國人的願望。

在結盟的時候，子駟就報怨鄭國夾在大國之間無所適從，鄭國的老百姓深受其害，鄭國遇到危難也得不到救助，身受戰亂之痛也無處訴說。

這些話把晉人搞得很惱怒，晉國內部也有人不滿意這次會盟，所以在當年年底，晉軍再次南下鄭國，迫使其完全投降。鄭人是做到了，可是晉軍一退，楚軍就跟上來了。

他們以鄭人背楚附晉，又向鄭國展開進攻，鄭人受不住壓力，子駟又與楚人講和，子孔和子蟜反對，但是子駟以盟誓中「唯有跟從強大的國家」為由，最終與楚國公子罷戎結盟。這樣，鄭國又進入到楚國的勢力範圍了。

（根據《左傳．成公十五年至襄公七年》編寫）

魏絳論廢田獵、重和戎

晉悼公雖很年輕，卻很有才幹，他注意聽大臣的意見不斷改革內政。但也有缺點就是：他好打獵，輕戎人。

大臣魏絳忠實、直爽，他看到悼公沉迷於田獵，就勸諫說：「國君是一國之主，是百姓的主宰，國君的一言一行，百姓都在效法，為什麼不注意些？有窮氏后羿（ㄧˋ）的教訓不能不記取啊！」

晉悼公問：「后羿是怎麼回事？」

魏絳回答說：

「從前夏朝剛剛衰落的時候，有窮氏部落首領后羿從鉏遷到了窮石（河南省鞏縣），他利用夏朝的百姓取代了夏朝，公然專權當起政來做了國王。后羿勇力過人，拉得一手好弓，射箭百發百中，他自恃神射無敵，不管國家的政事，日日出去打獵，射獸追禽盡情玩樂。宮中一些賢良的大臣武羅、伯因、熊髡（ㄎㄨㄣ）、龍圉（ㄩˇ）等都被他甩在一邊，偏偏重用奸臣寒浞（ㄓㄨㄛˊ）。寒浞是伯明氏的奸詐子弟，伯明氏拋棄了他。后羿卻收留了他，並對他特別的信任，作為自己的左右手。

「寒浞陰險毒辣，他表面上對后羿阿諛奉承百依百順，實際上他在漸漸地收攬大權準備篡位。他將不服從自己的人一一除掉。他廣施財物，愚弄百姓，而讓后羿沉醉於打獵。一天，后羿到山野打獵，一直獵到太陽沉西，才歡歡喜喜地帶著隨從勇士，前呼後擁地回到了宮殿。寒浞事先已經策劃，他先把后羿灌得酩酊大醉，然後將他殺死，又把后羿剁成碎肉煮熟了給他的兒子吃。后羿的兒子嚇得魂不附體，連忙掙扎著跑了出去，跑到窮石城門，看門的衛士早受寒浞的命令，一齊動手把他砍死。寒浞篡了位，還佔有了后羿的妻子。

「過了幾年，生了兩個兒子，寒浞殘暴無道，從不把人民的生活放在心上，一味地向外擴張，他派澆帶兵滅了斟灌氏和斟尋氏。後來這兩地的遺民聯合起來滅掉了寒浞而立了少康為王。后羿沉迷射獵，荒於酒色，失去了賢人，遭到了殺身亡國之

禍，這樣的教訓不能不記取啊！

「後來周朝時有規定：『天子有過失，人人都有責任去告誡。』不就是為了避免這種悲劇的發生嗎？《虞人之箴》中說：『茫茫的夏禹的天下，劃分為九州，開闢了條條大道，百姓家家有房子住，野獸也有茂盛的草莽棲身，人們合於道德而互不干擾。可是后羿做了國王以後，不管國家和百姓的憂患，只顧每日在平原上打獵，只知道飛禽走獸，而不知道修備武事，所以他曾佔有夏朝卻不能發展壯大』。謹以此向君王的左右報告。這些難道還不足以引起警惕嗎？」

晉悼公聽了說：「是的，前事不忘，後事之師，我以後注意就是了。」

魯襄公四年（公元前五六九年），北方山戎族首領嘉父派孟樂長途跋涉地來到了晉國，通過魏絳向晉悼公奉獻虎豹皮革，用來請求晉國和各部戎族人講和。魏絳把這事報告了晉悼公。

悼公說：「戎狄人沒有盟國、朋友，身孤力單，而且貪婪得很，我們不如把它滅掉算了！」

魏絳堅決反對，立即回答說：「君王，您不知道當前的形勢嗎？諸侯剛剛順從我們，陳國新近來與我們講和，他們都在觀察我們，我們講仁愛道德，諸侯國就會來親近我們，相反，他們就會遠離我們而去。如果我們出兵去攻打戎狄，楚國就會趁機攻打陳國，我們就無法去救援陳國，這等於是拋棄陳國。拋棄陳國，中原各國都會背叛我們的。為了得到戎人國家，而失掉遼闊的中原，何則有利，請大王自己定奪。」

悼公說：「那麼說，就再也沒有別的辦法對付戎人了？」

魏絳回答說：「我們如果與戎人講和有五大好處。戎人是遊牧部落，逐水草而居，他們重財貨而輕視土地，我們可以購買他們的土地，這是其一；講和了，戎人不再南犯，邊界可以不再戒備，百姓可以在那裡自由地耕種，安定地生活，這是其二；戎狄人對我們稱臣，定期來朝貢，事奉晉君，四方諸侯看到了也會敬威我們晉國，紛紛來投靠，這是其三；我們再用德化來教育戎人，使他們不動武兵，雙方和睦相處，戰士不再因兵事而勞苦，這是其四；國內吸取后羿的教訓，注意運用德教法度來治理人民。沒有了外患，息兵偃旗，努力發展生產加強國力，這是其五。有這五條，我們就能夠加強和鞏固在諸侯中的霸主地位啊！」

晉悼公聽了很高興，就派遣魏絳帶著隨從去與戎族各部講和結盟，使晉國一度邊境安定，國家太平。晉悼公能夠致力於國家政務，用德化教育百姓，享樂有節制，打獵不違時令，是與魏絳的勸諫分不開的。

（根據《左傳‧襄公四年》改編）

鄭國內亂

魯襄公九年（公元前五六四年），鄭國大臣子駟與楚國公子罷戎結盟，表明晉楚爭奪鄭國中楚方得勢。鄭國歸附楚國後，為了顯示對楚國的忠心，曾與楚國聯合與宋、衛、魯等國打了幾仗。

魯襄公十年，諸侯各國又聯合對鄭國用兵，軍隊駐紮在牛首（在今河南通許北）。正在這時，鄭國國內卻發生了變亂。

當時鄭國掌握大權的是大臣子駟、子國（任司馬）、子耳（任司空）、子孔（任司徒）。

在抵禦諸侯軍隊中，原本就存在衝突的子駟和另一位大將尉止又產生了爭執；子駟有意減少尉止的兵車。尉止俘獲了敵人子駟又與他爭功。當初子駟開通田地的水溝時又奪了司氏、堵氏、侯氏和子師氏的田產，引起了他們的怨恨，所以尉止與他們聯合一起發動叛亂。

這年的十月十四日，尉止等人殺入四宮，將子駟、子國、子耳這幫大臣殺掉，司徒子孔因事先預感有事而幸免於難。子駟的兒子子西聞知叛亂發生，來不及裝備整齊就遷往西宮，他草草收殮父親的屍體便去追殺叛亂。這時候尉止等人已將鄭簡公劫持到北宮殿內固守。

子西即時返回組織家兵進攻，然而家臣和婢妾在混亂中多已逃亡，器物財產也損失甚多。與此同時，子國的兒子子產聽到叛亂的消息，先加強自身警戒，關閉倉庫和檔案室，然後便組織家兵，並糾集十七輛戰車，收殮子國屍體後便向北宮開來攻打叛亂。這時候子蟜也率本部軍隊加入了平叛行列，他們猛攻北宮，終於將尉止、子師僕等大部分叛亂者擊殺，另有一部分人則逃往晉、宋等國。至此，叛亂宣告結束。

這時，司徒子孔開始執掌國政。他想透過盟書的形式安撫鄭國，讓全體官民聽從他的指揮。但是鄭國許多官員並不買他的帳，於是子孔想要以殺戮懲戒。

子產知道了，就勸他燒掉盟書，與大家弄好關係，他說：「大伙對盟書很不滿意，他們的怒氣難以消除，你的願望也難以成功。不如燒掉盟書來滿足大家的意願，這樣才是正確的行事之道啊！」

子孔聽取了這個建議，將盟書當眾燒毀，鄭國的大夫們這才安定下來。鄭國的內亂是結束了，可是諸侯們對鄭國的警戒並沒有放鬆。他們駐紮在牛首後，又在虎牢（在今河南滎陽境內）築城戍守，晉國又單獨在梧（在虎牢附近）、制（即虎牢）兩地駐軍。

為防止諸侯進攻，鄭國再次與楚國結合並請求出兵。

這年的十一月，楚軍與諸侯聯軍相持對陣，這時候晉軍內部意見發生紛歧。知武子想要退兵，他認為只要晉軍後退，楚軍就會高興而滋生驕傲，屆時再與他們交鋒。但是欒黶不同意，他反駁說：「我們避開楚軍就一定會受到恥辱。」說完就單獨向楚進軍。

鄭國的子蟜見到晉軍的這種動向，便向鄭簡公上議，主張順從楚國，因為鄭國不管順從晉國與否，諸侯軍隊總是要撤退的，那時楚國也會長期包圍鄭國。於是當天夜裡，子蟜在鄭侯的授意下再次與楚人會盟。

十一月二十四日，諸侯聯軍稍微攻打了鄭國北部就退回了軍隊各自歸國，楚國也旋即退兵。

由於地處中原要害，夾在晉、楚之間，鄭國終日不得安寧，他們經常盤算著如何周旋，如何打算，他們既擔心晉國的南下，又懼怕楚人的北上。就在晉、楚退軍後不久，魯襄公十一年（公元前五六二年），鄭國的大臣們又在商議對晉、楚的政策。

「我們若不從晉國就有亡國的危險。楚國不如晉國強大，但是晉國似乎也不急需我們。如果晉人極力爭取，楚國就可能避開他們。我們現在要做的就是讓晉軍盡全力地攻打我們，這樣楚國就不敢援救，鄭國也就順理成章地歸晉了。」

子展也說：「我們若向宋國挑釁，諸侯軍隊就會前來，到那時我們就跟他們結盟。楚國若援助，我們又跟從他們，以此激怒晉國。」

鄭國的大夫們都很同意這個計劃，於是鄭國就向宋國出兵。四月，諸侯聞訊後果然攻打鄭國。六月，諸侯軍隊將鄭國都城包圍，在南門外炫耀武力。鄭國人就與諸侯講和，雙方於七月結盟。楚國人聽到就個消息後，當即派兵向鄭國進攻，同時又約請秦國聯合出兵。

鄭簡公按照事先的安排，就很快又順服了楚國。這樣一來，諸侯國更加氣憤，當年九月，他們再次聯軍攻打，鄭國抵御不住，急忙派人告訴楚國想要歸晉，但使者被楚國扣留了。

與此同時，諸侯聯軍對鄭國緊攻不捨，並不時地炫耀威力，鄭國人無奈，便於當月二十六日向諸侯求和，晉將趙武入城與鄭伯訂約。十月九日，鄭子展又出城與晉悼公結盟。十二月初，晉國赦免鄭俘，並通知各國會盟事宜。

歸降後，鄭國人向晉侯贈送師悝、師觸和師蠲（ㄐㄩㄢ）三位樂師，廣車、軘車各十五輛，戰車一百輛以及歌舞美女、樂器等。晉侯將樂隊的一半賜給魏絳，魏絳辭謝，他說：

「與戎狄講和，與諸侯結盟，這都是君王的威靈，其他大臣的功績，我沒有出什麼力。我希望君王您能安於這種快樂而又預想到它的終了。音樂是用來鞏固和穩定思想意志的，用道義去對待，用禮儀去推行，用信用去保留，用仁愛去勉勵，然後就能用它來鎮撫邦國、同享福祿、召來遠方之人，就是快樂。《書》說：『居安思危。』想到了的就能防備，有了防備就不會有禍難。我謹以此向您規勸。」

晉侯說：「您的悉心教導我怎敢不受？要是沒有您，寡人就不能正確地對待戎人，也不可能渡過黃河降服鄭國。這賞賜是制度的規定，請您還是接受吧！」魏絳不得已，便接受了賞賜。

（根據《左傳・襄公九年至十一年》編寫）

向戌不受逼陽

逼陽（在今山東嶧縣南）原本是妘姓國之地。

魯襄公十年（公元前五六三年）夏，晉國的大臣荀偃、士丐向晉悼公提出攻佔逼陽，把它封給宋國執政向戌（ㄒㄩ）作封邑。

這是因為宋國在諸侯中一向親附晉國，而向戌又是宋的賢臣，善於處理國內外的各種衝突，所以晉人想以此來表彰他。荀偃和士丐將這個意見向晉侯說了，另一位大臣荀罃對此表示擔心，他說：「逼陽這座城雖小但是很堅固，你們攻下來算不上什麼勇敢，攻不下來可就被人笑話了。」

荀偃一再向晉侯請求，終於獲得認可。這一年的四月九日，晉軍便將逼陽城團團包圍。果然如荀罃所說，逼陽堅固異常，晉軍損失了很大兵力，仍未能將其攻下。

這時，參加攻城的魯國孟氏家奴秦堇父把輜重車拉到城下，逼陽人就將大門打開，攻城的軍士們乘勢進攻，可是到了內城，他們又把閘門放下，幸虧有陬（音ㄗㄡ，在今山東曲阜東南）邑大夫叔梁紇（ㄏㄜˊ）雙手舉門，才使得入城的將士們得以逃回。

後來魯人狄虒（ㄙ）彌又把大車輪子立起來，蒙上皮甲做大盾牌，左手持盾，右手拿戟（ㄐㄧˇ），領兵單成一隊，逼陽人又將布繩掛下來，秦堇（ㄐㄧㄣˇ）父拉著布繩登城，剛到牆頭，守城人將布繩砍斷，秦堇父就掉下去摔個半死，甦醒後他又再次登城，這樣來回好幾次，逼陽人見他如此勇敢，都很欽佩他，就不再掛布繩了。

諸侯的軍隊圍攻了很久，就是見不到效果。荀偃、士丐急得毫無辦法，就向荀罃請示說：「現在雨季快來了，情況很不妙，我們沒辦法攻下逼陽，還是請求退兵。」

沒想到荀罃聽後大發雷霆，他憤怒地把弩機向他們扔過去，大聲地斥責：「原來我是擔心你們攻不下才表示不同意，現在你們既然率領諸侯軍隊攻打，又牽著我老頭子前來，現在反而不想進攻了，這不是讓我難堪、歸罪於我嗎？我既老又弱，那裡承擔得了這個罪責！限你們七天攻下，否則提頭來見！」說完，荀罃就怒氣沖沖地走了。

荀偃、士丐受此責罰，知道無路可退，反倒來勁，便率軍於五月四日再次攻城，他們冒著敵人箭石的沖擊，猛攻四天，到五月八日，終於攻下了逼陽城。逼陽落入晉人之手後，照荀偃、士丐原來的打算，晉悼公就把它賜賞給向戌。但是向戌卻堅辭不受。

他說：「如果我們能承蒙君王您的恩德安撫宋國，把逼陽城贈送以擴大我們的疆土，我們這些大臣自然是高興和安心；如果您專門將這座城賞給我自己，那就無疑是說我發動了諸侯的軍隊為自己謀得封邑，還有什麼罪過比這要大呢？如果您硬要我照辦，那麼我就只有一死來謝罪了。」

晉悼公和荀偃、士丐等大臣見向戌的態度這麼堅決，又深為他替宋國的打算而感動，於是就答應向戌的請求，把逼陽封給了宋國。

（根據《左傳・襄公十年》編寫）

專諸刺王僚

春秋末期，吳國到了壽夢為王時，由於他盡心盡力地整頓政治，發展農事，訓練軍隊，國勢逐漸強大起來。吳王壽夢有四個兒子，長子名叫諸樊，次子叫余祭，三子叫余昧，四子叫季札。

魯襄公十二年（公元前五六一年）秋，壽夢得了重病，臨終前他把四個兒子叫到跟前，留下遺囑說：「我死後，吳國的王位由你們兄弟四人按長序依次先後繼承，不得違背，誰不服從我的命令就是不孝之子。」說完，他就閉眼歸天了。

壽夢死後，諸樊便以長子身分繼承了吳國王位。魯襄公二十五年，吳王諸樊興兵攻伐楚國，被巢牛臣射死，他的二弟余祭按序即了王位（當時王位繼承是採兄終弟及制）。余祭執政四年，又被一個守門的人給殺死了。余祭死後，余昧即王位。四年後他也死了。

這回該輪由四弟季札即位了，可是季札堅持不受位不當王，為此他逃到了延陵。於是，吳國人立余昧的兒子王僚（ㄌㄧㄠˊ）繼承了王位。可是按照當時的王位繼承制，在季札不肯即位後，就應該立諸樊的長子公子光為王，怎奈王僚爭權逐利不肯相讓，竟違背繼承制度，自己做了吳國的國王。

公子光心中不服，一心想把王僚刺死，重新恢復長子即位的傳統，奪回王位。公子光暗中四處尋覓勇士，後來經伍子胥介紹，結識了鄉野村民專諸。

伍子胥對公子說：「專諸是一個身材壯大，武力過人，講究孝道，又好打不平的勇士。有一次我到吳趨去，路上遇見兩個大漢打架，其中一個力氣真大，勸架的人被他一碰就是一個跟頭，誰都管不了。這時，從後邊小屋裡走出一個老太太，喊了一聲：『專諸！不要打架！』那個大漢馬上住了手，回家了。我問旁邊的人：『這是怎麼回事？』那些人對我說：『這人名叫專諸，是個有名的大力士，路遇不平就打，發起火來，五頭牛都拉不動他。專諸是個大孝子，就聽他媽的話，剛才那個老太太就是他的老母，你沒看，他媽喊了一聲，他就乖乖地回家了。』我這個人就喜歡勇士，就主動與他結識，從此我們成了好朋友。」

公子光聽伍子胥的介紹，非常高興，就與伍子胥一起乘車去見專諸。公子光一見專諸，好一個名不虛傳的勇士啊！他向專諸雙手作揖，表示敬慕之意，兩人又互相磕頭再拜，從此專諸投入公子光的門下。說來也巧，正在公子光設計殺害吳王僚的時候，公元前五一七年，楚國的平王病逝了。

第二年，王僚想乘楚王居喪的時候起兵攻打楚國，就派他的兩位親弟弟掩余和燭庸率領二萬大軍，水陸並進，圍攻楚國的潛邑。又派遣封在延陵的季札去探訪中原的一些國家，以此對各國摸底，觀察了解各諸侯國的實力狀況。

此時吳王僚的親信都不在身邊。公子光夢寐以求的時機到了，他喜出望外說：「這真是天賜良辰，機不可失啊！」就去求助力士專諸，乘這千載難逢的時機殺掉王僚。

他對專諸說：「我是吳王諸樊的兒子，只有我才是吳王的繼承人，所以我一定要將王位奪回來！你如果幫我殺掉他，事情如果成功了，季札即使回來了，也不會廢掉我的。」

專諸直爽地說：「公子您可以讓近臣對王僚說明白，這個王位原是屬於你的，讓他退位就行了，何必私下準備刺客，以動殺機，這不有損於先王的威德嗎？」

公子光說：「專諸，你有所不知，王僚這個人狂妄自大，他向來只知爭利而不知退讓，如果直接對他講了，他反而會先殺了我，我與他勢不兩立，不殺他我別無他路可走啊！」

專諸說：「公子說的對，我是應該替您出力殺掉王僚，只是我上有年邁的老母，下有年幼的兒子，我死了不要緊，可是不能扔下他們不管啊！」

公子光說：「我知道你母老子幼，可是除了你，沒有能完成這件事的，如果這當中，你真的遇到了不幸，你的母親就是我的母親，你的兒子就是我的兒子，我會盡心撫育贍養他們，決不敢辜負於你的。」

專諸說：「凡事輕舉妄動很難成功，咱們應該想個萬全之計，要刺王僚就必須先投其所好，才能接近他，不知他平常都喜歡什麼？」

公子光說：「他這人最喜歡吃燒魚。」

專諸就到太湖的餐館裡去學做燒魚。他整整學了三個月，果然學會了燒魚的高超手藝，來見公子光。公子光秘密地把專諸藏在府中。

這年夏四月的一天，公子光入見吳王僚，說：「有一個廚師從太湖來，燒得一手好魚，明天我請君王到我府上來嚐嚐鮮。」王僚欣然答應了。

這天夜裡，公子光事先將兵士埋伏在地下室裡，然後大擺餐具，準備宴請吳王。

第二天，公子光又去見王僚。王僚對公子光早有提防，他怕人行刺，就在外衣裡面穿上盔甲，從王宮到公子光家門前安排著緊緊密密的衛兵，人人手持長劍坐在道旁。等到吳王僚駕到，公子光畢恭畢敬地將他帶進宴席上。公子光家的門邊、台階上下、堂內坐席邊，到處佈滿了手執長戟、利刀的王僚的心腹親兵，嚴密地保護著王僚。

端菜餚的都要在門外脫光衣服進行檢查後，再換上另外的衣服，還得跪行將菜餚獻上，兩旁的衛兵端著長戟、利劍嚴格監督，靠近的連劍鋒差點兒就能碰到了他們的身體。

森嚴的設防，好像銅牆鐵壁般地保護著王僚。

這時，公子光突然佯裝腳部跌傷，疼痛難忍的樣子，對王僚說：「我的腳跌傷，王先坐一會兒，讓我去包紮一下就來。」

王僚說：「王兄請自便吧。」

過了一會兒，專諸傳告上燒魚，就端來一條紅燒大鯉魚。武士們如前一樣地對專諸進行了嚴格的檢查，兩旁的力士手持利劍挾持著專諸跪著走到王僚前。

誰知公子光與專諸事先已經合謀妥當，把劍藏在魚肚子裡，專諸到了王僚跟前，突然從魚腹中抽出那把短劍，猛力刺進王僚胸部，那劍穿過了盔甲，透過了心臟，王僚大叫一聲就一命嗚呼了。兩邊的衛士也一齊擁上，劍戟相交，刺入專諸的胸膛，片刻，專諸也隨之氣絕歸天了。

堂屋內外亂成一團，這時公子光和伍子胥帶領士兵與王僚的衛兵交戰起來，王僚的兵一半被殺，剩下的也都逃散了。公子光和伍子胥趕緊乘車來到了吳國王宮，召集大臣開會。

公子光對大臣們說：「今天並不是我公子光貪圖王位，實在是王僚謀篡了王位，現在把他除掉了，我暫時代管一下國事，等季札回來後，就將王位讓給他。」

數日後，季札從晉國回來，聽說王僚被殺，就直接到王僚的墳墓上去致哀悼念。公子光也來到王僚墓地，假意要把王位讓還給季札。

季札說：「你好不容易得到了，為什麼又要讓呢？只要你好好治理國家，就是我的君王。」

公子光並不強讓，就即吳王之位，自號為闔閭，封專諸的兒子專毅為上卿。季札感到子侄們為了爭奪王位，互相殘殺，是吳國的恥辱，就決心終身再不回吳國，不參與吳國的事情，最後老死於廷陵。

（根據《左傳・襄公十三年》改編）

子罕不受玉

子罕是宋國的大夫，名聲不錯。有一次，宋國的一個人得到美玉，他就把玉獻給了子罕，可是子罕卻不接受。獻玉的那個人說：「我這塊玉已經給刻玉的人瞧過了，他認為是塊寶物，所以我才奉獻給您。」

子罕說：「我是把不貪婪當做寶，你將玉視為寶；如果給了我，就說明我們都喪失了寶貝，還不如各人保存自己的寶物呢。」

那位獻玉的人聽後，就恭敬地行禮叩頭，然後對子罕說：「小人我懷藏寶玉，怕被盜賊所害不能穿越鄉里，我把它送給您，是來請求免於一死的。」

子罕於是就把美玉放在自己的家裡，讓工匠雕琢後，然後賣出去，讓那獻玉的人有了錢後再回到他自己的鄉里，果然，他如願以償了。

（根據《左傳・襄公十六年》編寫）

齊國王室變亂

魯襄公十八年（公元前五五五年），齊國因侵擾魯國而引起諸侯國的聯合進攻，齊國抵抗不住，遂與晉國講和。這以後的第二年，齊國國內又發生了變亂。

原來齊靈公娶了魯國的婦女，名叫顏懿姬，她沒有給齊侯生孩子。但是陪嫁的侄女鬷聲姬卻為靈公生了兒子光，齊侯就把光立為太子。

靈公的後宮姬妾中有叫仲子和戎子的，其中戎子很受齊侯的寵愛。仲子也生了個兒子，取名叫牙，她把牙託付給戎子，戎子就視他如同己出，又不斷地向齊靈公請求立牙為太子。經她的三番兩次的請求，齊靈公真的就答應下來。

牙的生母仲子得到這個消息後，就急急忙忙地跑到齊侯面前，她反對廢光立牙，說：「君王萬萬不可這樣做。廢棄常規是不吉利的。光已經被立為太子，又參與了諸侯的盟會，現在沒有罪過就將他廢黜，這是專橫，也輕視了諸侯們，大王您一定會後悔的。」

但是齊靈公不聽，他說：「廢立由我決定而不是別人。」

於是就把太子光廢掉，並遷到齊國的東部地區，冊立牙為新太子，又讓大夫高厚做牙的太傅，夙沙衛做少傅，共同負責教育和輔導。齊靈公以為這樣安排很恰當，而且今後全國會太平安穩，自己身後的一切也很放心。然而齊國上下對此卻極為不滿，只是他們沉默不語靜待時機而已。

牙立為太子後，靈公不久就病倒了，這下機會到了。大夫崔杼（ㄓㄨˋ）等人乘勢將前太子光偷偷地從東部接回首都，在靈公病危時又重新立為太子，光重登太子位後，就殺死了齊侯寵姬戎子，將她的屍體朝廷上示眾，並趕走了牙。

五月二十九日，齊靈公病死，光登帝位，是為齊莊公。

莊公當政後，下的第一道令就是逮捕前太子牙，最後終於他將抓獲。他的師傅夙沙衛見勢不妙，就逃到高唐（山東今地東）並據地反叛。

同年八月，崔杼先是在洒藍（在齊都臨淄城外）殺了公子牙的太傅高厚，分了他的家產封邑；接著，齊將慶封又率軍包圍高唐，十一月，莊公親自前來並在夜間偷偷攻城，與城內夙沙衛部將聯合，將高唐攻下，夙沙衛被殺。

兩年後即魯襄公二十一年，齊侯委以慶莊佐大夫官職，令他再討公子牙餘黨，其中公子買被俘，公子鉏和叔孫還等人分別逃到了魯國及燕國。至此，齊莊公的地位總算穩定了下來。

（選自《左傳・襄公十九年》）

楚康王殺子南

魯襄公二十一年（公元前五五二年），楚國令尹子庚病逝，楚康王想命薳子馮接替他。當時康王即位雖有七、八年之久，但他仍舊很年輕，而且性格有些反覆無常，所以薳（ㄨㄟˇ）子馮不大放心，就去拜訪老臣申叔豫，徵求他的意見。

叔豫對他說：「現在楚國受寵信的大臣很多，君主又年輕，你擔任這個令尹的職務可不好辦。」薳子馮聽此話，知道叔豫的用意，便以病為由推託不任。

當時正處夏季，薳子馮為證明自己有病，就在地上挖個大坑，放上冰塊，再放張床，自己身上穿了兩層綿衣，外蓋皮袍，不吃任何東西，就直挺挺地躺在上面。楚王派來醫生看病，回去向楚王稟報，說：「薳子馮瘦是很瘦了，但是血氣沒有受到傷害。」

聽到這裡，康王也就不再勉強他，就轉派大臣子南做令尹了。子南就沒有薳子馮這麼深思遠慮了。原來薳子馮意識到康王的反覆無常和暴戾殘酷而極力推辭，子南做令尹後全然不顧康王的脾氣及性格。康王最忌諱大臣們拉幫結派，形成自己的勢力，而子南就偏偏寵信一些人，例如對待觀起就是這樣。

觀起原本是個平民，後來當了個小官，俸祿雖沒有增加，但子南卻私下裡偷偷地給他幾十輛車的馬匹以示榮寵。消息傳出後，輿論嘩然。

楚康王更是氣憤有加，便下令誅殺子南及觀起。當時子南的兒子棄疾正任康王的御士，康王每次見到他都要哭泣。棄疾不明白情況，就向康王問明，康王便對他說：「令尹的不善你是知道的。現在國家打算懲罰他，你是他兒子，難道還住著不走嗎？」

棄疾答道：「父親被殺兒子若走，君王哪裡還能再信任我？若洩露君命，這也是下臣的我所不會做的。」

之後，楚康王就下令將子南和觀起殺掉了。過了三日，棄疾安葬父親完畢，也上吊自殺。臨死前，家臣們都勸他出走，但被棄疾拒絕，他說：「我事先知道殺父的消息，這樣能出走到什麼地方去？但是去事奉仇人，這是我不能忍受的，如今我只有一死才能解脫。」

子南被殺後，楚康王再次任命薳子馮做令尹。

這時候薳子馮也聚集了自己的親信，其中有八個人最受寵信，他們都沒有俸祿但馬匹很多。

薳子馮開始上朝，碰到了申叔豫，薳子馮與他像平時一樣交談，但是申叔豫卻躲躲閃閃，像避瘟疫一樣地走開了。一連幾次都是這樣。薳子馮心裡疑惑，就在退在朝後專程去申叔豫家問明情況。

他說：「我多次見到您躲避我，不知是什麼原因，故特來拜問。」

申叔豫回答說：「我怕的是自己不能免於罪禍，那裡還敢告訴您呢？」在薳子馮一再地追問下，申叔豫終於說：「這不是很明白的事嗎！過去子南寵信觀起，子南因此得禍，觀起被殺。現在我感覺到您似乎也有類似的傾向，我怎能不害怕呢？」聽到這裡，薳子馮這才意識到事情的嚴重性，他當即告別申叔豫，自己駕著馬車急急忙忙趕回家，由於走得太快，車輪都出了轍道。

回到家裡，他就對那八位親信說：「我見了申叔豫，這個人就是所謂的能讓死者再生能使白骨長肉的人啊！如果你們當中能有像他這樣了解我的就留下，否則就請離開吧。」薳子馮立即辭退了這八人。

楚康王聽到消息後，覺得他不同於子南，就對薳子馮放下心來。

（根據《左傳・襄公二十一年至二十二年》編寫）

欒盈外逃

晉國大臣欒桓子（即欒黶）娶了范宣子（即士丐）的女兒為妻，生了兒子懷子，就是欒盈。

晉國的另一位大臣范鞅（即士鞅），曾經在魯襄公十四年秦晉交戰中受欒黶（ㄧㄢˇ）逼迫而一度逃亡秦國，從此以後便十分怨恨欒氏。後來范鞅與欒盈雖同為公族大夫，但彼此間的衝突和齟齬（ㄐㄩˇ ㄩˇ），卻一直化解不開。

欒盈死後，他的妻子欒祁（即士丐之女，欒盈之母）又與家臣私通，霸佔了欒氏家產。欒盈對這事非常擔心，而他母親也害怕欒盈率軍討伐自己，就向她父親范宣子誣告說：「欒盈要發動叛亂了，他認為我們范氏弄死了欒黶，又壟斷了晉國的大權。他揚言說：『我父親欒黶雖趕走范鞅。但范鞅回國後並沒有對他憤怒，反而待他很好，又讓他與我同擔官職。沒想到，范氏今天不但設計弄死了我父親又在國內專政，今我只有一死而不能跟從他了。』他的計劃就是這樣，我怕會傷害您，所以不敢不說。」

范鞅在一旁也跟著她附和。范宣子聽了這番話，又了解欒盈平時喜歡施捨，結交了很多人，就相信了。他於是下令讓欒盈在著地築城，旋又將他趕走。

魯襄公二十一年（公元前五五二年），欒盈逃往楚國，他的同黨十多人都被范宣子或殺或囚禁，另外一些人如知起、中行喜、州綽、邢蒯（ㄎㄨㄞˇ）等則逃往齊國。

晉大夫樂王鮒（ㄈㄨˋ）對范宣子說：「您為什麼不讓州綽、邢蒯這些人回來？他們可都是晉國的勇士呀！」

范宣子答道：「他們都是欒氏的人，我要他們幹什麼？」

樂王鮒說：「您要是成為另一個欒氏，他們可就是您手下的勇士了。」

但是范宣子沒有採納他的建議。

魯襄公二十二年（公元前五五一年）秋，欒盈從楚國又遷到齊國。

齊國大夫晏平仲見狀，就對齊莊公說：「去年我們去晉、宋、衛等國會盟時，晉國曾要求禁錮欒盈，現在他跑到齊國來了。大王您打算怎麼辦呢？小國事奉大國靠的是信用，失去了信用，就不能立身立國。希望您還是要好好考慮一下。」但是齊莊公沒有聽從。

晏平仲退朝就告訴大夫陳文子：「做國君的要保持信用，為人臣者要保持恭謹敬奉。忠實、信用、誠篤、恭敬，上下共同保持，這是上天的常道。現在國君自暴自棄，國勢恐怕不能長久了。」

同年冬，晉平公又與魯、宋、衛、鄭等國君主再次聚會，商議欒盈外逃齊國的事情。齊莊公也參與其間，但是他並未對欒盈採取措施。

第二年春，晉侯將要把女兒出嫁給吳國，齊莊公讓大夫析歸父致送妾媵（26），齊侯與欒盈商議，趁這個機會就把欒盈藏在篷車裡返回晉國，欒盈率領部下到了自己的封邑曲沃，見到駐守的大夫胥午，就將全部情況對胥午講了。胥午不同意他的行動。

胥午說：「上天所廢，誰能復興？您若這樣做，必不免一死。我並不是怕死，只是明知事情不能成功。」

欒盈說：「儘管這樣，若能憑藉您而死，我決不會後悔。我的確不為上天保佑，您沒有過錯。」

胥午經他一說，最後就同意與他合作，於是他將欒盈藏起來，用酒宴招待曲沃的軍士，又伴以音樂。酒酣之時，胥午對軍士說：「現在我們要是找到欒盈，你們怎麼辦？」

眾人回答：「要是找到主人，我們就為他拼命，雖死猶生。」說完，有的軍士竟然哭出聲來。

胥午又說了一遍，見眾人對欒氏忠心耿耿，便讓欒盈走上來，對大家一一拜謝，頓時人們便興奮起來。

這年的四月，欒盈就率領部眾聯合魏獻子（即魏舒）向晉國都城絳地（今山西侯馬）殺來。

魏獻子的父親魏絳與欒盈的關係非常親密，所以獻子願意幫助他。

晉侯這邊，欒王鮒與范宣子他們正在議論欒盈的事，就見有人報告：「欒氏來到了！」

范宣子聽後心裡先是一驚，但樂王鮒說：「我們只要先護送國君到別宮—固宮就沒有危險了。因為欒氏樹敵太多，您又執掌國政；欒氏從外邊回來，您在內部掌權，形勢對您有利，有什麼可怕的？現在與欒盈聯合的只有魏獻子一家，我們可以用強力把他拉過來。平定叛亂靠的是權力，您可不要鬆勁啊！」

范宣子在樂王鮒的協助下，護送晉侯去了固宮。范鞅負責拉攏魏獻子。這時獻子的軍隊已經排成行列，正準備與欒盈聯軍進攻，范鞅快步上前對他說：「欒盈率領叛亂分子進入國都，我父親和大臣們都在國君那裡，他們派我前來迎接您，我請求上車做您的驂乘。」

說完就跳上獻子的戰車，右手摸著劍，左手拉著駕車帶子，下令驅車離開隊伍，直奔晉侯之處。范宣子見到魏獻子終於被拉了過來，就親自迎上前去，答應把欒氏的封地曲沃贈給他，以換取獻子的支持。

與此同時，晉國有一個奴隸叫斐豹，他主動請求擊殺欒盈手下的大力士督戎，范宣子當即應允，斐豹果然把督戎殺掉了。這時欒盈失去了一員得力的戰將，又失去了魏獻子的支持，對他的打擊相當大。他只好獨自向晉侯進攻，由於雙方實力懸殊，欒盈打不過便大敗而逃。范鞅乘勢殺了欒氏族人，欒魴也受了傷。

欒盈一軍退回曲沃抵抗，晉軍隨後將其團團包圍。魯襄公二十三年底，晉軍攻克曲沃，將欒盈一族全部殺光，只有欒魴逃到宋國去了。

（根據《左傳・襄公二十一年至二十三年》編寫）

齊國重新附晉

齊國雖然被晉國征服，但它心裡老是不痛快，因為齊國不像魯、宋那樣的中小諸侯，齊國本身的力量就很雄厚，所以在魯襄公二十年（公元前五五三年）雙方講和之後，齊莊公參加諸侯國的會盟中就表現得很不得體。

當時晉國大夫叔向也看出了齊國將會有問題。

果然，到魯襄公二十一年，晉國發生內亂，大臣欒盈一派與范宣子（即士丐）衝突激化，欒盈從晉國出逃到楚國，旋即又奔往齊國。這就無形間加深了晉、齊之間原已存在的衝突。

魯襄公二十三年，齊莊公又將欒盈潛送回國奪權，以此報復晉國。欒盈攻晉失敗，當年秋，齊莊公又親率齊軍進攻衛國，並以此引發對晉國的進攻。對於莊公的這種行動，齊國大夫晏平仲表示不同意，他說：「君王倚仗勇士去攻打盟主，如果不能成功，這倒是我國的福氣。通過這種不德不義的行動去贏得功績，憂患就必會降臨到國君的頭上。」

另一位大夫崔杼也勸諫道：「君王的計劃切不可行。下臣我聽說『小國趁大國衰敗而加之以武力，就一定會受到災禍的』，我請君王您還是考慮一下吧！」

但是齊莊公聽不進去，他親率大軍向晉國攻打，很快就佔領了晉地朝歌（今河南淇縣），然後又兵分兩路，一路進入孟門（在今河南輝縣西），一路登上太行陘（在今河南沁陽西北）；又在陘庭（在今山西翼城東南）駐紮軍隊，戍守郫邵（今河南濟源西），在少水（即今沁水）旁收集晉軍屍體堆積在一塊兒，藉以報復平陰（山東今地東北）之敗。完事後，齊莊公這才下令班師回朝。

齊侯返國途中，還沒有進入都城，又順帶襲擊了莒國，可是卻遭到莒國的頑強抵抗。莒國國君親自擊鼓將齊軍擊敗，齊軍無奈，便與莒人訂約講和了。

自從進攻晉國後，齊莊公的心裡就一直不踏實，他擔心晉國會伺機報復，所以就準備與楚國聯合。魯襄公二十四年夏，楚王派薳啟疆出訪齊國，商議兩國君主會面事宜。同年秋，齊莊公聞知晉國將要發兵，就派大夫陳無宇隨同薳啟疆一起去楚國，告知延遲會面，並請求楚國出軍救助，齊大夫崔杼借派兵護送他們之機，又攻打了莒國的介根（在今山東密東南）一地。

與此同時，晉平公與魯、宋、衛、鄭、曹等十餘個諸侯國在夷儀（今河北邢台西）會盟，商討攻齊之事。但因中原發生水災，這次聯合行動未能實現。

這年冬天，楚康王應齊國的請求北上救援。楚人採取攻鄭救齊的戰略，同時也藉機懲罰鄭國附晉的積怨。楚軍攻打鄭都東門，駐紮在棘澤（今河南新鄭東南）。諸侯見狀，便聯合出兵救鄭，晉侯派大將張骼、輔躒向楚軍作戰。

這時候，吳國人又挑唆楚的附屬舒鳩人，讓他們乘機背叛，從後面進攻楚國。楚軍腹背受敵，自感承受不住，康王便下令退軍。同時又將齊大夫陳無宇護送回國，讓他代轉告楚國的形勢。

魯襄公二十五年（公元前五四八年），晉平公再次聯合魯、衛、鄭等國召開會議進攻齊國，這時候楚國正被自己後方的動亂所困，無暇北上，面對諸侯聯軍咄咄逼人的氣勢，齊莊公自知實力不敵，便向晉人提出請和，這年秋七月十二日，雙方會盟訂約，齊國又重新歸附晉國。

（根據《左傳‧襄公二十年至二十五年》編寫）

季武子立后

魯國執政季武子嫡妻沒有兒子，只有庶出的公鉏（公鉏又稱公彌）和悼子。公鉏年長，可是季武子卻喜歡悼子，打算立他做繼承人。

為此，季武子特地徵詢家臣申豐的意見，說：「公鉏與悼子這兩個兒子，我都很喜歡，但繼承人只有一位，我想根據他們的才能選任。」

申豐聽後，就快步離去，並打算全家搬到別處。過了幾天，季武子又去徵求意見，申豐就說：「要是這樣，我就套車走了。」申豐的態度很明確，他不同意季武子的想法，主張擇長立儲。

季武子見這招不行，就去詢問另一位大夫臧紇（ㄗㄤ ㄏㄜˊ）。臧紇與申豐大為不同，他開口便說：「您先請我喝酒，我為您冊立繼承人。」季武子當下就請來眾人，以臧紇為上賓，向他獻酒。

臧紇把北面尊貴的席位空出來，特意召見悼子，走下台階迎候他入位，而對待公鉏卻和別人一樣，按年齡大小排列入座。

季武子見到這種情景，事先毫無準備，心裡暗暗吃驚，他沒有料到臧紇的用意如此明確，安排舉措也如此大膽突然。悼子就這樣成了季武子的繼承人。可是這樣年長的公鉏自然很不高興了。

為了安撫他，季武子就委派他做他馬正，負責家族的土地及軍賦。開始時，公鉏一直想不開，為此悶悶不樂，也不肯去就職，後來大夫閔子馬見他這個樣子，就安慰他說：「『禍福無門，唯人自召』。做兒子的人，應該擔憂的自己是不是夠孝順，而不是什麼名譽地位。恭敬謙謹地執行父命，事情總會有所變化的。你如果做到尊奉孝敬，自然會做到比悼子富有的地步；但，如果你現在邪亂不法，大禍必定會馬上臨頭。」

聽了這番話。公鉏深受感動，自此以後，他就開始敬奉父親，謹守職責，贏得了季武子的歡喜，後來又做了魯公的左宰。

（根據《左傳・襄公二十三年》編寫）

楚滅舒鳩

吳國勢力強盛以後，它與中原各國做好外交關係，一方面不斷地與楚國衝突和磨擦，以此來擴大自己的勢力。楚國為了與中原晉國爭雄，不希望看到東方吳國的強大，也多次尋找時機攻伐吳國。

魯襄公二十四年（公元前五四九年）夏，楚康王派水軍沿長江東下進攻吳國，但因軍紀不整，行動遲緩不一，造成這次進攻的沒有成功。為報復這次楚國的進軍，吳國人伺機以待隨時準備以牙還牙。

這年冬，楚軍應齊國請求北上援齊與諸侯爭戰，吳國人乘雙方交戰的時機，就鼓動楚的附屬國舒鳩人，讓他們背棄楚國，以後面進攻。

楚康王聞知此事，面臨腹背受敵的夾攻，便率軍從

北方撤回，駐紮無荒浦（今安徽舒城東南），然後派壽和師祁犁兩位大夫譴責他們，但是舒鳩王否認此事，並請求與楚訂盟。

康王聽到會報後，仍執意發兵征討，但是被令尹薳子馮所阻，他說：「目前舒鳩人不承認反叛，並要與我們會盟，現在我們進攻，就等於無罪討伐。不如先安撫民眾，假如他們對楚國不忠，反叛我們，到時候再討不遲。」

第二年秋，令尹薳子馮病卒，屈建接替。

舒鳩人在吳國的支持下終於起來反叛，屈建即刻率軍征討，吳人也急調兵援助。屈建調動右路部隊先行出擊，大將子強、息桓等人率左路部隊後進，兩軍將吳軍夾在中間，包圍了整整七天。子強率家兵與吳軍挑戰，隨後將吳軍擊潰，殘餘的軍隊東奔回國。

楚軍乘勢包圍了舒鳩人，八月便將這個小國滅掉了。

（根據《左傳・襄公二十四年至二十五年》編寫）

子產初顯才幹

子產是鄭國的重臣，他聰明、機智而又年輕，善於處理各國間複雜的外交問題，實屬難得的人才。這時候晉國執政范宣子（即士丐）要求諸侯國朝見晉國時備帶的禮物，數量很大，否則就不予接待。

魯襄公二十二年（公元前五五一年），子產就曾抱怨晉人要求無度，鄭國無法忍受，但那次交涉對晉人的觸動似乎不很大。

魯襄公二十四年，鄭簡公由大臣子西（即公孫夏）陪同又去晉國朝見，利用這個機會，子產通過子西再次給晉國的范宣子寫信，信中說：

「您治理晉國以來，四周鄰國都不曾聽到您的美德，聽說的只是那繁重的貢物，我對此很不理解。我聽說君子治理家庭或國家，擔心的不是財物不足，而是沒有好的道德名聲。諸侯一旦聚斂財貨，就會出現利益分配不均，利益分配不均就會引致國家分裂，個人和家庭也就受禍遭殃。好的道德名聲，如同裝載德行的車子；德行則是家庭及國家的根基。有了根基就不致毀壞，有了德行就能幸福和長久。

「《詩經》說，『君子就是國家和家庭的基石』，這就是美德！這就是有好的名聲！用理解去發揚仁德，那麼好名聲就得以傳佈，遠近人心安定。您是希望讓人們說：『您是確實用心地養活了我』還是：『您是靠剝削以求生存』呢？大象正是因為有了象牙才讓自己有了殺身之禍，這是由於象牙值錢的緣故。」

范宣子一口氣讀完了這封信，認為子產講的很有道理，就開始減輕諸侯貢物的數量，鄭國的負擔也因此而減緩了許多。

鄭簡公這次去晉國朝見，除有減少貢品的要求外，還有更為重要，就是向盟主稟報攻打陳國事宜。

原來楚國在攻打鄭國時，陳國也參與其間，陳國軍隊在攻鄭的過程中，一路上砍斷樹木，填埋水井，使鄭國人十分憎恨。所以鄭侯率大臣子西特去向晉國告狀，要求攻打陳國。

魯襄公二十五年六月，子產與子展率領戰車七百輛開始進攻陳國。鄭軍乘黑夜攻破陳國都城，陳哀公與太子偃師逃奔。鄭人佔據陳國都城以後，陳侯無奈，就穿著喪服表示臣服，子產等人旋即退兵。同年秋，子產向晉國進獻戰利品，同時解釋這次攻陳的軍事行動。

晉侯質問陳國有什麼罪狀，子產回答說：「陳國自古以來就是我們周朝的後代，直到今天它還依賴周朝的威望，可是他們卻忘記了周天子的恩德，丟棄我們的恩惠，又拋棄我們這個姻親，倚仗楚人欺凌侵擾我們，我們去年曾向貴國控告過他們，要求攻打，但是一直沒有得到明確的答覆。後來陳軍又向我們東門進攻，填塞水井，砍伐樹木，給我國造成了極大的損害，也影響

到貴國的名望，所以我們就向陳國進攻，並俘獲了戰利品，今特地向貴國奉獻俘虜。」

晉侯又質問：「為什麼要攻打小國啊？」

子產反問道：「從前天子的土地廣至千里，諸侯土地數百里，可是現在大國的疆域增至數千里，如果它不侵佔弱小何以能達這種程度？」

晉侯人又問：「那你又為什麼穿著軍服來呀？」

子產回答：「我們先君武公、莊公做周平王和周桓王的卿士。城濮戰役時，晉文公發布命令，命我國文公穿軍服輔事天子，以接受楚國戰俘獻捷，現在我也身著戎服獻捷，為的是不敢違背天子的命令啊。」

晉國人經過數次責難，子產對答如流，據理力爭，晉侯就只好接受了獻捷，同時承認了鄭國對陳國的進攻。

這年的十月，鄭國子西再次對陳用兵，陳表示屈服，雙方於是訂約講和。這些事情的處理，充分地反映了子產辦事的機智和才幹，特別是他善長外交，在與強國打交道中不卑不亢。

孔子說：「晉國之成為霸主，鄭國之能攻入陳國，若不是善於辭令，就不可能成功。」這是對子產的極大讚揚。

不僅如此，子產對內政的治理也頗有經驗和能力。

鄭大夫子太叔有一次向子產詢問政事，子產回答說：「政事就好比農業，只要你日夜去想著它，想著它的開頭，又考慮到它的結尾，然後去日日維護，行動不要超越想過的，行其已思者，其未思者不妄行，這樣過失就少了，」在他的管理下，鄭國處於強國之間，左右縫源游刃有餘。

（根據《左傳・襄公二十四年至二十五年》編寫）

崔杼殺齊莊公

魯襄公二十五年（公元前五四八年）夏，齊國內部分裂激化，大夫崔杼殺了莊公。事情的起因是這樣的：齊國棠邑大夫的妻子，棠姜是東郭偃的姐姐，長得十分漂亮。東郭偃在崔杼手下做官。有一年，棠邑大夫因病去世，崔杼前去弔祭，見其妻十分俊美便想把她娶過來。崔杼將這個意思告訴了東郭偃。

東郭偃認為他與崔杼兩家出自丁公和桓公，同為姜姓，因有同姓不婚之俗，表示不同意。但，崔杼不甘心又進行占卜，並將結果給大夫陳文子看，陳文子認為凶多吉少，亦持微辭。然而崔杼全然不理，硬是將棠姜娶了過來。

誰知這事也被齊莊公知道了，他見到棠姜美麗漂亮，也垂涎欲滴，就與她私通，經常偷偷地跑到崔杼的家裡與她鬼混。更可氣的是，莊公還順手牽羊，將崔杼的帽子拿走送人。崔杼知道

了，非常憤恨，但因為是臣下，不敢公開抗爭，於是，他就伺機報復。

魯襄公二十三年（公元前五五〇年），晉國發生內亂，大夫欒盈回國攻打晉侯。齊莊公也想趁這個機會進攻晉國報復前怨。而崔杼見這是個機會，心想晉國人一定會對齊用兵，就準備乘勢殺掉莊公以取悅晉人。然而他一直沒有找到合適的時機。

正巧，齊莊公的侍從有個叫賈舉的，因受到莊公的鞭笞而心懷不滿，以後又重新得到信任，崔杼便與他私下商議除掉國君，賈舉很快就同意了。

魯襄公二十五年五月，莒國因在前一年受到齊國侵犯，其國君於是前來詢明進犯的原因。五月十六日，齊莊公設宴招待，崔杼按照禮儀應參與陪伴，但是他推說有病而加以拒絕。

這一天，莊公酒宴完後藉探問崔杼病情為由來到他家，利用這個時機，崔杼和姜氏從側門溜出去，室內只剩下莊公一人；這時侯賈舉又將莊公的隨從部下攔阻在大門之外，裡面埋伏的甲士們一擁而上，直奔莊公而來。

莊公見勢不妙，大驚失色，他見自己脫身不了，就向崔杼求饒，崔杼又不答應；莊公無奈，又請求在太廟自殺，但崔杼還是不答應。莊公於是就縱身跳牆逃跑，但大腿中箭，摔下牆來，眾甲士趕上去就把他殺死了。

齊國大夫晏平仲聞知事變後就趕上前來，他的手下人說：「國君死了，您也同去嗎？」

晏子說：「為什麼我要去死？國君又不是我一個人的！」手下人又問：「那您走嗎？」

晏子反問：「這不是我的罪過，我幹嗎逃跑？」手下人又說：「那您返回嗎？」

晏子說：「國君死了，回到哪裡？君主為了國家而死，那麼臣下也應該為他去死；君主為國家逃亡，臣下也為他逃亡。但是君主若為自己而死，為自己而逃亡，不是他寵信的人，誰敢承擔責任？我哪裡能為他去死，哪裡能為他去逃亡呢？」

這時候崔杼宅邸的大門大開，晏子走進去為莊公之死痛哭了一場，崔杼手下人想要殺掉他，但被崔杼拒絕，他說：「晏子這個人是得到老百姓信賴的，我們不殺他就能得民心啊！」

崔杼安定齊國後，便於五月十九日冊立莊公的同父異母弟弟為國君，是為齊景公。

崔杼輔政，慶封為左相，他們與國人在太廟結盟，晏子仰天長嘆說道：「我晏嬰如果不親附忠君利國的人，有上天為證！」於是就歃（ㄕㄚˋ）血訂盟。

二十三日，齊景公又與大夫們及莒國國君等結盟。二十九日，崔杼下令將齊莊公草草埋葬，葬禮只用四把長柄扇，沿途也不清道，沒有什麼貴重的隨葬品，運送時只用了七輛破車。對於莊公被殺這件事，當時的太史記載「崔杼殺其國君」。

崔杼見狀十分氣惱，他認為自己是正確的，殺莊公是理所應當，於是就把太史也殺了，這樣一連殺了三個太史，到了第四個太史仍照實記載時，崔杼不忍心了，便任由其書。

與此同時，另一位記述的史官南史氏聽說齊國太史都被殺，就準備自行前往接任，但聽到已經如實記載的消息後便又返回去了。

（根據《左傳・襄公二十五年》編寫）

宋太子痤受誣自殺

魯襄公二十六年（公元前五四七年），宋國太子痤（ㄘㄨㄛˊ）與他的師傅惠牆伊戾衝突激化，太子受誣上吊自殺。

原來，宋國大夫芮（ㄖㄨㄟˋ）司徒生了個女兒，皮膚暗紅，全身長了毛，芮司徒很不喜歡，就把她丟棄了。這個女孩後來被宋共公夫人的侍妾揀了起來撫養，給她取了名子叫——棄。

棄長大後很漂亮，有一天到了宋平公向他母親晚上問安時，見到美麗如花的棄，就表現出很是喜歡的神態。他母親見此情景，就將棄送給平公做御妾，並生了個兒子叫佐（即宋元公）。

佐——長得很難看，可是他性格溫厚，而當時的太子痤長相英俊，但卻心眼狠毒。惠牆伊戾當時是擔任太子的內師，但是太子痤並不信任他。

這年秋季，楚國使臣出訪晉國途經宋國，太子痤與楚國使臣是老朋友，便在野外設宴款待。伊戾見此情況，心想要伺機報復太子，就向宋平公請求與太子同去，但平公說：「太子不是討厭你嗎？」

伊戾回答說：「小人事奉君子，受到討厭不敢遠離，受到親信也不敢靠近，只有恭敬待命，怎麼敢有三心二意呢？何況太子有在外為他服務的人，卻沒有人為他服務於內，所以我請求前往為他服務。」於是宋平公就派伊戾前去照顧太子。

然而伊戾到了郊外太子宴請賓客的地方，卻偷偷地挖坑，用牛羊做牲禮，加盟書於其上，偽作太子曾與楚國使臣會盟的跡象，自己又加以驗證。完畢後，伊戾就騎馬快速反回，向宋平公報告說：「我發覺太子可能要發動叛亂了，他已經與楚國使節在郊外訂立了盟誓。」

平公大為吃驚，說：「他已經是我的太子了，還有什麼要求呢？」

伊戾說：「他可能是想快點當政為王吧。」

平公不相信，就派人前去觀察，一看果然有牲禮和盟書。平公又詢問佐的母親棄和左師等人，他們都異口同聲地肯定此事屬實。平公經過這麼一番詢問，就逐漸相信了伊戾的話，於是便將太子痤囚禁了起來。

太子痤哀嘆說：「現在只有公子佐能救我一命了。」說完就叫人召來佐，讓他向宋平公求情，使人出走後，太子痤自言自語：「要是佐中午時分不來，我就知道自己離死不遠了。」

誰知這句話讓伊戾給偷聽到了，他就跑到佐那裡故意和他閒談，又糾纏不休，直到過了中午時分為止。這邊太子痤看到佐遲遲不來，預感事態不妙，就在獄中上吊自殺了。

後來宋平公知道了太子痤冤死的實情，就非常憤怒，當即下令把惠牆伊戾殺掉烹煮了。

（選自《左傳・襄公二十六年》）

蔡大夫進諫楚令尹

楚國的大夫伍參和蔡國太師子朝是好朋友，伍參的兒子伍舉與子朝的兒子聲子也很友善。伍舉娶了楚申公大夫王子牟的女兒，後來王子牟獲罪出逃，楚人誣陷伍舉參與此事，伍舉在楚國待不下去，就出奔鄭國，又從鄭國北上晉國。這時蔡國大夫聲子出訪晉國途中，在鄭國遇到伍舉，他們一起在郊外吃飯，說到了伍舉回楚的事，聲子對他說：「您先走吧，我一定想辦法讓您回去的。」

魯襄公二十六年（公元前五四七年），宋國執政向戌見晉、楚勢均力敵，雙方常年戰爭，損失慘重，就開始調解晉、楚之間的關係，他先做溝通和準備工作，聲子也參與其間。他先是出使晉國，然後又到楚國。楚國令尹子木（即屈建）會見了他，與他談起了晉國的事情。

子木問：「晉國的大夫與楚國大夫誰更賢明？」

聲子回答：「我的看法似乎是晉國的卿不如楚國，但是它的大夫們都是卿相一類的賢才，如同杞木、梓木、皮革，都是楚國去的。雖然楚國有人材，但是晉國卻用了他們。」

子木問：「他們沒有同族親戚嗎？」

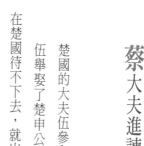

聲子回答：「雖然有，但用的楚國人實在很多。我聽說：『善於執政的人，賞賜不過而刑罰不濫。』獎賞過頭，就怕及於壞人；刑罰過濫，就怕連累好人。與其刑濫之過，不如賞僭之失。國無善人，國亦隨之受害。《詩經》說：『人之云亡，邦國殄瘁。』說的就是國無好人。所以《夏書》也說：『舉其殺不辜，寧失不經。』這就是說怕失掉好人。《商頌》有這樣的話：『不僭不濫，不敢怠皇。命於下國，封建厥福。』

「這就是商湯之所以獲得上天之福的原因。古時候治理百姓的人，樂於獎賞而怕用刑罰，為百姓分憂不使其勞苦。在春夏之間獎賞，在秋冬之季刑罰。早起晚睡，朝夕監政，由此可以知道他體恤百姓。現在楚國刑罰多濫，大夫們逃亡四方，這些人為別國參謀策劃，反過來危害楚國。

「例如：子儀叛亂，析公逃往晉國，晉人以他為謀主（事見魯文公十四年即公元前六一三年）繞角（今河南魯山東南）那次戰役，晉軍將要逃走，但析公說：『楚軍輕佻，容易震動。我們若多擊鼓，乘夜全軍進攻，楚軍必然會退走的。』晉人聽從了，楚國於是潰敗。晉軍乘勢侵蔡襲沉，俘虜了沈國國君，又擊敗了申、息兩國的軍隊。鄭國於是就不敢跟從楚國，楚國痛失華夏，這都是析公幹出來的（事見魯成公六年即公元前五八五年）。

「又雍子於是逃往晉國，晉人給了他封邑，又委任他做謀主。彭城那次戰役，晉、楚兩軍相遇，本來晉軍打算退走，然而雍子卻發布命令說：『老者幼者及孤兒病人，與兄弟兩人役者一人回家，剩下的精壯人選，檢閱車械，餵好馬匹，軍士吃足，擺開陣勢，焚燒帳篷，明天將要決

戰。』於是老弱病殘的都走了，又故意放走楚國俘虜，與楚國決戰，結果大獲全勝，這也是雍子所為的（事見魯成公十八年即公元前五七三年）。

「再比如子反與子靈爭奪夏姬而阻撓了子靈的婚事，他就跑到了晉國，晉人把邢地（今河南溫縣平皋故城）封給他，又任為謀主，防禦北狄，聯絡吳國，教他們背叛楚國、擺列戰車、射箭等等，吳國自此與楚國爭戰，楚國疲於奔命，至今為患，這就是子靈所做的事（參見魯成二年、七年即公元前五八九年和公元前五八四年）。

「若敖叛亂，伯賁的兒子賁皇出奔晉國，晉人封賜其苗地（今河南濟垣）又以他為謀主。在鄢陵（河南今地北）之戰中，楚軍擺開陣勢準備與晉軍決戰時，晉人也要逃跑，但賁皇說：『楚軍的精銳都集中於中軍王族，如果我們塞井毀灶，擺開陣勢對抗，欒書、士燮率軍引誘他們，荀偃、郤錡、郤至就一定能戰勝楚將子重和子辛，那時，我們就可以集中全力攻其王族精銳，必將擊敗他們。』晉國人聽從了，楚軍於是大敗，士氣不振，子反也

因此而死了。鄭國背叛，吳國興盛，楚國失去了諸侯，這些都是苗賁皇所為的事。」

子木聽了他這番議論，說：「你說的這些都是事實啊！」

聲子進一步說：「現在還有比這更甚的呢！伍舉娶了申公王子牟的女兒，王子牟獲罪逃走了，國君和大夫們都歸罪伍舉，伍舉害怕，就逃往晉國去了，他曾經南望楚國自言道：『什麼時候能赦免我呀！』然而楚國這方面卻沒有任何反應。』現在他在晉國了。晉人準備賜給他封邑，祿俸與他們的上大夫向相同。伍舉要是謀害楚國，這豈不是個禍患？」

子木聽到這裡，內心十分害怕，就把伍舉楚國人的官復原位，聲子便派伍舉的兒子椒鳴前去迎接。

（根據《左傳・襄公二十六年》編寫）

向戌弭兵

魯襄公二十七年（公元前五四六年），晉楚為首的十四個諸侯國執政或君主齊集宋國，簽訂停止戰爭的和約，這場由向戌發起目的在消除戰爭的諸侯會盟，就是有名的歷史事件「向戌弭兵」。

當時，晉楚兩個大國勢均力敵，為了爭奪霸權，雙方裹脅著各自的同盟國連年交戰，戰爭使生靈塗炭，民不聊生。

公元前五四八年，晉國新上任的執政趙文子，提出了「弭兵」的主張。他下令減輕各國諸侯的貢品而強調禮儀，並對前來進見的魯國使臣叔孫豹說：「齊國的崔氏、慶氏新近當政，他們將會謀求與諸侯建立友好關係。我了解楚國的令尹屈建，只要待之以禮，與他們交往時注意辭令，引導得體，就可以安定諸侯，我看從現在開始，戰爭可以稍稍停息了罷？」

宋國的執政之一，左官師向戌，與趙文子和屈建都很有交情，他想趁著人心思和的趨勢，斡旋於晉楚兩國之間，促使兩者停戰結盟。他到晉國遊說，趙文子與諸侯大夫商議，韓宣子說：「戰爭荼毒百姓，損耗財物，給國家帶來災難，現在有人倡議消除戰爭，這是順應人心的。雖說未必做得到，但一定要應允他，不然，楚國一答應，用此來號召諸侯，我們就會失去人心，我國就會喪失盟主的地位。」於是晉國答應了向戌。

向戌又去楚國，楚國也答應了。

他又去遊說齊國和秦國，他們也都答應了，這四個大國都通知小國，在宋國舉行盟會。

這一年五月二十七日，晉國的趙文子來到宋國，鄭國的伯有、魯國的叔孫豹、齊國的慶封和陳須無、衛國的石惡、邾文公、滕成公相繼到達。

六月十六日。楚國的公子黑肱先行到宋，與晉國談判有關條件。幾天後，向戌前往陳國，去同行駐那裡的楚令尹屈建商談楚國的條件，屈建要求讓晉的盟國到楚朝見，讓楚的盟國出晉朝見。這就意味著從前分屬於晉楚的各中小國家，要同時成為兩大國的屬國，向它們分別朝貢。而晉是中原盟主，屬國多，這條件顯然對晉不利。

向戌返宋向趙文子傳達了楚國的條件。

趙文子知道屈建的用意，就提出一個令楚國為難的條件：「晉、楚、齊、秦是地位相等的大國，晉國不能命令齊國，就像楚國不能命令秦國一樣。如果楚國能讓秦國屈駕到敝國來，我國國君怎敢不堅決要求齊國前去楚國朝見？」向戌又到陳國向屈建傳達了趙文子的答覆。

屈建說：「撇開齊國、秦國不管，讓其他的盟國互相朝見就行了。」

向戌回覆了屈建的意見。當晚，趙文子就同楚公子黑肱舉行了盟誓，商定了盟約措辭。兩天後，屈建抵達宋國，隨同而來的還有陳國的孔奐、蔡國的公孫歸生以及曹、許兩國的大夫。各

國到達宋國的軍隊，駐地只用籬笆隔開，不築營壘，用以表示互相不存戒心。晉國與楚國各自駐紮在一北、一南兩頭。

晉國的副使荀盈對趙文子說：「楚軍那邊氣氛很不對勁，恐怕會襲擊我們。」

趙文子說：「萬一出事，我們馬上掉頭開進宋國都城，楚軍能把我們怎樣？」

七月初五，準備在宋國都城西門外結盟，楚國的士兵在外衣裡邊穿著皮甲。

大宰伯州犁堅決請求屈建除皮甲，他說：「會合諸侯的軍隊，卻要做不信任別人的事，恐怕是不行的吧？諸侯是期望受到咱們楚國信任才來歸順的，要是咱們不信任別人，就是丟掉了我們賴以服人的基本東西了。」

屈建說：「晉楚兩國之間長期以來缺乏信用，事情對咱們有利就行了，管它什麼信用不信用！」

趙文子對楚兵外衣裡面穿皮甲頗感憂慮，叔向寬慰他說：「怕什麼？普通人做出不守信的事，尚且不得好死呢，更何況一個會合諸侯的卿了。他要是做事不守信用，必定不會成功。召集諸侯本來靠的是信用，他卻用了欺騙的手段，誰還會跟從他？嘴裡說為了消除戰爭而召集諸侯，卻要發動戰爭加害於我們，這在道義上是個失策，我們正可以大大利用他的失策。事情真到了那個地步，我們就退回宋城，和宋人一起抗拒他們，肯定人人會捨命抵抗，就算楚軍再增加一倍的兵力，也照樣能打敗他們，有什麼好擔憂的！」

在盟誓的時候，晉國和楚國又為歃血的先後次序發生了爭執，最後，晉國做了讓步，讓楚國人先歃血。魯國擔心既屬晉又屬楚，同時要向兩國朝貢，國力不堪負擔，魯宗卿季武子派人以魯襄公的名義指示叔孫豹，把魯國比同於邾國、滕國就可以了。這兩個小國分別是齊國和宋國的屬國，不參加結盟。叔孫豹認為：邾、滕兩國是別人的私屬，我國則是堂堂列國之一，不該與它們等同，宋國、衛國才是和我國地位相等的國家。於是就自作主張，和宋、衛等國一樣參加了盟約。

次日，東道主宋國國君設宴招待晉國和楚國大夫，趙文子作主賓。席間，叔向在旁幫著趙文子應對屈建的問話，十分出色。屈建向趙文子問起晉國的元老執政范武子的德行如何。

趙文子答道：「這個人的家政井井有條，對晉國人沒什麼可隱瞞的，他的祝史對鬼神所說的話也都誠信無欺。」

屈建回國後向楚王會報，提起這番話，楚王感慨地說：「范武子真是了不起啊！能讓神和人都高興，怪不得他能輔佐五世君主作諸侯盟主。」

屈建也對楚王說：「晉國做盟主是當之無愧的，還有叔向這樣的賢人輔助它，咱們楚國沒有和他相當的人，不能與他們相爭。」

這對野心勃勃想當盟主的君臣，一個嘆息自已沒有像范武子那樣的卿相，一個嘆息自己沒有像叔向那樣的助手。在宋國會盟之後，晉大夫荀盈去了楚國，楚大夫薳罷去了晉國，雙方重申盟約。各自的盟國也交相前往晉國和楚國朝貢。

向戌自認為弭兵有功，向宋平公請賞。

平公賜給他六十個城邑，並把賞邑的簡冊給司城子罕看，子罕很不以為然地把簡冊擲在地上，說：「正因為有晉、楚的武力威懾，諸侯小國才有所畏懼，才會上上下下慈愛和順，才維持了國家的安定，恭恭敬敬地事奉大國。要是沒有了威懾，他們就會驕橫作亂。武力原來就是為了威懾不法，宣揚文德而設置的。聖人靠它而興起，壞人靠它來鎮壓。現在您卻要謀求消除它，這不是自欺欺人嗎？欺矇諸侯，這罪可就大了。沒討伐您就算萬幸了，您竟敢要求賞賜。」

向戌聽到這番話，就把賞他的城邑推辭掉了。

子罕的話一針見血地道出了這次和會的虛偽性。

但儘管晉楚等國各懷鬼胎，面和心不和，畢竟這次弭兵會盟客觀上是晉楚兩國實力均衡的結果。所以，它使戰爭稍稍平息，此後十幾年中大國間沒有發生戰爭，維持了短暫的和平。

（選自《左傳・襄公二十七年》）

齊人逐慶封

慶封是齊國的大貴族，魯襄公二十七年（公元前五四六年），他利用當時齊國執政崔杼的家庭衝突，用陰謀滅掉了崔氏，並掌握了齊國的政權。

慶封荒淫無道，為了盡情享樂，他把國政委付給他的兒子慶舍，自己帶著妻妾財物搬到親信盧蒲嫳（ㄆㄧㄝ）家去住。他整日與盧混在一起，交換妻妾飲酒取樂，遊戲打獵，以至於官員們不得不到盧家來朝見他。

按照當時的規定，官府辦事的官員們每天可享受兩隻雞的待遇，可是在慶封的當政下，管理伙食的人把雞偷偷地換成了鴨子，送飯的人連肉也從中剋扣了，只送些肉湯，這就引起了朝中大夫們的不滿。他們中的子稚、子尾是齊惠公的孫子，這兩個人更是大罵執政不仁。

慶封的寵臣盧蒲嫳就說：「他們竟敢如此放肆，我要剝他們的皮，吃他們的肉。」這邊，子稚、子尾也在行動。他們串通了慶舍的寵臣盧蒲癸與王何，於魯襄公二十八年趁慶舍在太廟主持祭祀時發動兵變，殺死了慶舍及其黨羽。

慶封此時正外出打獵，聽到報告動亂，就率家兵攻入都城，再攻打內宮，但沒有攻下，只

好逃亡到魯國。在此之前，慶封曾到魯國出使訪問，乘坐的車子很漂亮，魯國的宗卿叔孫說：「我聽人說，衣飾和人不相稱，就會有惡果。漂亮的車子能有什麼用？」

果然，一年後，慶封就被迫到魯國避難，不得不把那輛漂亮的車子，進獻給魯國的執政季武子。那車子依然色澤美麗，光可照人。魯大夫展莊叔對季武子說：「車子依舊是很光鮮，可是人卻很狼狽，他逃亡真是活該呀！」

不久，齊國派人前來魯國責問，魯國不敢再收留慶封，他又逃亡到吳國。吳侯勾余把朱方（今江蘇鎮江東）一地賜給了他，他就召集了慶氏一族人住在那裡，反倒比以前更加富有了。

魯大夫服惠伯見此情景，就對叔孫豹說：「好人富有是獎賞，壞人富有則是災難。恐怕上天是要降災於他，是想讓他們聚攏起來一塊被殺吧！」果然，魯昭公四年（公元前五三八年），楚靈王率軍攻打吳國，佔領朱方，就把慶封一族全部殺掉了。

（根據《左傳・襄公二十七年至昭公四年》編寫）

季札觀樂

季札是吳王壽夢的第四子，他禮賢讓國，是春秋時期著名的賢君子。

魯襄公二十九年（公元前五四四年），季札到魯國訪問。到了魯國，他首先見到了大臣叔孫穆子，兩人一見如故，季札不見外地對他說：「您這個人恐怕不得善終吧？因為您雖然施行善政但不會選拔人才。我認為，作為君子，最重要的是善於舉賢任能。您是魯國宗卿、身居要職，不懂得用人，能說得上勝任嗎？這樣下去，您會遭到報應的。」

季札請求魯國為他演奏周樂，因為西周初期分封諸侯時，周公長子伯禽被封到原來奄國的地方建立了魯國（山東曲阜）。由於魯國是周公的後代，周成王就賜給魯國一套典冊文物，還賜給魯國周樂，所以魯國公室有周樂。

魯國為季札演奏了四代歌舞。季札儘管事先並不知道是哪國的歌舞，但他聞其樂聲，觀其舞姿，就知道是哪國的節目，他形容生動地一一加以評論。當音樂觀賞開始時，魯國樂工首先為他演奏了《詩經》中《周南》和《召南》兩種國風。

季札觀後說：「太美了！天子對百姓的教化已經從南到北地實行了，王業已經初步取得了成功。從音樂中可以聽出，百姓雖然很勞苦卻不怨恨了。」

樂工又為他演奏《北風》、《鄘（ㄩㄥ）風》和《衛風》。

季札觀後說：「太好了！那音韻含意極為深奧，從音樂中可以聽出這是衛國的樂歌，它反映出衛國雖然遭遇過憂患，但還不至於窮困，我聽說衛國第一位君主和他的後代康叔、武公都是衛國的賢德君主，就像這音樂一樣，這大概是《衛風》吧！」

接下來樂工又給他演奏《王風》。

季札觀後說：「太好了！這音樂使人感到雖有憂思卻並不恐懼，好像是周王室東遷洛邑以後的樂章啊！」

樂工再為他演奏《鄭風》。

季札觀後說：「很美啊！聽得出來這是鄭國的民歌，美雖美，但從音樂的繁細反映出鄭國的政令太繁刻了，如此老百姓會承受不了的，這樣下去，也許會使鄭國最先滅亡吧！」

樂工又給他演奏《齊風》。

季札觀後說：「美極了！這樂聲洪亮而有氣魄，我估量這一定是大國的樂章，這大概是姜太公的齊國的樂章吧！可以為東方各諸侯國做出表率，這國家前途無限啊！」

樂工下邊演奏的是《豳（ㄅㄧㄣ）風》。

季札說：「啊，真是太美了！這音樂博大豪放，寬廣歡樂，聽了使人心胸開闊，可能是周公東征時的樂曲吧！」

樂工再演奏《秦風》。

季札觀後說：「這就是稚聲啊！用稚聲就更顯得宏大有氣魄，真是宏大無邊，這大概是西周舊地的音調吧！」

又為他演奏《魏風》。

季札觀後，目光炯炯，說：「太美了，這音樂悠揚而清脆，粗獷而又婉轉，聽了真使人有心曠神怡之感，象徵它的國家雖然遇到艱難險阻，但仍然勇往直前，如果能以德教來輔助君主施行政令，他就一定能成為賢德的君主啊！」

樂工再奏《唐風》。

季札說：「這音樂大有深思遠慮的韻味，或許是陶唐氏遺民之所在地的樂曲吧！否則不會有這種深沈的情感，不是明主賢君的後代，誰能有這樣的意境呢？」

樂工又演奏《陳風》。

季札觀後說：「聽，這淫聲放蕩，無所畏忌，風氣不正，說明國家沒有主持者嚴加管理，難道能長治久安嗎？」（注：六十五年後，陳國果然被楚國所滅）。

樂工繼續為他演奏，從演奏《鄶風》以下各國樂曲，季札就不再一一加以評論了。

樂工再為他演奏《小雅》（小雅多數是從西周衰落到平王遷都，東周初期首都地區的詩樂）。

季札聽後肯定地說：「很美的呀！聲調裡飽含著對周代先君文王、武王無限的崇敬和懷念之情，對現實懷有怨氣卻又不輕易傾吐，這一定是周朝政德衰落時期的歌曲，還是有先王的後代在那裡啊！」

又為他演奏《大雅》（大雅與小雅產生的時代相近，都是周初的作品，但曲調不同）。

季札觀後說：「太美了！真是遼闊無涯啊！這和樂的音律像潺潺的流水，婉轉而又剛直，它寓意周文王的德政啊！」

樂工接著演奏的是《頌》（頌是專為祭祀演奏的歌曲）。

季札觀後說：「太美了！這歌聲美到極點了，正直但不高傲，委曲但又不屈服，親近而不侵犯，悠遠而不散漫，雖遷徙移動但守德而不淫蕩，反復往來但並不讓人生厭，悲哀而不憂愁，安逸快樂但不至於荒淫，使用而不匱乏，廣博而不自我宣揚，好施恩惠而不至揮霍浪費，獲取而不貪婪，安守而不停滯，行動而不放縱。五聲柔和，八音協調，拍節準確，演奏有次序。盛德的先王文王、武王、周公，都具有這種高尚的品行啊！」季札再看魯國為演出舞蹈，他看了歌頌周文王的武舞《象箾》和文舞《南籥》時說：「很美啊！不過還有遺憾之處。」

看到舞周武王的樂舞《大武》時，他很激動地說：「美得很啊！雄壯有力，斯文典雅，周朝最強盛時就像這舞蹈一樣有滋味吧！」

他又看了商湯的樂舞《韶濩（ㄏㄨㄛˋ）》，說：「聖人如此偉人啊！不過從這舞蹈裡看得出來，商湯還認為自己有缺點而感到慚愧，作為聖人，也是很難啊！」

在看了跳夏禹的《大夏》舞後，他說：「太好了！勤政愛民又不居功自傲，除了大禹，有誰能創造出這樣優秀的樂舞啊！」

季札又看了舞虞舜的樂舞《韶箾》，他讚美說：「啊！先聖，他的德性至高無上，實在太偉大了，偉大得就像上天無所不包，如同大地無所不載，即便能有最高的美德也不能超過它啊！」

季札看完了魯國為他演出的周樂，心滿意足地說：「我觀賞的這些樂舞已經盡善盡美，美到了頂點了，如果還有別的樂舞，我也不敢再請求欣賞了！」

（根據《左傳・襄公二十九年》改編）

子產相鄭

子產名公孫僑，是春秋後期鄭國大夫，著名的政治家和傑出的外交家。

鄭國位於黃河中游，在當時中小國家中是比較強盛的。但它四鄰強大，所以是處在四面受敵的地位，加之國內衝突日趨激化，迫使鄭國國君不得不任用新生的、有能力的人執政，以穩定國內外形勢。子產就是在這樣的社會背景下執掌鄭國政權的。

子產在鄭執政二十多年，使鄭國長期的內亂平息了下來，社會生產得到了發展，在外交方面使鄭國保持了獨立的地位。

這裡選擇的幾則事例，表現了子產對人對事，處理內政外交的才能。

魯襄公三十年（公元前五四三年），鄭國的執政名叫子皮，子皮看到子產品德高尚，能力超凡，就決定把政權交給他。

可是當時鄭國面臨著內外交困的複雜局面，所以子產就推辭說：「我國是個小國，夾在晉楚大國中間，長期受他們的逼迫。國內呢？貴族們的權勢是那樣的大，受國君寵信的人又多，我的能力有限，勝任不了啊！」

子皮說：「我讓給你做，是覺得你是群臣中最合適的人選，還推辭什麼？由我帶頭服從你的命令，誰還會冒犯你？你好好地輔佐國君治理國家吧！國家不怕小，只要能以德治國，善於應付大國，就不會受他們的逼迫的，就一定會有發展前途的。」

在子皮的支持鼓勵下，子產答應接任執政。他採取了一連串措施，對鄭國進行了政治、經濟、法律的改革。在外交方面，他周旋於晉、楚兩大國之間，使鄭國在激烈複雜的諸侯爭霸中得以生存和發展。

子產執政後，他首先解決「族大寵多」問題。有一次，他有任務要貴族伯石去完成，就先送一塊封地給他。這時，貴族子太叔就發言了：「國家是大家的，大家都有責任為國家出力，為什麼要單單送給他土地呢？」

子產說：「你難道不明白嗎？要人們都沒有私欲，這實在是太難了，就讓他先滿足私欲，再責成他好好為國家辦事，這不只是對他個人有利，而且對大家也都有利啊！這樣做也是我的責任，為什麼捨不得這塊土地，這塊土地還會跑到哪裡去呢？」

子太叔聽了後，感到子產的見解是比自己高出一籌，但他隨後又問：「這樣做不會被四方鄰國譏笑嗎？」

子產說：「我們這樣做不是互相反對，而是使彼此和順相安，四方鄰國又怎麼會譏笑我們呢？《鄭書》上有這樣的記載；『要使國家安定，必須先團結大貴族。』現在暫且先使大貴族安定下來再看他們的歸附吧！」事後伯石知道了這件事，心裡有些害怕，就一定要退還那塊封地，可是子產還是送給了他。

這一年，鄭國另一個執政大臣伯有因酗酒作亂而被鄭國國君殺死了，鄭簡公就派太史去任命伯石接替伯有為上卿。伯石推辭不受，可是等太史走了，他又來請求任命。太史再來任命時，他又推辭。這樣虛情假意地推辭了三次才接受任命，進宮來謝恩。

子產是個正直磊落的人，他非常討厭伯石為人的虛偽，同時，子產也了解伯石這人野心不小，為了避免他以後作亂，就把他的官階地位安排在自己之下，這當然是一種權宜之計。

可是伯石又是一個有實力的大族人物，子產又必須團結控制住大族，所以又用賜封土地的辦法使伯石這些大族們都能擁護子產執政，這就是子產執政成功的妙處。

子產治理鄭國採取的具體行政措施是：在城市和鄉村都規定了一套制度，建立了城鄉的新秩序。他將原來的井田制給廢除，實行了土地私有制，田地都各有疆

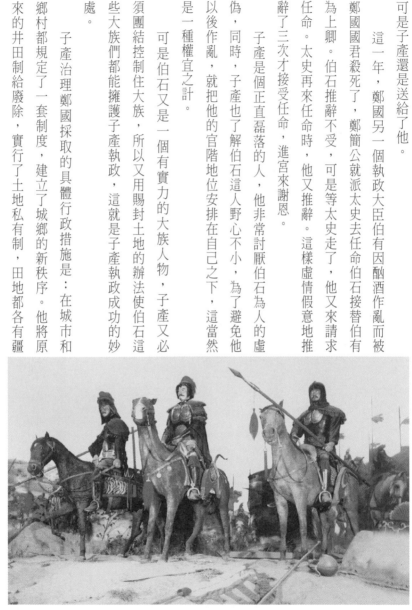

界，還建立了許多灌溉用的水渠。

子產還規定了貴族和平民各不相同的衣服顏色，彼此不能逾越。他把百姓按五家為一個單位組織起來，叫做「伍」。他實行了嚴明的獎懲制度，對貴族忠於國事，生活儉樸的就給以獎勵。對於驕淫不法奢侈浪費的就給以懲罰。他獎勵生產，查遍貴族土地和人口，教育他們的子弟。

有一次，大貴族伯石的弟弟豐卷要祭祀祖先，就請求允許他去打獵，用獵取的新鮮野味來祭祀。但子產沒有答應，他對豐卷說：「咱們的制度已經規定了，只有國君才能用新獵的野獸祭祀，臣下用一般的家畜就可以了。」

豐卷聽完大怒，他立刻徵調家兵準備攻打子產。當時子產想先到晉國去躲躲，但，子皮勸止了他，而把豐卷驅逐出鄭國。豐卷害怕了，就趕快逃奔到晉國去。

但子產不記私怨，仍然對豐卷給予照顧，他請求鄭簡公保留豐卷的封地。三年後，又把豐卷招回鄭國，並把其田宅和三年的總收入都還給了他。從此豐卷對子產不但不忌恨，還感激他。

子產對鄭國「族大寵多」問題所採取的策略，三年就取得了顯著成效。

子產不毀鄉校

子產為政，善於聽取人民意見，他容許群眾談論政治。

經過子產幾年的治理，鄭國大大地改觀了，百姓的日子過得很自在，沒事的時候他們就到村裡的學校去遊玩，大家在一起有說有笑，有時他們還談論、批評國家的上層掌權的人。

有位大臣叫然明的，他怕鄉里人在學校裡誹謗國政，對國家不利，就對子產說：「咱們索性把學校廢掉算了，免得這些人吃飽了沒事幹跑到那裡說東道西。」

子產回答說：「為什麼要毀掉鄉校？眾鄉親工作之餘到學校來閒坐，談論談論執政者的好壞，這沒什麼不好。他們認為好的，我們就按照他們的意見做，他們認為不好的，我們就改正，他們正是我們的老師啊！為什麼要毀掉它？為人做事要忠善，要盡量減少怨恨。作威作福，樹敵太多就必然遭到怨憤的。如果不許他們議論，去封住他們的嘴這很容易，但這樣並不好，這正像用石頭來堵住河水一樣，一旦河堤決了口，傷害的人就會更多，不如開個小口，讓水慢慢流出來，就不會造成大的傷害的。所以說，咱們不如把群眾的批評議論當作治病的良藥啊！」

然明聽了子產的話深受感動地說：「我現在明白了，您是一個可尊敬的、能夠成就大業的賢人，相比之下，我實在是不才啊！有您這樣英明卓越的執政者，不只我們少數的幾個大臣，鄭國的整個國家都有依靠了！」

這時孔子才十八歲，後來孔子年長了，聽到子產的這番話，讚美說：「這樣說來，如果有人說子產不仁厚，我是絕不會相信的。」

子產擇能而使子產任人唯賢，擇能而使，學而後入政的思想也是他成功的因素。有一次，子皮要派尹何做他的封地的主官。

子產說：「尹何太年輕，不知是否能勝任。」

子皮說：「他這人很忠厚老實，我很喜歡他，他不會違抗我的，讓他去先學著做官，他就知道怎樣管理政治了。」

子產聽了後，直言不諱地說：「我認為不能這樣做，人家賞識一個人，是給這個人一些好處，現在您喜歡一個人，卻交給他政權，這正像讓一個不會拿刀子的人去割東西，一定會割傷自己的，您這樣喜愛人反倒是害了他，以後誰還敢讓您喜愛？

「您在鄭國是國家的棟樑，棟樑一斷，椽子就會崩壞，房子就要倒塌，連我也要壓在下面了，所以我怎能不向您直說呢？就像您有美麗的綢緞，總不能讓人拿去練習學裁剪用吧？封地是人民的委身之處，人們依賴它的庇護，您卻叫不懂管理的人去管理，這豈不好比是拿自己的綢緞去讓人學裁剪嗎？我認為應當學習好了再去當官，可不能拿做官當學習。您這樣做，讓一個沒有知識的人去掌權，一定會有害的。做官的人不能無知無識，無知無識的人當官必定眼光短淺，庸碌無為，當昏官害國害民害己。好比打獵、射箭、駕車的本領都掌握了，就能獵獲禽獸。如果根本就不會駕車、射箭，光只顧擔心翻車，哪還顧得上獵獲禽獸呢？」

子產的話使子皮很受啟發，他說：「說得好啊，句句在理。我這個人太不聰明，我聽說君子看得遠，著眼於大處；小人才鼠目寸光，只看眼前的小事。我是小人啊，衣服穿在我身上，我知道小心地愛護它，封地是有關自己身家安危之處，我卻疏遠忽略了它。沒有您的這番話，我還真不明白這個道理呢。從前我曾說過，您治理鄭國，我管理我的家族，靠您的庇護，也就可以

了。現在才知道這種想法是不對的。從今天起，即使是我的家事，也要按您的規矩辦理。」

子產說：「各人的想法不一樣，正如各人的面貌也是各不相同的，我怎敢說您的面貌和我的面貌一樣呢？不過，雖然想法不同，我心裡認為不合適的也就告訴您了。」

子皮認為子產很正直忠誠，就把政權委託給了他。子產得到子皮的全力支持，因此能把鄭國治理的越來越好。

子產毀壞晉國館垣

子產的外交才能也是為當時和後世所稱道的。

晉楚兩國向來以鄭國為爭奪的焦點。服從晉國，楚國便不答應；服從楚國，晉國又不答應。子產卻能以傑出的外交手段周旋於兩大國之間，保衛了鄭國的安全。

公元前五四二年六月，魯襄公故去了。就在這個月裡，子產陪著鄭簡公到晉國去訪問。晉平公由於魯襄公剛剛病故，所以沒有接見他們，一直讓他們住在賓館裡。

可以看得出，晉國以自己是大國而怠慢小國。子產不因鄭國是小國而屈服於大國，他敢做敢為，絲毫沒有奴顏婢色。他讓隨從人員拆毀了晉國賓館的圍牆，然後把車馬開進了賓館。

這時，晉國大夫士文伯就來責問子產：「我國現在社會秩序還沒有治理好，盜賊很多，各國諸侯又經常不斷地來慰問我國國君，所以就修築了這座賓館，把圍牆修得很厚，大門造得很高，以防盜賊侵入，使賓客不受侵擾。現在你們把牆給毀了，儘管你們不怕盜賊，那別國的使客怎麼辦？我國是諸侯盟主，需要修建賓館以接待各國來使，如果大家都像你們這樣把牆給毀壞，我們怎麼接待來賓？我們國君派我來請你們回答。」

子產不卑不亢地回答說：「我國是個小國，國土狹小，又夾在大國中間，他們無休止地來向我們勒索貢物，使我們不能安寧地生活，我們就搜集了我國全部財貨，前來貴國朝見。趕巧貴國國君百事在身，不得閒暇，有事不能接見我們。我們又得不到指示，不知何時才能接見，帶來的這些東西，不敢冒然呈獻，也不能晾在這露天裡。呈送上去呢，當然就歸入貴國國庫了。沒有一定的儀式，我們怎敢莽撞獻上，晾在這裡又怕風吹晒腐蝕變壞，這不更加重了我國的罪過。」

子產不急不躁地繼續說：「我聽說從前晉文公做諸侯盟主時，自己住的房子矮小儉樸，從來不修建華麗的樓台亭館，而把經費用來建造來朝見的諸侯們的賓館，修得富麗堂皇，如同國君的宮殿，馬棚也經常修理打掃，負責建築的官員及時修理道路，泥瓦匠還時常粉刷賓館室內的牆壁，外賓來及時掌燈照明，僕人在室外巡邏，防盜防奸，賓客的車馬也有所安置，賓客隨從僕人的任務也有人代替，車官認真給車軸上油，負責灑掃的人和看管牲口的人，都分工明確，各負其責；還安排專人監督檢察招待外賓工作的落實情況；文公從不拖拉時間，總是盡快接見外賓，也很重視對外賓的禮節。他總是同各國諸侯有患同憂，有福同享。諸侯遇到難題時他就加以撫慰幫助解決。有不懂的他就耐心教誨。對困難者給予補助，使賓客來到這裡就像到了自己家一樣，不但沒有災患不擔心強盜，而且也不用擔心颳風下雨，氣候變化。」

子產稍停了一下又說：「現在呢？晉君同文公大不一樣了，在銅鞮的別宮方圓就有數百里，而招待諸侯的賓館卻和奴僕住的房舍一樣，大門窄得連一輛車都通不過，盜賊猖獗橫行，天災瘟疫也不能預防，接見賓客的時間也無空時，召見賓客的命令也不知道何時能傳到。如果我們不把牆毀壞讓馬車開進去，帶來的東西放在這露天裡風吹雨淋，那不更增加了我們的罪過了嗎？雖然晉君因為魯君新喪很悲痛，無心接見我們，可是我們也同樣憂傷啊！如果能將我們帶來的貨物進獻上去，我們立即修好牆離開這裡，你們的恩惠我們也將永遠不會忘懷。」

子產這一番雄辯有力的答話，說得文伯張口結舌，他回去將這情況做了會報，晉國大臣趙文子說：「子產說得對，實在是我們做得不對，而以類似奴僕的房舍，四周再圍上一道牆，就用來接待諸侯，是有點太說不過去了，這是我們的罪過啊！」

他立即派文伯去向子產道歉，承認自己太迂腐糊塗了。隨後，晉平公接見了鄭簡公，禮節還特別隆重，又舉行了盛大的宴會熱情招待鄭國賓客，兩國建立了深厚的友好關係，然後送他們回國。後來晉國擴建了接待諸侯的賓館。

子產執政

推行新政策，有力地衝擊著貴族勢力，因此曾遭到反對。

他執政一年後，鄭國有人誦詩譏諷說：

「取我衣冠而褚之，取我田疇而伍之，孰殺子產，我其與之！」

大意是說：「子產當政，將我們的衣冠儲藏起來，讓我們穿上兵卒衣服去當兵；取消原來的井田制，把我們都按『伍』編制起來。誰要殺子產，我也參加一份！」

可是，僅僅三年以後，當他們意識到子產實行的新政策，在於承認和保護他們的私有財產，對國對家都有利時，便又同聲稱頌：

「我有子弟，子產悔之，我有田疇，子產殖之，子產而死，誰其嗣之！」

意思是說：「我家有子弟，子產來曉喻教誨他們；我家的田地，是子產的政策使產量增加。如果子產死了，誰能繼任將子產的國策繼續下去呢？」

子產的改革使鄭國變得欣欣向榮。孔子稱頌他是「古之遺愛」。子產不失為聰明有作為的統治者，傑出的政治家。

（選自《左傳・襄公三十年》）

公孫黑作亂受誅

子產執政之前，鄭國的政治混亂，公室貴族間的衝突很深，其中駟氏與良氏兩族成了死對頭。當時執政的是良氏的伯有，他派駟氏的公孫黑出使楚國，但公孫黑不肯去，他說：「現在楚、鄭兩國關係正處惡化之時，派我前去不等於讓我去送死嘛！」

伯有說：「可是，你們家世世代代都是從事外交工作的啊！」

公孫黑說：「可以去時就去，有危險時就不去，什麼世代不世代的？」

伯有想強迫他去，但公孫黑大為惱怒，準備與伯有動武。鄭國眾大夫見狀，就極力調解。兩人之間雖暫時和解了，然而積怨卻越來越大。

伯有有個毛病，就是嗜酒，常常通宵達旦地飲酒作樂。魯襄公三十年（公元前五四三年）七月，公孫黑率家兵乘伯有不備突然襲擊，喝得酩酊大醉的伯有倉皇奔逃，酒醒後才知道發生了政變。他稍略準備後立即組織人馬反攻駟氏。但駟氏帶率軍與他相抗，並把伯有殺死在街上。

子產聞訊後，前來安葬了伯有及其親信。

駟氏藉此想要攻打子產，但大臣子皮認為子產的行為符合禮節，又賞識他的才幹，就率領其他的貴族大夫擁戴他繼任執政。

公孫黑殺了伯有後，更加飛揚跋扈。大夫徐吾犯有個妹妹長得很漂亮，游氏貴族公子楚已經與她訂了婚，公孫黑又強行送去聘禮。徐吾犯十分害怕，就告訴了子產。

子產說：「這是國政不修所致，不是你的過錯。她願意嫁誰就讓她嫁誰吧。」

徐吾犯於是向他們兩位請求，讓女子自己挑選，兩人都同意了。

公孫黑身著華服前去徐家，送上財禮就出來了。

公子楚身穿戎裝進去，在庭中左右開弓射箭，然後一躍登車而去。女子在閨房裡觀看他們，說：「子皙（皙音ㄒㄧ，公孫黑的字）確實很漂亮，不過子南（公子楚的字）是個大丈夫。丈夫要像丈夫，妻子要像妻子，這才順理。」於是就嫁給了公子楚。

公孫黑見狀大怒，他在外衣裡穿上皮甲去見公子楚，打算殺了他、搶走他的妻子。但公子楚知來者不善，就拿起戈反擊公孫黑，公孫黑受了傷，回去後對大夫們說：「我好心好意去看子南，誰知他別有用心，所以被他傷著了。」

大夫們議論著這件事。子產深知公孫黑是勢力雄厚的大宗族，若處理不慎恐怕會激起動亂。於是他判決此事說：「他們兩位曲直相等。年幼地位低的有罪，罪在公子楚。」

旋即就把公子楚抓起來，列舉他的罪狀說：「國家的大節有五條：敬畏國君的威嚴，聽從政令，尊重高貴者，事奉年長者，奉養親屬。現在這五條你都違犯了國君在都城裡，你動用兵器，是不敬畏君主；觸犯國家的法紀，是不聽從政令；子皙是上大夫，你是下大夫，卻不肯在他

之下，是不尊重高貴者；年紀比他小而不敬奉他，是目無尊長；用兵器攻擊你的堂兄，是不奉養親屬。國君說：『我不忍心殺你，赦你的死罪，讓你遠走他地吧。』你好自為之，迅速離開這裡，不然罪加一等！」魯昭公元年（公元前五四一年）五月，鄭國將公子楚放逐到吳國。

放逐前，子產徵詢游氏宗主游吉的意見。

游吉說：「我連自己都保護不了，哪裡保護得了宗族？這件事事關國家政紀，不是個人的私事。您為鄭國打算，有利的就執行，有什麼可猶豫的？從前周公誅殺管叔而流放蔡叔，難道是不愛惜兄弟嗎？那是為鞏固王室而為之。就是我游吉犯了罪，您也應該執行刑罰，又何必顧忌游氏諸人呢！」

這年六月九日，鄭簡公專為公子楚一事而召集大夫結盟於公孫段家。子皮、子產、公孫段、印段、游吉和駟帶等六位公卿在都城閨門外私下結盟，公孫黑聞訊後強行參加，還讓太史記下他的名，並與六位公卿稱為「七子」。對於這種冒犯違禮行為，子產又忍下著沒有討伐他。

這時候晉平公生病，鄭伯派子產到晉國慰問，子羽隨同前往。晉國大夫叔向與子羽閒談中問到公孫黑的情況時，子羽說：「他大概活不多久了！這個人不講禮教，又凌駕別人，仗恃富有而蔑視尊長。」

第二年秋，公孫黑又要作亂，以此除去游吉而取代他的卿位。不料他的舊傷復發，影響了行動。他的宗族駟氏恐怕受他連累，就想把他除掉。

子產此時正在邊地視察，聽說這事後便急忙趕回都城，他認為到誅伐公孫黑的時機已經成熟，就派人歷數公孫黑的罪狀：「上次你攻殺伯有的變亂，鄭國由於事奉大國事情繁多，沒有顧得上討伐你，而你的禍亂之心沒有厭足，國家已經不堪你的惡行了。攻殺伯有，這是你的第一條罪狀；與公子楚爭妻室，這是第二條罪狀；強行參加去年閨門外面的盟會，竊居卿位，這是你的第三條罪狀。有這三條死罪，誰還能容得了你？還不快快去死，否則我就要用大刑了！」

公孫黑嚇得半死，再拜叩頭，他推託說：「我已傷得很重了，要死也就在這一兩天了，請您不要再幫助上天虐待我了。」

子產斥責他說：「人誰有不死的？壞人不得善終，是命中注定的，做壞事當壞人，我不幫助上天，難道幫助你這種壞人嗎？」

公孫黑又請求讓他的兒子做管理市場的官，子產說：「你兒子如果是個人才，國君自然會任用他；若不是人才，早晚會隨你而去。你不去想想自己的罪過，反而還想請求什麼？不快就死！」

公孫黑於是就自殺身亡，他的屍體被放到大街上示眾，旁邊樹立木牌記載著他的全部罪狀。鄭國終於除掉了一害。

（選自《左傳・襄公三十年至昭公元年》）

楚公子圍鄭國娶親

楚國公子圍是楚共王的兒子，楚康王的弟弟。魯襄公二十八年（公元前五四五年），楚康王去世了，第二年由他的兒子熊麇（音ㄐㄩㄣ）即位為楚王，熊麇任命他的叔父公子圍為令尹，同時還兼管軍事，地位僅次於楚王，權勢可謂不小。

可是這位令尹公子圍野心很大，他同時掌有行政和軍事大權仍不滿足，一心想做楚國國王。他採取各種卑鄙手段排除國內的異己，又把眼睛盯著諸侯霸主的位置，他千方百計地向各諸侯顯耀威力，相機攫取霸權。

公子圍娶於鄭就是在這種形勢下發生的。

這是發生於魯昭公元年（公元前五四一年）春的事情。楚公子圍率領著大臣、士兵來到了鄭國，一是進行訪問，藉機向鄭國顯示自己的聲威，同時也是來迎娶鄭國貴族公孫段家的閨女。

這時的鄭國正是子產當政，生產發展，國內安定，實力增強，使公子圍的陰謀不易得逞。

這次，公子圍去鄭國事先做了充分的準備，並安排大臣伍舉為副使。一行人耀武揚威地到了鄭國，準備進入賓館。

可是鄭國人看出了公子圍此行居心不良，是想借迎娶之機襲擊鄭國，心裡都很恨他，行動和面部表情都流露出了對他的反感和厭惡，準備不讓他住到城內的賓館裡，以防發生變故，就派管外交的官吏子羽去與公子圍交涉，讓他們住到城外去。

公子圍沒辦法，只得在城外的館舍裡住下了。

等到訪問的禮節儀式舉行完以後，公子圍準備帶領士兵進城內來迎娶。這時子產對公子圍帶領這麼多士兵入城來很不放心，擔心情勢不易控制，會有不測，於是，就再一次派子羽去洽商說：「公子，實在抱歉了，由於我們這裡的住處實在太窄小，無法容納您的這麼多隨從，我們準備在郊外開闢出一塊場地，讓您和公孫段閨女的婚禮在那裡舉行，請你們暫且就在那兒休息，不知您的意下如何？」

楚公子圍心裡很不是滋味，想了想後，就命令太宰伯州犁代他回答說：「我今天來到貴國，是承蒙我們君主的恩賜，要我來與公孫段家的閨女匹配成婚，所以就敬備了酒席，祭告神廟後動身來到這裡的。如果你們在郊外把公孫段之女恩賜給我，這豈不是把我國君對我的恩惠丟到草莽之中了嗎？同時你們這樣做也不是對待卿士應有的禮節。不僅如此，這樣做也是讓我矇騙了我的先君，使我以後就不能做楚王的大臣了，這讓我還怎麼有臉面回去呢？你們給予我的這種待遇，和我的令尹身分是不相稱的，請大夫仔細想想吧！」楚大夫伯州犁代答的這一席話，表示出公子圍對鄭國禮節的不滿。

而子羽是採取了既強硬又不過分的態度回答，他說：「您這滔滔不絕地指責我們，但我們

小國這樣做是沒有過錯的，那種一味依仗大國的勢力，那才是真正的罪過，而我們不做那種事，那種仰人鼻息，靠大國的威力來保全自己，豈不知大國往往包藏禍心打小國的主意，這種事例難道還少嗎？小國受到大國欺凌，怎麼能不怨恨？因此我們總結了教訓，我們最擔心的是君主的命令，遭到人家的抵觸抗拒而不能暢通無阻。如果不是這樣，大國若能平等對待小國使小國放心，你們的人都住到城內的賓館裡也是可以的，不一定非到郊外休息不可。」

楚公子圍和大臣伍舉等知道鄭國已有防備，不好對付，就請求將裝兵器的袋子倒轉過來帶入城內，表示不攜帶任何武器。這樣鄭國才勉強同意了。

（根據《左傳・昭公元年》改編）

公子圍會盟諸侯

魯昭公元年（公元前五四一年）春天，楚國的令尹公子圍到鄭國迎娶鄭國貴族公孫段之女，隨後在鄭與諸侯會盟，重申魯襄公二十七年（公元前五四六年）在宋國訂立的弭兵和約。

公子圍到了鄭國，將要入城住進賓館，鄭國人知道他言而無信，對他存有戒心，就派負責外交事務的大夫羽前去斡旋，婉言阻止他進城。楚國人於是就在城外住下。等聘禮完畢，將要正式娶親那天，公子圍打算帶兵進城去迎娶。鄭國執政子產為此深感憂慮，他又派子羽婉拒。

子羽對楚人說：「敝邑狹小，容納不下您和您的隨從，請允許我們就地築墠（音：善，祭祀用的平地），在這裡舉行婚典並聆聽您的命令。」

楚令尹派太宰伯州犁去交涉說：「貴國國君賜給敝國大夫圍恩惠，讓圍來娶貴國豐氏（即公孫段）之女。圍來之前，先到我莊王、共王的神廟裡祭告一番。現在您讓我們在野外舉行婚禮，就是把我國國君的恩惠丟在草叢裡，讓敝大夫不能夠處於卿的行列，還使得圍有欺騙先君之罪，沒臉再回國去見敝國君主了。請閣下考慮一下。」

子羽說：「小國縱使沒有別的罪過，一味依賴大國而不設防就是一大罪過。小國本來想依靠大國安定自己，可是大國怕常包藏禍心來打小國的主意！就怕那樣一來，不止是敝小國失去靠山，還會使別的諸侯吸取教訓，警戒和怨恨你們大國，因而抗拒不執行貴國國君的命令。要不是擔心會出現這種對貴國不利的後果，敝國就是等於貴國的賓館，哪有什麼好顧惜的？」

公子圍的副手伍舉知道鄭國有了防備，就請求倒提著裝兵器的口袋進入都城，鄭國同意了。公子圍進城到豐氏的祖廟迎親。婚禮之後，公子圍在鄭國虢地（今河南鄭州北）召開諸侯盟會。晉國作為諸侯盟主出席了盟會。

晉大夫祁午對執政趙文子說：「當年在宋國結盟時，楚國就佔了我們的上風。那時他們的令尹屈建的信義很為諸侯所稱道，那時他們尚且要凌駕於我國之上。更何況我們現在的令尹又是最不守信用的人，這點諸侯們皆有所聞。恐怕又要出現上回在宋國時的情形，使我國蒙受恥辱。

您輔佐晉國作為盟主，至今已有七年了。您兩次會合諸侯，三次會合各國卿大夫，使齊國、狄人歸服，安定了東夏，又平定了秦國之亂。數年以來，軍隊不勞頓，國家不疲乏，百姓無誹謗，諸侯無怨恨，上天也不降大災，這都是您出的力。您的一世英名，可別以蒙羞受辱而結束啊！我害怕的就是這個，您不能不加以警惕。」

趙文子說：「您的好意我領了。那回宋國結盟，屈建有害人之心，而我有愛人之心，所以楚得以佔我們的上風。今天我趙武還是這副心腸，楚國若又要不守信用，它也傷害不了我什麼。我將繼續以信義為根本，遵循而行。好比農夫，只問耕耘，就算有時會遇到災荒，但終必會有豐收之年。楚國也許會一時得逞，但我們終究會贏得諸侯擁戴。而且我聽說，能守信用就不會在人之下，守信用可以為人表率。我只怕自己不能做到守信用，至於楚國有什麼可怕的？」

楚令尹圍生怕如果舉行正規的結盟儀式，晉國將先歃血，就請求使用犧牲，只要宣讀一下以前在宋國訂立的盟約並放在犧牲上就行了，晉國人同意了。

舉行結盟的那天，公子圍的儀式服飾用的是國君的規格，兩個衛士執戈侍立兩旁，這也是君主才能用的儀仗。這種場面引起了與會諸侯們的議論。

魯國執政叔孫豹說：「楚國的公子很神氣，儼然是個國君啊！」

鄭國子產說：「瞧，前面居然站著兩名執戈的衛士。」

蔡大夫子家說：「咳，他都已經住進了楚國的蒲宮（楚君的離宮），用兩衛士執戈侍立有什麼不可以？」

楚大夫伯州犁為公子圍掩飾說：「這次前來時所用的都是從敝國國君那裡借來的。」

鄭大夫子羽接著說：「這可能是有借無還了。」

伯州犁反唇相譏：「您姑且先去擔憂貴國的子皙將要抗命作亂吧，管什麼我們令尹歸不歸還儀仗的事！」

子羽說：「貴國先王的其他兒子們都還活著，他這麼僭借國君的儀仗而不歸還，您就一點都不擔憂嗎？」

齊國的國子說：「我真替公子圍和伯州犁他們兩位擔心哪！」

陳國的公子招說：「不愁成不了什麼事，瞧他們那副得意樣！」

衛國的齊子說：「大家已經知道他的用心了，就算楚國有憂患，對我們又有什麼損害？」

宋國的合左師說：「大國發令，小國奉行。我知道奉行就是了。」

晉國大夫樂王鮒說：「《詩經・小旻》的最後一章說得好：『戰戰兢兢，如臨深淵，如履薄冰。』我照辦就是了。」樂王鮒言下之意是告誡諸大夫還是小心謹慎為好，不要公開議評大國的事。

這年的三月，魯國季武子率兵攻打莒國，並佔了鄆地（今山東沂水東北）。莒國人訴諸盟會。

楚國向晉人提出：「我們重申宋國和約的盟會還沒有結束，而魯國就去攻打莒國，褻瀆盟約，請誅戮它的使者吧！」樂王鮒隨同趙文子與會，他想從魯大夫叔孫豹那裡索取財賄，就為他

向趙文子說情，同時派人向叔孫豹索取他的帶子，實際上暗示後者給自己送禮，但被拒絕了。

叔孫豹的家臣對他說：「財貨是用來保身的，您為什麼愛惜不捨？」

叔孫豹說：「諸侯會盟，是為捍衛國家。我一個人用行賄而免於誅戮，魯國就必然會受到進攻，這不是給魯國招來大禍嗎？還怎麼保衛它呢？人修築牆壁，是用來阻擋壞人的，牆壁要是有裂縫，是誰的罪過？我本該是保衛魯國的一堵牆，卻反倒給它招致禍害，比起那有裂縫的牆壁，我的罪過就更大了。魯國有什麼罪？叔孫氏出使，季孫氏守國，歷來就是這樣的。現在遇上這誅戮之禍，我也無所怨悔，不過樂王鮒好財賄，不給他他會沒完沒了。」

就召見使者，撕下一片做裙子的帛給他，說：「我身上的帶子太窄了，用這片帛做帶子吧。」

就這樣，叔孫豹巧妙地回絕了樂王鮒的索求。

趙文子聽說了這件事，讚嘆說：「面臨禍患而不忘國家是忠誠，想到危難不推卸職責是守信，為國家著想捨生忘死是堅貞，使人做出上述三種選擇的，是道義。具備了這三種品格的人，難道可以誅戮嗎？」於是他就向楚國請求說：「魯國雖然有罪，但是其執事不逃避禍難，畏懼貴國的威嚴而恭敬聽命，您要是能赦免他，以此來勉勵您左右的大臣，也是件很好的事。如果您手下的君臣在國內不躲避困難，在國外不逃避禍難，國家還會有什麼禍患？有了困難而不治理，遇到禍患又不堅守，災禍就是由此而生的啊！請您赦免他，以此來安撫賢能的人。您召開盟會，又在會上赦免有罪的國家，獎勵它的賢人，諸侯誰還不高高興興地歸服您的楚國！

「邊境上的城邑，一會兒歸這邊，一會兒歸那邊，哪有什麼一定的界限？三王五伯都頒過政令劃定封疆，建立分界的標誌，寫明在章程法令上，越境者處以刑戮，就這樣尚且不能固定列國邊界一成不變。類似魯、莒兩國這種情況的，在虞舜時有三苗，夏代有觀、扈兩氏，商有姺、邳，周有徐、奄。自從沒有了英明天子以後，諸侯們爭相侵略擴張，交替著做盟主，誰又能劃一邊界嗎？過問大的禍亂而不計較小的過失，就足以勝任盟主了，哪裡用得著去管那些小事？封疆被侵削的事，到處都有。做盟主的，誰又能管得一清二楚？假若吳國、百濮有隙可乘，楚國的執事難道會一時顧忌盟約而不去進攻它？莒國疆界的事，楚國不要過問，諸侯就不用興師動眾，這不也可以嗎？莒、魯兩國爭奪鄆地已經很久了。如果對他們之間沒有大的損害，可以不必去管，諸侯興師討伐的煩惱也省去了。免除煩勞，赦免寬宥，其他人就沒有不爭相努力的。我請您還是考慮一下吧！」

趙文子這一番話說得有理，在他的堅持下，楚國人終於同意赦免了叔孫豹。隨後，參加會盟的楚國令尹公子圍專程宴請招待晉國執政趙文子。

席間，公子圍賦了《大明》第一章，這是《詩經・大雅》中的一首詩，第一章是歌頌周文王赫赫業績的。

趙文子賦《小宛》的第二章，這也出自《詩經》，意思是說各人慎敬儀態，天命一去不復還，以此委婉地諷勸公子圍慎重收斂一番。

宴會後，趙文子對叔向說：「令尹竟然自居為王了，您怎麼看？」

叔向說：「楚王弱小，令尹強大，差不多能取而代之了！不過，雖可取代為王，也不會有太好的結果。」

趙文子問：「為什麼？」

叔向答道：「安心於恃強凌弱，這種強大是不義的。不義而強大，離滅亡就不遠了。《詩經》說『赫赫宗周，褒姒滅之』。令尹當了楚王，必然會謀求諸侯的擁戴。晉國現在國勢已經有點衰弱了，諸侯將會投靠楚國。一旦得到諸侯歸附，他就會更加為所欲為，老百姓將會忍受不了他的暴虐，他怎麼會有好結果？他靠著不義的強大而奪取王位，必然以暴虐治理，這樣就肯定不能長治久安的。」

（根據《左傳・昭公元年》編寫）

晉軍大敗無終

無終是晉國邊境少數民族山戎的一支，經常與晉國發生衝突。

魯昭公元年（公元前五四一年），晉國將軍中行穆子大敗無終及各部狄人。晉軍之取得勝利，是因為它改變了作戰方式。

將要交戰時，晉將魏舒提出了一個建議，他說：「他們是步兵，我們則是車兵，兩軍相遇，地形險阨，不便於車兵行動，對方用十來個人就能對付我們一輛戰車，若再被逼困在險要之地，後果就不堪設想。不如全部採用步兵，改編我們的軍隊。」晉國人採納了魏舒的建議，並委派他負責改編。

魏舒放棄了原先戰車的排陣，全部改編為步兵，將原來三輛戰車的將士編列為三個伍，即十五人為一隊，成為戰鬥的最小組織單位。同時又利用時間趕緊進行操練。其中一員將領荀吳的一個部下不肯編為步兵，魏舒當眾斬首以示懲戒，從此就沒有人敢再不同意了。

這年六月，晉軍與戎人的交戰開始。晉軍先以少量軍士擺開了兩、伍、專、參、偏五種陣形，在前面引誘戎軍。狄人見晉軍人數如此之少，就放鬆了警戒，開始譏笑他們，沒想到晉軍迅速逼近，不等他們擺好戰陣，就一擁而上，後面大軍隨之而至，將山戎與各部狄人打得大敗，取得了全面的勝利。

（根據《左傳・昭公元年》編寫）

子產醫論晉侯病情

魯昭公元年（公元前五四一年），晉平公得了重病，鄭簡公派執政大臣子產前往晉國慰問，並探望他的病情。晉國大夫叔向到賓館請教子產說：「敝國國君的病，占卜的人說是實沈、臺駘作祟，太史也不知道這二位是誰，請問他們是什麼神靈？」

子產說：「從前高辛氏有兩個兒子，大的叫閼伯，小的叫實沈。兩人不和睦，互相攻打不休，帝堯就把他們分開，將閼伯遷到商丘（河南今地南），閼伯就成為商人的祖先；又把實沈遷到大夏（今山西太原），他就成為晉國先祖唐叔虞的遠祖。從前金天氏的後人昧有兩個兒子允格和臺駘，臺駘能繼承祖業，疏通了汾水、洮水，築堤攔住大澤，使百姓安居樂業，顓頊帝獎勵他，封他在汾水流域，由此看來，他就是汾水之神了。所以他們二位，一個是星辰的神靈，一個是山川的神靈，如果遇到雪霜風雨不合時令，就向星辰的神靈祭祀禳災，遇到水旱瘟疫等災禍，就向山川的神靈祭祀禳災。

「至於貴國國君的病，與這兩位神靈毫無關係，而是由於勞逸、飲食、哀樂不當所致。我聽說：君子一天有四段時間，早晨用來聽取政事，白天用來調查訪問，晚上用來修定政令，夜裡用來安息養身。這樣就能有節制地釋放體氣，不使血氣壅塞而損傷身體，否則就使心神不定，百事昏亂。現在恐怕是把精氣都專用在一處了，所以才會生病。我還聽說：宮內姬妾不能有同姓，不然子息不繁盛。只圖美貌而納同姓姬妾，整日被美女所包圍，就會生病了。現在君王的內宮裡，同姓侍妾就有四人，恐怕就是因為這個緣故了。要真是由此引起，病就不可能治癒。」

叔向說：「您真行啊！我從來沒有聽過這些，說得真對呀！」

晉平公聽了子產的這番話，也讚揚他是知識淵博的君子，並贈送給他厚禮。與此同時，晉平公又向秦國求醫，秦景公派了秦國名醫和前來診病。

和說：「這病不能治了。這就叫做親近女色，得病好像蠱惑。這病不是因為鬼神，也不是因為飲食引起，而是因為迷惑於女色，喪失了心志。您的良臣也快死了，上天不能保佑了。」

晉侯說：「女色不能親近嗎？」

和說：「不是不能親近，但要有節制。先王的音樂就是用來節制百事的，所以有五音的節制，快慢、主旋律與律奏互相調和，五聲和諧然後徐徐停息。樂聲靜息之後，就不可再彈奏了。否則，彈奏的手法就會繁複過度，靡靡之音就會使人心蕩耳煩，失去了平和的心態。所以超出了平和之聲，君子是不聽的。其他事務也同音樂一樣，一過了度，就要立即中止，否則就會招病了。君子親近妻室也是一樣道理，要有節制，不要弄得心煩意亂傷了身體。上天有陰陽、風雨、晦明之氣，派生出五味，表現為五色，應驗為五聲，劃分為四時五節，如果過度就會造成疾病：陰沒有節制是寒病，陽沒有節制是熱病，風沒有節制是四肢病，雨沒有節制是肚腹病，晦沒有節

制是迷亂病，明沒有節制是心病。女色，從屬於陰性，男女同寢在夜裡，女色過度就會得內熱迷亂的疾病。現在您沒有節制，不分晝夜，長久下來能不病嗎？」醫和說完，就從晉侯那裡出來，向趙文子告辭。

趙文子問他：「您剛才說的『良臣也快死了』，誰是良臣啊？」

醫和說：「就是您啊！您輔佐晉國至今已有八年，晉國沒有出現禍亂，諸侯沒有過錯，可稱得上是良臣了。我聽說：國家的大臣得到寵信，享受榮華，受任國家大政。有災禍興起（指晉侯好色招致疾病），去無所改正，必定受到災殃。現在貴國國君好色過度得了重病，已經不能為國家圖謀考慮了，禍還不夠大嗎？您不能阻止，所以我說良臣也快要死了。」

趙文子又問：「得病好像蠱惑，『蠱』是什麼意思？」

醫和說：「蠱是由於沈迷惑亂而產生的。從文字上看，器皿生蟲叫做『蠱』。穀物裡的飛蟲也叫做『蠱』。在《周易》裡，女人迷惑男人，大風吹落樹葉，這些也叫『蠱』。其他的也大體類似。」

趙文子說：「您真是名醫啊！」就贈送給他厚禮，送他返回秦國。

這一年的十二月，趙文子到南陽溫地（今河南溫縣西南）的家廟祭祀其曾祖趙衰，到後七日，就病死了。

（根據《左傳‧昭公元年》編寫）

晏嬰與叔向談齊晉國政

晉侯娶齊國女少姜。少姜很得寵，但嫁到晉國才幾個月就死了，齊國請再嫁女給晉侯當繼室。魯昭公三年（公元前五三九年），齊國的士卿晏嬰到晉國提親，訂下婚事後，晉國設宴招待晏嬰。席間，叔向問：「齊國形勢怎樣？」

晏嬰說：「到了末世了，說不定齊國不久就要歸陳氏了。國君把百姓棄之不顧，讓他們都歸向陳氏。齊國過去有豆、區、釜、鐘四種量具，四升為一豆，四豆為一區，四區為一釜，十釜為一鐘。陳氏家的豆、區、釜都比齊國的公量大四分之一，這樣他家的鐘容量也就大了。陳氏借貸，用家量借出，用公量收回，以此來收買人心。國君強令山上的木材，運到市場上，價格不高於山上；海邊的魚、鹽等海產，運到市場上，價格不高於海邊。老百姓出的力，三分之二歸於國君，只有三分之一用來維持衣食。國君積聚的財物多到朽壞而生了蟲，而讓老人們挨餓受凍。市集上，鞋子便宜而假腿昂貴。百姓有疾苦，陳氏就賞賜資助他們。百姓因此對陳氏敬愛如父母，像流水一般歸順他。陳氏的祖先箕伯、直柄、虞遂、伯戲以及胡公、大姬的神靈，都已經降附在齊國了。」

叔向說：「是這樣。就連我們晉國公室，現在也是末世了。戰馬已不能駕戰車，諸卿已不再帶兵，公室的車乘也沒有得力的御者和戎右，軍中行列也沒有可用的官長。平民百姓疲憊窮困，而宮室卻越來越奢侈。道路上餓死的人一個連著一個，而寵姬們的家中卻個個富得挑東揀西不吃肥肉。老百姓聽到國君的命令，四處奔逃如同躲避仇敵一般。欒、郤、胥、原、狐、續、慶、伯這八家貴族已淪為低賤的僕役，國政落入一些家族的掌握，老百姓無所依歸。國君從無改悔之心，以享樂來度過憂患。公室的衰微，還能有幾天？讒鼎上的銘文說：『黎明即起，努力奮鬥創下的赫赫功業，後代子孫尚會懈怠偷懶。』何況日日無改悔之心，豈能長久啊？」

晏嬰說：「您準備怎麼辦？」

叔向說：「晉國的公族要完了。我聽說，公室將要卑微，它的宗族必然像樹的枝葉一樣先落下，公室隨之也就凋零了。我這一宗十一族，只剩下羊舌氏一族，我又沒有好兒子，公室沒有法度，我能得善終就算萬幸了，哪裡還會指望得到祭祀！」

晏嬰拒建新宅

齊景公想為晏嬰興建新宅，說：「您的宅邸鄰近鬧市，既潮濕又狹小，噪音大，灰塵多，沒法住，請您搬到明亮高爽的房子去住吧。」

晏嬰謝絕說：「君王的先臣，我的祖先世代住在這裡。下臣我才德不足以繼承祖業，住在這裡已經是萬幸了。而且下臣住得靠近市場，早晚買東西很方便，哪裡敢再煩勞君王呢？」
齊景公笑問道：「您住近市場，知道商品的貴賤嗎？」
晏嬰答道：「既有這個便利條件，豈能不知嗎？」
景公問：「什麼貴？什麼便宜？」
當時，景公濫用刑罰，受刑被砍去腿腳的人很多，市場於是有專門賣假腿義肢的。所以晏嬰回答說：「假腿貴，鞋子便宜。」齊景公有所醒悟為此減少了刑罰。
等到晏子為提親出使晉國後，齊景公派人給他翻蓋了住宅。因為晏子說過住近市場買東西方便，所以齊景公沒有另選地方，而是在舊址上給他擴建。晏嬰回國時，新居已落成。晏嬰拜謝過景公後，就想把新房子拆了。
把為擴建新宅而拆遷的鄰里房舍，照原樣重新蓋好，讓鄰人們返回故宅。說：「常言道：『住宅不須占卜，鄰居才須占卜。』這幾位鄰人都已經占卜過鄰居，選定這裡，違背占卜是不吉利的，君子不做不合於禮的事情，小人不做不吉利的事情，這是古代的制度，我哪敢違背它呢？」於是要恢復他舊宅的原樣，齊景公不准。
晏嬰就託陳桓子替他說情，景公才允許了。

（根據《左傳・昭公三年》編寫）

楚靈王驕縱無道

魯昭公元年（公元前五四一年）冬，楚王病重，令尹公子圍進宮問候病情，乘機勒死了楚王，並殺了他兩個兒子幕和平夏。又殺死在郟（今河南三門峽市西北郟縣舊治）築城的太宰伯州犁。右尹子乾逃亡到晉，宮廄尹子晳逃亡到鄭。公子圍把楚王麇（ㄐㄩㄣ）葬在郟，稱他為「郟敖」。

派使者到鄭國發訃告。伍舉讓使者說到王位繼承人時，使用「共王的兒子圍最年長」的措辭。

公子圍即王位，他就是楚靈王。薳罷當令尹，薳啟疆做太宰。鄭國的游吉到楚國參加「郟敖」的葬禮，同時慰問新國王。

游吉回國後對子產說：「準備行李吧！楚王驕奢，自以為是又好大喜功，一定會召開諸侯大會，咱們沒幾天又得去楚國了。」

子產說：「不用慌，會合諸侯沒幾年工夫是辦不到的。」

楚靈王驕橫無道，夾在晉楚兩個大國之間的鄭國十分不安。魯昭公三年（公元前五三九年）七月，鄭國的上卿子皮到晉國祝賀晉侯的婚禮，同時申訴說：「楚國天天來問敝國國君為何不去朝賀他們新立的國君。可是如果敝國國君前去，害怕貴國執事會說敝國有外心；如果不去，在宋國訂的盟約又規定是要去朝見的。敝國國君派我前來申述。」

晉國執政韓宣子派大夫叔向來答覆道：「貴國君王如果心向著敝國國君，去楚國又有什麼關係？只是為了重修宋國盟約的友好而已，貴國國君是從盟約著想，敝國國君怎麼會見怪呢？貴國國君心中如果沒有敝國國君，就算天天光臨敝國，敝國國君也會猜疑的。」

於是這年十月，鄭伯去楚國朝見，子產輔佐前往。

楚靈王設宴招待他們，留他們一起去雲夢澤狩獵。

正月，楚王派伍舉到晉國博取諸侯的擁戴。伍舉傳達使命說：「敝國國君派我來稟報：以前承蒙中國君王的恩惠，賜我們在宋國結盟，盟約說：『晉、楚讓各自的屬國互相朝見。』由於這幾年多難，敝國國君想與諸侯促進友好關係，讓我來請君王得閒關照一下。君王目前如果邊境無憂，那麼就希望能借您的光向諸侯請求一下。」

楚國的真實意圖是想會合諸侯做盟主，伍舉這番話是想試探晉國的態度。

晉侯想不同意。司馬侯說：「不可以！楚王現在正不可一世，說不定是上天有意放縱他的心志，以加重別人對他的怨恨，然後給他降下懲罰，也說不定上天要助他得以善終。晉、楚的霸業只能聽任上天相助，不是彼此能爭得來的。君王還是答應了他，同時自己修明德行，等著看他的下場。他要是能回歸到德行上，連我們都沒理由不事奉他，何況諸侯了。他要是執迷不悟，繼續荒淫殘暴，楚國人自己就會拋棄他，哪裡用得著我們與他爭？」

晉侯說：「我晉國有三條可立於不敗之地的優勢：國家地勢險要；盛產良馬；齊國、楚國多災多難。有這三條，還怕不成功嗎？」

司馬侯答道：「仗恃地勢險要，仗恃盛產馬匹，對鄰國幸災樂禍，這就是三大危險。四嶽（山東泰山、陝西華山、湖南衡山、山西恆山）、三塗山（今河南嵩縣西南）、陽城山（今河南登封東南）、大室山（今河南登封嵩山）、荊山（今湖北南漳西）、中南山（今陝西終南山），這些都是九州的險要之地，從古到今，改朝換代，都不能為一姓永遠佔有。

「冀州北部，也盛產良馬，卻不見那裡有興盛的國家。可見仗恃地勢險要和馬匹，是不能永久隱固的。所以君王務在修明德行以溝通神和人。沒有聽說過以險要地形和馬匹為務的。鄰國的禍難是不能引以為笑話的。有的國家因為無災難反而亡了國，丟掉了國土；有的國家因為多難反而鞏固了國家，開拓了疆土。怎麼能幸災樂禍呢？

「齊國因為有仲孫之難，才成就了齊桓公，至今齊國還受他的餘蔭庇護。晉國由於有里克、丕鄭之難，才成就了文公，因此當上了諸侯盟主。衛國、邢國國內沒有什麼禍患，敵國也滅亡了它們。所以別人的禍難，是不可以幸災樂禍的。想仗恃您說的那三條優勢，而不修明國政和德行，到時想挽救危亡都來不及，又怎麼能夠成功？請君王應許他！紂王荒淫殘暴，文王仁慈寬厚，商朝因此而滅亡，周朝因此而興起，這哪裡是爭奪諸侯的結果？」

晉侯於是應允了楚國使者的請求派叔向去答覆說：「敝國君主因為國事繁忙，不能在春秋兩季按時進見。諸侯，本來就是中國國君的，哪裡用得著有辱尊駕來徵詢敝國的意見呢？」

伍舉於是為楚王向晉侯求婚，晉侯答應了。

楚王心中不太有把握，就向出使到楚國的子產諮詢問道：「晉國會准許諸侯朝會我嗎？」

子產說：「會答應的！晉國國君安於現狀沒有遠慮，志不在領導諸侯。他的大夫們貪求無度，沒有人能輔助他的。在宋國的盟約又說兩國要友好得如同一國。如果不答應您，就等於置宋國之盟於不顧。」

楚王又問：「諸侯會前來嗎？」

子產答道：「肯定會來的。遵從在宋國訂的盟約，奉承君王的歡心，又不用畏懼晉國，為什麼不來？不來的大概只有魯、衛、曹、邾四國吧？曹國怕宋國，邾國怕魯國，魯、衛受齊國逼迫而親附晉國，所以不來。其餘君王勢力所及的國家，誰敢不來？」

楚王說：「那麼我沒有什麼要求不可滿足的了？」

子產說：「為了圖自己快樂而要求別人，是不行的。」

這一年夏天，諸侯前往楚國朝會。魯、衛、曹、邾四國沒參加朝會。曹、邾藉口國家不安定，魯國藉口祭祀祖先，衛侯藉口病重。鄭伯先到達楚國的城邑申（河南南陽）。六月十六日，楚王在申地會合諸侯。

伍舉向楚王進言說：「我聽說諸侯不歸服別的，只歸服有禮者。現在君王剛得到諸侯歸向，在禮儀上一定要謹慎。霸業成功與否，全看這一次盟會了。自古至今，英明的郡主都成功於會盟諸侯時而成就了霸業。夏啟有鈞臺（今河南禹縣境）的宴享大會，商湯有景亳（今河南商丘與山東曹縣交界）的號令大會，周武王有孟津（今河南孟縣南）的盟誓大會，周成王有岐陽（今陝西岐山）的狩獵大會，周康王有酆宮（今陝西戶縣東）的朝覲大會，周穆王有塗山（今安徽懷遠東南塗山）的朝見大會，齊桓公有召陵（今河南偃城東）的誓師大會，晉文公有踐土（今河南原陽西南）的結盟大會。君王採用哪一種的會盟方式？宋國的向戌，鄭國的子產，都是諸侯大夫中的賢能之輩，不妨垂詢他們。請君王做出選擇吧！」

楚王說：「我採用齊桓公的方式。」

楚王派人向子產和向戌請教會盟的禮儀。

向戌說：「小國學習禮儀，大國使用禮儀，哪裡敢不把所聞所知的敬獻出來？」就獻上公侯會合諸侯的六項禮儀。

子產說：「小國供奉職守，怎敢不把所該做的敬獻出來？」就獻上伯爵、子爵、男爵會見公侯的六項禮儀。

楚王讓伍舉隨侍身後以糾正禮儀過失。可是整個會盟過程結束，伍舉一次也沒提出糾正。

楚王問他是什麼原因，伍舉說：「我們未採用的禮儀就有六項，還糾正什麼呢？」

意思是說楚王一項也沒採用向戌所進獻的禮儀。

楚王在與諸侯面對時顯得驕縱無禮。宋國的太子佐來晚了，楚王只顧在武城（今河南南陽北）打獵，很久沒有接見他。徐國的國君是吳國女所生，楚王懷疑他有貳心，就在申地把他抓了起來。

伍舉勸諫說：「從前六王、二公會合諸侯，都是對諸侯以禮相待，諸侯由此而聽命於他們。夏桀在有仍（今山東金鄉東北）會盟時，有緡氏反叛他；商紂王在黎丘（今山西長治西南）會盟時，東夷反叛他；周幽王在大室（今河南嵩山）結盟時，戎狄反叛他，都是因為他們對諸侯顯示驕縱，諸侯因而背棄其命令。現在君王太驕縱，恐怕不能成功啊！」楚王不聽勸諫。

子產見到向戌說：「我們不用怕楚國了：驕縱又不聽勸諫，過不了十年好光景的。」向戌說：「就是！沒十年的驕縱，他的邪惡傳得不夠遠。邪惡遠揚時就會被唾棄。善德也是這樣，善德遠揚時自然就會興盛。」

秋七月，楚王率領諸侯的軍隊去討伐吳國。派大將屈申包圍了吳國的朱方（今江蘇鎮江丹徒鎮南）。八月，攻下了該城，俘虜了齊國的流亡貴族慶封，把他的族人全都殺絕了。

楚王將要公開處死慶封，伍舉說：「臣下我聽說沒有一點過失的人，才可以公開處死人。慶封就是因為違抗國君的命令，所以才到了這裡，他肯俯首貼耳地任憑處死嗎？萬一他胡言亂語揭君王的短，壞名聲就會在諸侯中傳揚開來，何必那麼做呢？」

楚王不聽，讓慶封背著斧鉞，在諸侯的駐地遊行示眾，讓他高聲說：「不要像齊國的慶封，殺國君，欺侮先君的遺孤，以此當上大夫的領袖！」慶封卻大喊道：「不要像楚共王的庶子圍，殺死他的國君哥哥的兒子麇，取而代之，以此當上諸侯的盟主！」楚王趕快派人把他殺了。

楚王又用諸侯的軍隊滅亡了賴國（今湖北隨縣東北）。賴國國君投降。楚王把賴國遷到鄢

（今湖北宜城南）。又準備把許國遷到賴國故地，派鬥韋龜和公子棄疾去那裡築城。

楚國大夫申無宇說：「楚國禍難的苗頭就從此開始了。召諸侯一召就來，攻敵國一打就勝，在邊境築城而沒有人敢阻撓，國王的欲望沒有滿足的時候，老百姓還能得安安嗎？老百姓不得安居樂業，誰能受得了他？忍受不了國王的命令，就要有禍亂了。」

魯昭公五年（公元前五三七年），晉侯嫁女給楚靈王，楚靈王派令尹薳罷赴晉國迎娶。令尹一行人路過鄭國，鄭伯親自出來慰勞他們。

晉侯親自送女兒到邢丘（今河南溫縣東北）。晉國執政韓宣子送新娘到楚國，叔向作為副使。鄭國的子皮、子太叔在中途的索氏（今河南滎陽西）迎候他們。

子太叔對叔向說：「楚王驕縱太過分，但願您有所防備！」

叔向說：「驕縱過分，是他自身的災難，哪能禍及別人？我謹慎地保持我的威儀，恪守信用，按禮儀行事，慎始慎終，做事遵從慣例，隨順東道主而不失分寸，恭敬東道主而不失國格，權衡兩國的強弱、利害、得失，審時度勢。他雖然驕縱過分，又能奈我何！」

晉國一行人到達楚國。楚靈王讓大夫們上朝商議，說：「晉國，是我們的仇敵。要是能讓我們解恨，就不用顧慮別的。現在它派來的使者，是上卿、上大夫。假如我們把晉使拘押起來，把韓起（宣子）砍了腳，讓他做看門人，把羊舌肸（叔向）閹割了，讓他做宦官，這樣足以羞辱晉國，我們也好開開心。行不行？」大夫們誰也不作聲。

太宰薳啟彊說：「行！如果已經做好了萬全準備，有什麼不行？侮辱一個普通人尚且不可以沒有準備，何況侮辱一個國家？所以賢明的君主致力於施行仁義，不追求羞辱別人。『珪』是朝晉、聘問時用的禮器，『璋』是享宴、進見時用的禮器，小國有向大國述職的義務，大國有到小國巡守的義務。設置宴桌而不倚靠，斟滿酒杯而不飲盡；宴席間禮品相互贈送，吃飯時要頻頻加菜。賓客到來，要到郊外迎接，賓客回國，要有饋贈的禮品，這是禮儀的最高形式。國家衰落，就是因為失去了這些禮數，禍亂由此而產生。

「城濮之戰，晉勝了楚國就不再設防備，因而在邲（今河南滎陽東北）被打敗。邲之戰後，楚不設防備，因而在鄢陵被打敗。自從鄢陵之戰以來，晉國不放鬆戒備，又對楚國以禮相待，以和睦為重，所以楚國一直不能報鄢陵之恥，只好請求建立親善關係。現既已成為晉國的婚姻親戚，又想羞辱它，自己結下了冤家。您自度準備得怎麼樣了？有誰能當此重任？若有人能擔任這個重任，就可以侮辱它。若還沒有這樣的人才，請您好好考慮一下。

「晉國對待君王，我認為是很可以的了，想要諸侯來歸服就允許他們來歸服，向其求婚就把國君的女兒嫁過來，國君親臨國境，上卿、上大夫護送前來。這樣您還要羞辱他們，您心裡務必一定要有所準備，不然，晉國韓起的下面，有趙成、中行吳、魏舒、范鞅、知盈諸卿，羊舌肸之下有祁午、張趯、籍談、司馬侯、梁丙、張骼、輔躒、苗賁皇諸大夫，都是諸侯大夫中的人才。韓氏的韓襄是公族大夫，韓起的兒子韓須已經大到可以受命出使了，箕襄、邢帶、叔椒、子羽都是強大的家族，韓氏有七個徵賦的城邑，都是大縣。羊舌氏共有四族，也都是強大的家族。晉國人如果失去了韓起、羊舌肸，五卿八大夫就會輔助韓須和羊舌肸的兒子楊石，憑藉十

大家族九個大縣的實力，征集軍隊兵車，以憤怒激勵士氣，來報此奇恥大辱。羊舌肸的哥哥伯華出謀劃策，中行伯、魏舒統帥大軍，恐怕沒有不成功的。君王將要把親善換成怨恨，實在是無視禮義而使禍患降臨，此舉無異於把群臣送去當晉軍的俘虜。這樣來使君王開心，有什麼不行？」

楚王說：「是我的不對，諸位大夫不用再說了。」

於是對韓宣子厚加禮待。楚王又想問叔向一些問題來出他的醜，而叔向卻對答如流，楚王於是也厚待他。

（根據《左傳・昭公元年至五年》編寫）

魯叔孫氏家亂

魯昭公四年（公元前五三八年），魯國的副卿叔孫豹的庶子豎牛發動政變，控制了叔孫氏，與季孫氏、孟孫氏一起瓜分了魯國公室的軍隊，從此公室地位衰落。

先前，魯國宗卿莊叔得臣死，他的長子宣伯僑如繼承卿位，又與魯成公的母親穆姜私通。次子叔孫豹厭惡哥哥的行為，害怕將來禍患降臨自己受牽連，就私自脫離了宗族出走。行至庚宗這個地方時，遇到一個婦人，就讓她給自己弄點吃的，又和她同寢。婦人問他為什麼出逃，他說了實情，婦人哭著送走了他。到了齊國，他又娶了國氏的女兒，生了孟丙、仲壬兩個兒子。

一天夜裡，叔孫豹夢見天塌下來壓著自己，掙脫不得，回頭看見一個人，皮膚黑黑的，肩背傴僂，凹眼睛，豬嘴巴，就叫道：「牛，幫幫我！」那個人就幫他掙脫了。

早晨醒來，他就把隨從全部召來仔細辨認，發現沒有夢中所見的那個人，就告訴了隨從，囑咐他們：「記住這個人的相貌。」

後來宣伯僑如遭了禍，逃亡到齊國，叔孫豹給他送去吃的。

宣伯說：「魯國若顧念到咱們的先祖先父，或許會保存咱們的宗族，那樣就一定會召你回國。如果真的召你，你怎麼辦？」

豹說：「這正是我的夙願。」

魯國人召叔孫豹回國，豹不向宣伯告辭就走了。回國被立為卿後，在庚宗和他睡覺的那個女人來向他獻上一隻野雞，表示她已有了他的兒子，豹問起兒子的情況，那女人說：「兒子已經長大了，能捧著野雞跟我來了。」

豹召他前來相見，長得正像夢中所見的那個人，沒問他的名字，喚他「牛」他竟答應了。豹就讓他做了小臣，所以就叫他「豎牛」。豎牛十分得寵，長大後就執掌叔孫氏家政。

豹在齊國時，齊大夫公孫明和他關係很好，他回國時，顧不上帶走妻兒，公孫明就娶了他的妻子國姜。豹十分惱怒，恨妻子改嫁而遷怒於兒子孟丙和仲壬，遲遲不接他們回國，他們長大後才被接了回來。

魯昭公四年，叔孫豹外出打獵，染上了重病。豎牛想攪亂他的家室而佔有它，硬要和孟丙盟誓，孟丙不同意。

叔孫豹為孟丙鑄了一口鐘，對他說：「你還沒有正式與卿大夫交際，可以在舉行大鐘的落成典禮時宴請大夫們。」

孟丙是嫡長子，叔孫豹這個安排是想正式確立他的繼承人地位。孟丙準備好了宴享典禮，就讓豎牛去請示父親訂下宴會日子。豎牛進去見叔孫豹，沒有提這件事，出來後，就假冒豹的命令訂了個日子。等賓客來到，舉行大鐘落成儀式。

叔孫豹在病榻上聽到鐘聲，怪罪孟丙不經請示就自行其事，豎牛又挑唆說：「孟丙那裡有北邊那個女人的客人。」北邊女人指的是孟丙在齊國的生母國姜，客人指的是公孫明。

叔孫豹大怒，想前去責問，豎牛把他勸止住了。賓客散去後，叔孫豹派人逮捕了孟丙，把他殺了。

豎牛又強迫仲壬與他結盟，但仲壬拒絕。仲壬與昭公的御士萊章關係很好，他們在昭公的宮院裡遊玩，碰到昭公，昭公賜給他一隻玉環。仲壬請豎牛把玉環呈給父親看，豎牛拿進去卻不給叔孫豹看，出來後，假託叔孫豹的命令讓仲壬佩戴上。

豎牛又假意對叔孫豹說：「讓仲壬進見國君怎麼樣？」意思是讓仲壬進見昭公，確立他為繼承人。

豹問：「怎麼回事？」

豎牛說：「您不讓他進見，他自己已經去見過了，國君還給了他一隻玉環，他都佩戴上了。」

豹以為仲壬真的背著自己搞小動作，就把他驅逐了，仲壬奔逃到齊國。豹垂危時，命令召仲壬回來。豎牛假裝答應卻不派人去召。

家臣杜洩進見，豹對他說自己又飢又渴，豎牛不給送水送飯。授給他一把戈，讓他去殺豎牛。

杜洩自己鬥不過豎牛，就推託說：「您四處查找才把他找到的，為什麼又要除掉他？」

豎牛不許任何人去見叔孫豹，說：「他老人家病得很重，不想見人。」讓送飯的人把飯食放到廂房就退出，豎牛不給病人送進去，把飯菜倒掉，就命人撤走食具。叔孫豹就這樣活活被餓死了。豎牛立叔孫婼繼承卿位，自己做他的輔佐。

魯昭公讓杜洩料理叔孫豹的喪事，豎牛賄賂叔仲帶和季氏的家臣南遺，讓他們在季孫面前講杜洩的壞話來除掉他。

杜洩準備用周天子賜給叔孫豹的路車隨葬，並全部採用卿的葬禮。

南遺對季孫說：「叔孫生前沒乘坐過路車，哪裡須要用它來陪葬？而且正卿還沒有路車，副卿卻用它來陪葬，不也太離譜了嗎？」

季孫說：「對。」

就讓杜洩放棄用路車陪葬。

杜洩不肯，說：「他老人家受朝廷之命前去聘問周天子，天子感念他先世往昔的功勞而賜給他路車，他回國會報時把路車轉獻給國君，但國君不敢違抗周天子的命令而再次賜還給他，現在他人死了卻不讓用這輛車陪葬，是背棄國君的命令；如果國君命令使用的車服，生前不敢使用，死後又不讓隨葬。那國君命令又有什麼用呢？」

季孫只好由他用路車來隨葬。季孫圖謀廢除中軍（魯國公室的軍隊）。

豎牛就逢迎說：「我家老人家早就想去掉它了。」

魯昭公五年正月，諸卿在施氏家裡商議取消中軍的事宜，後在臧氏家裡定下協議，廢除中軍以削弱公室。先前，季氏、叔孫氏、孟氏把公室軍隊一分為三，各領一軍。各家對其所領的軍隊，採取不同的征兵方式。季孫氏全部採用征役和徵稅的方式，而向昭公交納貢賦。

季孫用策韋讓杜洩向叔孫豹的靈柩稟告說：「您老人家一直想取消中軍，現在已經取消了，特此奉告。」

杜洩駁斥說：「他老人家就是不想取消中軍，所以才在僖公的宗廟前盟誓，在五父之衢詛咒。」就把策韋接過來擲在地上，帶著手下人一起痛哭起來。

叔仲帶對季孫說：「子叔孫說：『不得善終的人從西門出殯。』」季孫就讓杜洩從西門出殯，杜洩力爭道：「卿的喪葬從朝門（南面正門）出殯，這是魯國的禮儀。您老身為國家執政，沒有正式修改禮儀前而隨意改變它。下臣懼怕受誅戮，不敢從命。」

於是從朝門出殯，安葬完畢，杜洩就出走了。

仲壬聽到父親的死訊，就從齊國回來，季孫想立他繼承叔孫豹的卿位。南遺說：「叔孫氏強大，季氏就受到削弱。這是他家的內亂，您不去過問不也是可以的嗎？」南遺派人幫助豎牛在大庫的庭院裡攻打仲壬，殺死了仲壬。豎牛把東部邊境的三十個叔孫氏的采邑拿來給了南遺。

叔孫婼嗣位後，召集家族徒眾說：「豎牛禍亂叔孫氏，嚴重地擾亂了秩序，殺害嫡子，立了庶子。又割裂封邑，想藉此逃脫罪責，沒有比這更大的罪過了，一定要趕快殺了他！」

豎牛恐懼，逃亡到齊國，被孟丙、仲壬的兒子殺死在齊魯交界的關口之外，他的頭被砍了扔在了荒野的荊棘叢中。

後來孔子評論這件事說：「叔孫婼不酬擁立自己的人，也真是難得啊！有這樣一句話：『為政者不獎賞私勞，不懲罰私怨。』《詩》說：『具有正直的德行，四方國家都來歸順。』」

（根據《左傳・昭公四年至五年》編寫）

鄭國鑄刑書

魯昭公六年（公元前五三六年），鄭國人把刑法典鑄在鼎上，使之成為國家的常法。這是一項適合當時社會的改革，卻遭到保守勢力的反對。

其中保守勢力的代表人物之一，晉國大夫叔向致書子產，責備他說：

「當初我對您抱有厚望，現在算是徹底失望了。古代先王以權衡事情的輕重來斷案，而不用刑律，是怕百姓有好鬥之心。如果還不能禁止，就用道義來規範，用政令來約束，用禮儀來奉行，用信用來守志，用仁愛來培養。訂立官職高低、俸祿厚薄的制度來鼓勵聽從教誨的人。嚴厲制刑以威懾放縱的人，唯恐不能奏效，所以用忠義教誨他們，用善行勸勉他們，教會他們各種工技，和悅地使用他們，嚴肅認真地對待他們，威嚴地駕馭他們，堅決地裁決他們。

就這樣還要訪求賢能睿智的卿相，明達敏銳的官吏，忠誠守信的長者，慈悲仁厚的老師。這樣百姓才可以任由驅使，不發生禍亂。讓老百姓知道了有刑法可依，就會不恭敬上級，還滋長了爭鬥之心，各引刑律為自己做證，若能僥倖得逞就無法治理他們了。

「夏朝有暴民干犯政令，就制訂了《禹刑》；商朝有暴民干犯政令，就制定了《湯刑》；周朝有暴民干犯政令，就制訂了《九刑》。這三部刑律的產生，都正值在朝代的末世。「現在您輔佐鄭國，劃分田界溝渠，創立招人非議的丘賦制度，制定了三大類的刑律，把刑法鑄在鼎上，想用它來安定百姓，不也很難嗎？《詩經》說：『效法文王的德行，一日就可平定四方。』又說：『效法文王，萬國信賴。』像這樣哪有什麼刑法？百姓懂得了法律這種爭執的依據，就會拋棄禮義而徵引刑法來爭訟，一字一句都要爭個分曉。犯法作亂的案件將更加繁多，賄賂將遍地盛行。在您有生之年，鄭國難保不衰敗吧？我聽說『國家將亡，必多法制』，說的就是這個吧！」

子產聽到這些言論仍決意改革，不為叔向的保守言論所動搖。

他給叔向回信說：「聽從您的見解，恐怕不可能。我沒有什麼才幹，顧及不到子孫後代了。我是用刑律來拯救當世危機的。雖說不能遵命，但，也不敢忘了您賜教的好意！」

這就溫和委婉而又堅決地拒絕了叔向提出的批評。

（選自《左傳・昭公六年》）

楚靈王乾溪之難

楚共王是春秋以來楚國第九代國君，他有五個兒子，依次是子昭、子圍、子乾、子晳，棄疾。楚共王死後，由長子子昭即位，就是楚康王。

楚康王死後，由他的兒子熊麇即位楚王，公子圍為令尹。

有一天，公子圍趁熊麇生病時前去看望，就用帶子把熊麇勒死了，隨後又把熊麇的兒子也殺了。子乾、子晳一同逃到晉國去了，只有棄疾留在楚國首都。

公子圍發動了政變後，自己當上了楚王，這就是楚靈王。楚靈王野心很大，他做了楚王後，就發兵侵略蔡國，討伐陳國，攻打吳國，還想推翻周王朝，一心想當周天子。

公元前五三〇年，楚靈王滅了蔡國，把蔡國變成楚國的一個縣，封公子棄疾為蔡公，管理這個地方。蔡國許多大臣被殺害了，但留下了兩個人，一個是公子蔡洧（ㄨㄟˇ），留在楚靈王身邊，服侍靈王，另一個是公子朝吳留在棄疾身邊為他服務。

楚靈王滅了蔡國以後，新興的吳國是他的大敵，徐國又依附於吳國，所以就分別派大臣伍舉和蔡洧輔助太子，留在國都，管理國事；派司馬督、陵尹喜率三百輛兵車去進攻徐國以威脅吳國。楚靈王自己統領著大軍駐在乾陵（在安徽省亳縣東南），一方面打獵消遣，一方面給司馬督進攻徐國做後援。

這年冬天出奇的冷，幾乎天天大雪紛飛。楚靈王打了些勝仗以後，野心不斷膨脹。這天，他頂戴皮帽身著秦國羽絨棉衣，外披翠羽披肩，手拿著鞭子走出來，神氣十足。他欣賞著這氣魄壯觀的雪地大平原風光，不勝感慨的想著：「這大地在我腳下，這九州天下應全歸我所有！」他正在白日作夢時，大臣子革來進見。

楚靈王脫掉帽子、披肩，扔掉鞭子，他躊躇滿志，對子革說：「從前我們先王和齊國、衛國、晉國、魯國五國一起事奉天子，可是他們四國都得到了天子的賜物，唯獨不給我國，現在我派人到洛陽，跟天子要象徵權力的九鼎，你說他會給我們嗎？」

子革順勢說好話：「大王您放心，天子會給您的啊！從前我國先王住在偏僻的荊山，穿的是破衣服，坐的是破車子，跋山涉水地來事奉天子，多麼不容易啊！可是天子沒給我們賜物，就因為齊國是天子的舅父，晉、魯、衛三國都是天子的同胞兄弟，所以天子給他們賜物。現在情況變了，如今我們是霸主，周朝和這四國都威服君王您，您要這個鼎，他們哪敢不給啊！」

楚靈王又說：「從前我們的祖先住在許國，現在鄭國人佔領這塊地方，我們如果跟他們要，他們會給我們嗎？」

子革回答說：「周朝都不敢不給鼎，鄭國他哪敢不給這塊田地！」

楚靈王說：「從前諸侯國疏遠我們，卻都威服晉國，現在我們大修蔡、陳兩地的城牆，每

城各設戰車千輛，你說，諸侯會威服我們嗎？」

子革說：「會威服您的，這幾座城就夠嚇人的人，再加上楚國，諸侯哪有不威服之理！」

楚靈王與子革對話，越說越投機，越說越高興，恨不能一口把天下都吞進去。這時，大臣析父趁楚靈王出去一小會兒的功夫就對子革說：「您是楚國中很有聲望的人，您和君王說話一味地奉承迎和，真像是個應聲蟲，這樣下去，國家怎麼辦哪？」

子革說：「您哪裡懂得，這種狂暴昏君跟他有什麼好說的，我是在譏諷他，這些話比刀刃還鋒利啊！」

楚靈王很昏暴、奢侈，但是有時又很富有人情味。例如，他和子革談話，這時左史倚相從他們旁邊走了過去，楚靈王就指著左史倚相對子革說：「他是位好史官，你要好好看待他，他學問很淵博，能讀《三墳》、《五典》、《八索》、《九丘》。」

子革說：「可是我曾經問過他，說從前穆王要周遊天下，要使天下各處都有他的車轍馬跡，祭公謀父覺得他的欲望太大了，就做《祈招》這首詩來遏制他的欲望，穆王讀了這首詩很是受教，糾正了自己好奢華的毛病，因此而得到了善終。我問他這首詩他就不知道，如果問些高深遙遠的事情，那就更不知道了。」

楚靈王問：「那你知道嗎？」

子革回答：「知道的，這首詩說的是祈招這個人，安詳和氣，是一個道德很好的人。想起我們先王的氣度，好像黃金、白銀，他愛護百姓，專心治理國家，卻一點也不貪圖個人享受。」

子革是用這首詩來勸諫楚靈王。楚靈王聽了後，感到自己心裡有愧，就向子革做了個揖，進了自己的臥室，吃不下飯，睡不著覺，好幾天不能控制自己的情緒。

楚靈王貪婪、殘暴，樹敵太多。他當令尹的時候，就殺了大司馬薳掩，霸佔了他家的房屋和財物；等即了王位後，又奪取了他家的土地。他殘暴地把許國人都給趕到了遠處居住，把許國大夫許圍作為人質。楚靈王滅掉了蔡國，殺死了蔡國大夫蔡略，可是又將蔡略的兒子蔡洧留在身邊侍奉自己，這太荒唐可笑了。

公元前五三八年，楚靈王在申地大會諸侯，他藉口將越國大夫常壽過拉在會上懲罰示眾。楚靈王還奪取了鬥韋龜和他兒子成然的封地，可是又派成然擔任守衛國都和郊區的職務，這種舉動實在過於天真。這樁樁件件，都說明楚靈王是一個昏亂胡為的君主，這些受迫害的人後來都是發動政變，推翻楚靈王的組織者和主要力量。

蔡國公子朝吳在侍奉蔡公棄疾時，他一刻也沒忘記滅國之仇，時刻想恢復蔡國。他有個心腹叫觀從，這人很有韜略和智謀，一天，他對朝吳說：「楚靈王喜歡打仗，他現在離開國都到乾溪去了，咱們不如趁楚國國都空虛，幫助蔡公進攻楚國國都，廢了靈王這個暴君，立蔡公為楚王，這樣蔡國就可以恢復了，不然哪有恢復的希望？當初，昏君篡位時，子乾、子晳都逃到晉國去了，現在咱們趁昏君外出，以蔡公棄疾的名義把他們都召回來，共舉大事，幹掉這昏君，你的意下如何？」

朝吳同意了觀從的主張，他們詳細地商量了計劃，就以棄疾名義把子乾、子晳召回到蔡國

郊外，把情況和計畫都告訴了他們，四人一起訂了舉事的盟約，決心為先王報仇。然後又一起進城見到了蔡公，蔡公也同意他們的主張，願意聯合發動政變，推翻那無道的昏君楚靈王。

朝吳和觀從按計劃行動，他們首先是發動群眾，到處去對蔡國人宣傳，說：「楚靈王是昏君，滅我蔡國害我人民。現在蔡公召見了子乾、子晳，打算把他們送回楚國，還準備領兵幫助他們廢掉楚靈王。」又說：「諸位鄉親如果願意被殺或願意逃跑，那就別聽蔡公的了。如果想重新恢復我們自己的國家，過安適的日子，就跟著蔡公一起去討伐那惡賊！」蔡國百姓異口同聲地說：「跟蔡公一起去找那昏君算帳！」

於是，他們一面以重建蔡國和陳國的口號來動員蔡、陳兩地的人民為後盾，一面派人去楚國國都去見蔡洧（ㄨㄟˇ），約他做內應。進攻的一切準備都做好了後，楚國的子乾、子晳、棄疾、成然，蔡國的朝吳等就率領陳、蔡、不羹、許、葉等地的軍隊，一齊向楚國的國都郢進發了。

守衛楚都的蔡洧一見蔡國兵馬到了，立刻打開城門，浩浩蕩蕩的軍隊進了城內。他們很策略地對楚國人說：「楚國的父老兄弟姊妹們，楚靈王現在已經被蔡公殺了，我們的大隊兵馬已經到了！」

楚國人怨恨楚靈王，熱烈地歡迎蔡公的軍隊。隨後，蔡公就派人先進入宮殿，由太子身邊的侍官殺死了楚靈王的兩個兒子太子祿和公子罷故。跟著，蔡公棄疾就進了王宮，他立子乾為楚王，子晳為令尹，棄疾做了司馬。

朝吳有些納悶兒，就對蔡公棄疾說：「你為什麼要把王位讓給子乾呢？」

棄疾該：「靈王還在乾溪，這個王位目前能坐得穩嗎？暫且先讓他坐坐吧！」朝吳這才明白了他的意思，原來好戲還在後頭呢！那麼如何對付楚靈王那邊呢？經過一番策劃，京派觀從到乾溪去和楚靈王的部隊接觸。

觀從到那裡以後，向眾兵士們宣布：「蔡公已經立子乾為楚王，廢了靈王。新王命令你們都回去，而且是早回去的恢復官職和俸祿，晚回去的就割掉他的鼻子；誰還跟著那昏君不回去的滿門抄斬！」士兵們一聽，臉都嚇黃了，有一半人都逃跑了。

楚靈王正在殿裡飲酒作樂，子革慌裡慌張地跑進來，說：「大王，快別喝了，郢都發生了政變，子乾做了國王，咱們這兒的人也跑了一半了，新王派遣蔡公領兵馬打到乾溪來了！」當楚靈王聽到太子祿和公子罷故被殺的死訊，這一驚非同小可，一失神就摔倒在地上了。

眾人把他扶了起來，好半天才定了神，放聲大哭：「我的兒啊！」真有點痛不欲生了，然後又轉過臉來對眾人說：「別人疼愛兒子，是不是都像我這樣？」

旁邊一個侍奉他的人說：「還有超過您的呢，小臣我的兒子大概也死於禍亂中了，我明白我死了後是沒人管了，得給人家扔到溝裡了。」說著也哭了。

楚靈王說：「我殺死別人的兒子太多了，人家能不殺我的兒子嗎？這是報應啊！」楚靈王似乎心中自責，可是突然又將臉一沉，露出陰險毒辣的樣子說：「竟敢反叛我，看我回去教訓這些逆賊！」說完就糾集起剩下的兵馬，向郢都迎戰。

可是戰士們誰還願跟他去送死？本來就不願跟他出來侵犯別國，這會兒又要回去打本國自

己人，所以就都逃跑了，最後只剩下一百多個戰士。楚靈王看大勢已去，心灰意冷地摘下帽子，把外衣也脫下來掛在樹上想逃跑。

這時子革對他說：「君王，咱們還是回國都郊外去等著吧，探聽一下情況，不行，就在那兒等待國人們的裁決吧！」

楚靈王說：「等什麼？眾人都憤怒了，眾怒不可犯啊！」

子革又說：「要不咱們到別國去，請他們出兵幫咱們一把，或者讓他們幫君王出出主意。」

楚靈王說：「全都背叛我了，上天不會再寬恕我了，何必去求他們，自討沒趣兒。」

子革知道沒什麼希望了，就悄悄離開了靈王回到楚國去了。楚靈王發現子革也不見了，其餘的人也全跑了，就剩下他一個人了。他孤零零地沿著漢水向下游走去，準備到鄢地去。這時，他已經兩三天沒吃飯了，又餓又累，全身沒一點力氣，就倒在路邊喘氣。

忽然，從身邊走過一個人，楚靈王坐起來叫住他，一看是他從前的侍從，就向他求救，那人跪下給楚靈王磕頭，說：「不是我不想救您，實在是新君很嚴厲，我哪敢救您呀！」

楚靈王將他拉到自己身邊，想說說自己的悲哀，但他累得實在支持不住了，就把頭枕到那人的大腿上，暈暈乎乎地睡著了。

那人一瞧楚靈王睡了，就抽出自己的大腿，換上一塊石頭枕到楚靈王頭下，躡手躡腳地走了。等到楚靈王醒來不見那人了，發現自己頭下枕的是塊大石頭，不由得心酸起來，想我為王一場，如今眾叛親離，真正地成了孤家寡人了。

楚國大臣無宇的兒子申亥，聽說國都發生了政變，靈王被廢下落不明。心想：「我父親在靈王手下做事時，曾經兩次觸犯了君王的命令，君王都不加殺戮，這對我們真是莫大的恩德啊，現在國君落難，我不能忍心不救，別人叛了他，我跟隨君王！」於是申亥到處找楚靈王，後來真的找到了他，行過跪拜禮後，就用小車將楚靈王接到自己家裡。

楚靈王失掉了一切，也失去了求生的欲望，這年夏季五月，靈王在申亥家裡上吊自殺了。申亥安葬了他，還將自己的兩個女兒為楚靈王殉葬。

蔡公棄疾、朝吳及將士們找不到楚靈王，卻發現了掛在樹上的衣服、帽子，棄疾知道靈王已被除掉了，自己下一步怎麼辦？便想出一個計策來。

一天夜裡，他派人去國都城裡散布謠言，大喊：「靈王回來了！靈王回來了！」

城裡的人們聽說靈王又回來了，驚慌失措。棄疾讓成然乘人們驚恐亂叫時，去告訴子乾和子晳說：「糟了，糟了！大王帶著軍隊殺回來了，您的司馬蔡公已經被大王殺人了，大王軍馬已經到了東門，就要殺進宮裡來了，您如果早點自己打主意，還可以免受侮辱，大王的憤怒如同水火不可阻止，現在已是無法可想了！」正說著，又有人上氣不接下氣地跑來說：「怎麼辦哪，大王已經殺進來了！」

子乾、子晳慌作一團，一想，已經到了山窮水盡的地步了，只有一死了事，二人鼓著勇氣自殺了。這樣，棄疾殺死了他的三個哥哥楚靈王、子乾、子晳。然後自己穩穩當當地當上了國王，這就是楚平王。

楚平王安葬了子乾、子皙又殺死一個罪犯，給他穿戴靈王的衣服帽子，再將這個罪犯的屍體放到漢水上漂流著，偽裝是靈王的屍體，再去收屍安葬，以此來安定國內的人心。

楚共王的五個兒子，為了爭奪王位，三個兒子、兩個孫子都在王位爭奪的殘殺中喪生，平王取得了最後的勝利。對於這些公子王孫究竟誰該即王位，人們各有看法，多數人認為這個王位應該屬於公子棄疾。對於楚靈王，人們認為他不配作君主。

他篡得王位後，曾經對天占卜，說：「上天啊，我想得到天下，請上天把天下都賜給我。」結果占卜不吉利。於是，楚靈王氣急敗壞，大喊：「什麼上天，連這一點點都不給我，我一定要自己拿過來！」

楚國人看到他野心勃勃，貪得無厭，誰不痛恨他？所以都積極參加這次動亂，把他廢掉了。在棄疾召子乾回國時，晉國著名大臣韓宣子曾問叔向：「你說，這回子乾會成功嗎？」叔向回答說：「難，得到國家有五條難處，這就是：只有顯貴的身分，而沒有賢人輔助，這是一；有了賢人又沒有內應的力量，這是二；有了內應而自己卻沒謀略，這是三；有了謀略又沒有百姓的擁護，這是四；有了百姓而自己又沒德行，這是五。這五個問題，子乾都具備。子乾在晉國待了十三年也沒招賢納士；族人離散，親信背叛，所以也沒有內應；不考慮前因後果，輕舉妄動地搶當了幾天王，可見他沒有謀略；十幾年逗留在外，哪裡會有百姓擁戴；流亡在國外，而國內的人誰也不懷念他，說明他沒有德行。他存在這五方面的問題，誰能擁護他？他憑什麼當國君？我認為，享有楚國的應當是棄疾，他在統治陳、蔡兩地時，對待百姓比較寬鬆平和，邪惡的事情很少發生，盜賊也不敢出來作案。雖然有私欲，但不胡作非為，不違背於禮，百姓對他不但沒有怨恨之心，反而都很信任他，所以楚國應當屬於他。」

這樣，棄疾就踏踏實實地登上了王的寶座。他開始整理國家，把財物都分給眾人。他組織生產，使老百姓也富裕起來了，還實行寬刑省罰政策，赦免了原來拘押的罪人，並讓當初楚靈王強令遷徙遠處的人，高高興興地回到自己家園，又重新恢復了陳國和蔡國。

（選自《左傳・昭公十二、十三年》）

要離為美名計殺慶忌

魯昭公二十五年（公元前五一七年），吳國公子光使專諸刺殺了吳王僚，奪取了王位，號稱闔閭。這時，吳王僚的兒子慶忌不在首都，出使鄭國和衛國去了。闔閭（ㄏㄜˊ ㄌㄩˊ）殺了王僚，雖坐上了吳王寶座，但心裡並不安適，他白天黑夜都在提心吊膽，擔心慶忌回來找他算帳為父報仇。左思右想，也想不出個好法子，最後只有再狠一次心，殺掉慶忌，永遠除掉這個隱患。

拿定了主意，就立即派人去尋找慶忌，偵察他的行蹤，了解他的歸期。

闔閭自己親率大兵去路上堵截，不讓慶忌回國，想在路上神不知鬼不覺地殺了他，就完事大吉了。可是，這時慶忌正要回國，途中聽說吳國發生了政變，父親被殺害了，闔閭正率兵來追他，要斬草除根，他就迅疾地逃奔到衛國去了。闔閭只好帶兵撤回，可是又擔心慶忌聯合其他諸侯來攻伐吳國，就對伍子胥說：「聽說公子慶忌在外有謀攻吳國之心，我食不甘味，坐不安席。上次除掉王僚，全憑先生您的謀劃，現在慶忌活著，就同王僚沒死一樣，還得麻煩先生再為我出力啊！」

伍子胥愣了一下說：「大王已經殺了王僚，現在又想殺他的兒子，這樣做恐怕要違逆天意啊！」

闔閭說：「武王伐紂以後，又殺了他的兒子武庚，周朝的人並沒有怨言，我今天這樣做，也是無可非議的。如果能再找個專諸似的力士就好了！」

伍子胥說：「我可以再給大王推薦一個似專諸的人，保證讓大王滿意！」

闔閭說：「慶忌可是不好對付，他有萬夫不當之勇，跑起來快如飛梭，奔馬都追不上，什麼人能抵得過他？」

伍子胥說：「慶忌有萬夫不當之勇，我所推薦的人，有萬人不當之謀！」

闔閭問：「他是什麼人？請您快告訴我！」

伍子胥說：「他姓要名離，吳國人。過去我親眼看見他羞辱壯士椒丘訢，所以才知道他的勇。他的謀，真是非一般人可比！」

闔閭說：「先生請將要離召來一見。」

過了幾天，伍子胥與要離一起來見吳王。闔閭一見要離，身材矮小，其貌不揚，哪有一點勇士的氣概？感到大失所望便陰沈著臉，半天才說：「你就是伍子胥說的勇士要離嗎？」

要離說：「我身材短小無力，一陣風就能吹倒，何勇之有？但只要大王有命令，我一定盡力！」吳王心中不滿伍子胥竟然為他帶來個這樣一個沒用的人，半天默默不語。

要離看出了闔閭的心思，接著說：「大王，您心中晝夜所憂慮的不就是公子慶忌嗎？我能為大王殺掉他！」

闔閭說：「你可不能在我面前說大話，你了解慶忌嗎？他是我們吳國數一數二的勇士，空手能抵得住十幾個大漢，他跑起來能追上猛獸，跳起來能抓著空中的飛鳥，他矯捷如神，萬夫莫當，你哪裡會是他的對手啊！」要離伸長了脖子，衝著闔閭說：「大王有所不知，善於殺人者，在智不在力，只要大王能為我創造接近慶忌的機會，我殺他就像殺一隻小雞一樣啊！」

闔閭說：「慶忌是個十分精明的人，他招納四方勇士，決不會輕易使你接近他的。」

要離說：「慶忌正在招納逃亡的人，我偽裝是吳國的罪犯，畏罪投奔了他，說大王殺死了我的妻子，剁掉了我的右手，這樣慶忌就不會懷疑我了。」

闔閭不高興地說：「你本來沒有罪，我怎麼忍心剁掉你的手，讓你遭受那樣的痛苦呢？」

要離一心貪得俠士之名，就對闔閭說：「我聽說，安於兒女情腸夫妻之樂，而不去盡力事奉君王的人，是不忠啊！留戀家庭的溫暖，而不去解除君王的憂患，是不義啊！臣如能以忠義之

名揚天下，就是全家都死了，也是甜如蜜啊！」闔閭欣然同意了要離的計謀，並拜他為大夫。

過了幾天，要離沒有了右手，謊稱自己觸犯了國法，逃了出來。

闔閭果真殺死了要離的妻子，並將她的屍體在鬧市上焚燒，讓世人都知道。

要離奔出吳國，一路上逢人就訴冤，他到處尋訪慶忌的下落，後來得知慶忌在衛國，就專程來到衛國求見慶忌。開始慶忌還懷疑他有詐，不肯接見。

要離就跪下哭訴自己的冤情，說：「闔閭無道，他剁了我的右手，還將我的妻子綁在街上殺了，又焚屍示眾，他亂殺無辜，天理不容啊！」又說：「闔閭殺了您的父親奪取了王位，還要加害於您，說起來，王子您的冤仇比我還大呢！我知道王子您正在聯結諸侯，將要有復仇的行動，所以我才不怕千難萬險地來投奔您。吳國的事我都知道，我願為王子作嚮導。憑著王子的大智大勇，報闔閭的仇有什麼難的！我們一起進攻吳國，殺闔閭，王子報殺父之仇，我也報殺妻之恨啊！」

慶忌聽到這裡，還有些半信半疑。沒過多久，慶忌就秘密派遣心腹之人去吳國探查情況。等到這人回來後，向慶忌報告情況說要離的妻子果真被闔閭殺死焚屍於市。慶忌至此才坦然不疑，相信了要離的陰謀。

慶忌將要離當成知己，每天讓他幫自己操練軍隊，修理船艦。這樣地忙碌了三個月，軍隊訓練好了，戰船、武器也準備好了，他們就出發了，順著水流向著吳國駛去。慶忌與要離同坐在一條船上，船行駛到中流，與後面的船拉開了一段距離。慶忌坐在船頭邊，要離手握長矛站在慶忌旁邊，忽然江中刮起一陣大風，要離轉身站在上風之處，借著風力，猛力地用矛刺殺慶忌，只這一矛就穿透胸部。

慶忌回手一把抓住要離的大腿，倒提著將他的頭插進水裡，再提起來，再下去，如此插了三次，要離被灌得氣息奄奄半死不活了，然後把他放到自己的大腿上，笑著看著他說：「天下竟有這樣的勇士啊，光天化日之下，敢用武器來刺殺我！」

這時，左右拿著武器的士兵一齊上來要殺死要離，慶忌搖手制止說：「不要殺他，他是天下一大勇士。他殺了我，你們再殺了他，不是一天裡失掉兩個勇士嗎？還是把他放了吧，讓他回吳國，好好地為國家效忠啊！」說完，把要離從腿上推開，就死去了。

要離乘船渡江回吳國，渡船到了江陵，要離滿面愧色，不想向前走了，隨從的人問：「你為什麼不走了呀？」

要離說：「我有三條罪惡，為世人所不容：其一，我殺死了妻子，為的是討好吳王，這是不仁啊；其二，為了新君而殺舊君的兒子，這是不義啊；其三，殺妻害人還想偷生苟活，又一不義啊！有這三條罪惡，我還有什麼臉面活在世上？」說罷，縱身跳入江中，沒等他淹死，船上人又把他打撈了上來。

要離說：「你們為什麼還救我，我實在不能再活下去了。」說完，奪過隨從人員的劍，砍斷了自己的腳，又用劍割斷自己喉頸，頓時就一命嗚呼了。

（選自《左傳‧昭公二十五年》）

晏嬰不信天神

齊國的晏嬰不僅是個著名的政治家、外交家，他還是個無神論者，他反對祈禱神靈，主張事在人為，認為有了百姓的擁護，國家的一切就會獲得發展。

魯昭公二十六年（公元前五一六年）冬，一天傍晚，人們突然發現在齊國偏西北的天空上呈現出拖著長長尾巴的彗星，天文官趕快去報告齊景公，景公認為彗星是災星，彗星出現不吉祥，將有災難降臨，就派人供上香案向天神祈禱，請求天神幫助消除災禍。

大夫晏嬰就對景公說：「祈禱沒有用啊！這是自欺欺人。天道沒有可疑的，彗星出來怎麼就會有災難呢？那本來是自然現象。天上的彗星也叫『掃帚星』。掃帚，掃帚，就是掃除污穢的，君侯您沒有什麼骯髒違禮的行為，又何必去祈禱天神呢？如果有骯髒行為，即使祈禱也不能減輕罪責的啊！周文王

是個賢君，所以他得到人民的愛戴。

《詩經・大雅・大明》中讚揚他說：『啊！這個文王，他事事小心恭慎，他按時虔誠地奉事上蒼。所以，上蒼就賜給他很多福澤。他的德行不壞，因此受到四方諸侯一致的擁護和愛戴。』君侯您只要沒有不軌行為，有高尚的道德，四方諸侯就會像擁護文王那樣地來歸順您，這才是真正的上蒼，對於彗星又有什麼可怕的？夏桀和商紂王都是暴君，他們毀掉了國家，也害了自己，所以《詩經》中又說：『我沒有什麼可借鑑的，只有夏朝和商朝的滅亡是最值得我借鑑的。』這是因為夏桀、商紂王施行亂政暴虐無道。他們造酒池肉林，追求珠寶金玉，歌舞達旦，殘酷地剝削壓迫百姓，百姓再也無法忍受了，就起來把他們推翻了。』作為君主的，應該勤政務德，如果德行淫亂，百姓就會拋棄他而逃離的，百姓都逃跑了，您再祈禱神靈也是無法彌補的啊！」

這一番話使齊景公很受啟發，他對晏嬰說：「你的話真有道理，說得我心裡好亮堂啊！」於是就停止了祈禱天神的舉動。

（根據《左傳・昭公二十六年》改編）

費無極讒言殺郤宛

魯昭公二十八年（公元前五一四年），吳國興師侵犯楚國邊境，被楚國有名的大將伯郤宛帶兵包圍在潛城，吳軍進退不得。正在前線戰事吃緊的時候，吳國國內又發生了政變，公子光派專諸殺死了吳王僚。

吳國的前線二位主帥掩餘和燭庸都是吳王僚的同母弟弟，他們聽說吳國發生了政變，就丟下將士們不管，竟星夜逃奔別國去了。等到將士們發現二位主帥逃走了，軍營頓時大亂，搶船的搶船，搶馬的搶馬，紛紛逃命。什麼也沒搶到的，就憑著兩條腿飛也似的逃跑，丟下的盔甲和各式武器不可勝數，楚國的郤（音：ㄒㄧˋ）宛大獲全勝。

將士們對郤宛說：「吳兵被咱們打得丟盔卸甲，國內又發生了內訌，真是天賜良機，咱們應該乘勢消滅吳國，誰讓它屢屢侵犯我國邊界呢！」

郤宛說：「吳國無道，趁我國為大王治喪，發兵進犯我國，這等不義之舉，非小人誰能做得出來，我們怎麼能效仿他們呢？」就帶領軍馬和戰俘及大量戰利品班師回國。

楚昭王愛惜郤宛有才幹，就以郤宛有戰功，對他大加獎賞，並把所獲的戰利品的一半都賜給了他。從此對他更加信任，經常與他共商軍國大事。

大臣費無極是個善於阿諛奉承，妒賢忌能，製造讒言，陷害忠良的奸臣，他一心想當楚國令尹，便使了許多招數來討得楚王的歡心。哪裡想到現在昭王這般器重郤宛，他又氣又恨，於是心生歹念，決心害死郤宛。

郤宛這個人品行端正、率直而溫和，楚國人都非常喜愛他。

楚國的令尹名叫囊瓦，這人貪財好利，無能少德，又極易聽信別人的讒言。費無極了解囊瓦的個性，就想利用他的弱點來陷害郤宛。

有一天，費無極對令尹囊瓦說：「相國大人，伯郤宛想請您到他家喝酒，託我看看相國的意思，不知相國是否肯賞光。」

囊瓦說：「他若誠心請我，我豈有不去之理。」

費無極見囊瓦已經答應，又跑去對郤宛說：「令尹對我說，他想到你家吃飯，可又不知你是否願意，託我來看看你的意思。」

伯郤宛不知道這是費無極的詭計。就回答說：「我是個微不足道的人，不足以讓令尹屈駕前來，只要令尹能看得起我，肯於光顧寒舍，郤宛我誠感欣慰，明天我就準備酒席，請費大夫替我向令尹致謝。」

費無極見伯郤宛已經上了圈套，接著問：「令尹能到您家來，您真是三生有幸，您應該送點禮物給他，好表示答謝呀！」

郤宛說：「可是我不知道令尹喜歡什麼？」

費無極說：「令尹最喜歡的是鋒利的武器，堅質的盔甲，他之所以想來您家飲酒作客，就是想觀賞一下您在吳國所俘獲的戰利品。您都把它拿出來，讓我來挑挑。」說罷，伯郤宛真的將楚王賜給他從吳國獲得的及家中原來藏有的各式武器全拿了出來。

費無極挑選了五件盔甲，五件武器，對郤宛說：「您將這些武器都放在您家大門口，等令尹來了一定會觀看的，您就讓令尹挑出最喜愛的送給他，他準高興，至於別的東西，他都不喜歡。」

正直磊落的伯郤宛信以為真，他哪裡知道這是費無極設計陷害他的陷阱。

等到設宴的那天，伯郤宛置辦了豐盛的美味佳肴，還在門前左側架設起的帷帳裡，陳列好了選出的那些上好的武器，等令尹駕到。

這邊令尹囊瓦正要動身時，費無極急忙對囊瓦說：「大人，您先別急，人心不可測啊！誰知伯郤宛有沒有安壞心，讓我先去看看他準備的情況再說。」

費無極去了時間不長，就氣喘吁吁地跑了回來，對囊瓦說：「令尹，我差點兒害了您，伯郤宛今天宴請大人，原來不懷好意，我剛才去了一看，他在門口設了帳幕，裡邊擺了好多武器，看來他是要加害於您，您千萬別去了，否則一定會遭到他的毒手的啊！」

囊瓦聽了後說：「我與伯郤宛一無冤二無仇，他為什麼想害我，這真令我費解！」

費無極乘機大進讒言說：「令尹，您難道看不出嗎？他現在仗著大王器重他，有點受寵若驚不知天高地厚了，他垂涎令尹職位已久，所以想設計除掉您取而代之啊！而且我還聽說，他暗中與吳國勾結，這次與吳國在潛地的戰役，我們打了勝仗，又逢吳王僚被刺國內大亂，將士們都要求乘勢進攻吳國。可是伯郤宛卻私下收了吳人的賄賂，一下改變了態度，說什麼乘人之亂不吉祥，強令左司馬他們班師回國。可是我認為，吳國不正是乘我們辦喪事向我們進攻的？我們乘吳國發生動亂，正是以眼還眼以牙還牙，有什麼不對的？不是得到了吳國的賄賂，他怎肯違背眾人意志輕易地退兵呢。令尹，您仔細想想，這種人如果得了志，楚國還有好過嗎？」

囊瓦本來就是個斷事不明、是非不清之人，經費無極這一席話，說得他疑竇滿腹，隨即派人去伯郤宛家察看動靜。那人看到確實有盔甲武器，回報給囊瓦說：「伯郤宛家門帷裡的確有兵甲埋伏！」

囊瓦氣急敗壞，拍案大叫：「好個伯郤宛，看我怎麼對付你！」他滿臉怒氣，即刻派人把大將鄢將師請來，將伯郤宛欲加害他的事告訴了他。

那鄢將師和費無極平時就串通一氣，妒忌郤宛，這會兒更是落井下石，說：「伯郤宛想篡楚國大權已非一日了！」囊瓦怒不可遏，去報告了楚王，並下令鄢將師率士兵包圍了伯郤宛家。

伯郤宛這才恍然大悟，知道被費無極所陷害，可是到哪裡說理去？就舉劍自刎而死。

可惜一位忠良大將就這樣死於非命。囊瓦至此，餘怒還未消除。又命令放火燒他的家。可是國內的人都知道伯郤宛是位忠厚賢良的大臣，是被費無極陷害而死的，誰肯去放火燒他的家？鄢將師下令說：「誰不燒伯郤宛的家，誰就是他的同黨！」被逼之下，有的人拿來一張席子，有

的人拿來一把稻草，可是又被人們奪過來給扔了，火也沒燒起來。

囊瓦無奈，只好又派了些人來燒了郤宛的家，又誅殺了郤氏所有的人，只有郤宛的兒子伯嚭逃了出來。因株連而被殺的，還有被誣為與郤宛同黨的陽令終和他的兄弟陽完、陽佗以及晉陳和他的子弟。

楚國人無不替郤宛喊冤，怨聲載道，他們聚眾在國都中大喊：鄢將師、費無極，兩個奸佞合一起，為篡君權當國政，殘害忠良設毒計，兩頭使壞以自利，令尹糊塗被蒙蔽，禍國殃民災難起，楚國前途在哪裡？囊瓦得知國人怨氣沖天，燒香設壇悼念忠臣伯郤宛，內心裡又後悔又擔心。

一天，左司馬沈尹戌對令尹囊瓦說：「國內的人都怨恨您咒罵您。伯郤宛沒有罪而您殺了他。有道者殺人，是為了平民憤，而您殺人卻引起人們的痛恨和咒罵，您圖的是什麼？費無極是楚國的小人，專門使壞，國人沒有不知道的，他幹了多少壞事啊！設計使太子死在外國，殺害伍子胥父子，除掉了君王的耳目之人，使君王聽不到真正的聲音，使諸侯疏遠我國，如今又殺害了伯郤宛他們一些無辜者，以致造成輿論嘩然，並且牽連到您了啊！鄢將師他竟敢偽造您的命令，剿滅了伯郤宛等人，他們都是楚國的忠良啊！吳國新君即位，不斷侵擾我國，楚國如有征戰大事，首當其衝的不是別人，正是您自己啊！智者是除卻奸佞，使自己安全，國家太平。而令尹喜歡費無極這種小人，失去民心，這不是自我毀滅嗎？」

囊瓦聽了左司馬的這些話後，惶恐不安地下了席位，對沈司馬說：「都是我囊瓦的罪過啊！願司馬助我一臂之力，殺掉這兩個惡賊！」

沈尹戌說：「太好了！這真是我們楚國的萬福啊！沈某我敢不從命！」沈尹戌立即差人到大街小巷宣講、張貼榜文，告訴百姓們，說：「伯郤宛是費無極和鄢將師倆人使奸計殺害的。令尹現在已識破了這兩個奸賊的面目，知道郤宛是冤枉的。今天準備去討伐他們，如果有人願去，就跟我們來！」話音剛落，百姓們都爭著拿起武器跑在前頭，直奔費、鄢二賊家裡。

囊瓦當眾宣佈了費無極和鄢將師的數條罪狀，然後將他二人殺掉，將兩顆血淋淋的頭高高地掛起示眾，並斬殺了他們的同黨。

憤怒的百姓們不等令尹下令，就一把大火燒掉了二賊的家室。至此，百姓們消除了心頭之恨，輿論也止息了。這才是：鄢費二賊，千古罪人，讒口作惡，害己害人。奸賊既除，大快人心，後人切記，勿學讒人。

（根據《左傳・昭公二十五年》改編）

闔閭入郢，欲圖中原

在晉、楚霸權開始衰落的春秋中後期，長江下游崛起了兩個國家吳、越。吳王闔閭和越王勾踐相繼稱霸。吳國原來是楚國的屬國，由於位處海濱富饒之地，又不斷吸收中原先進文化，生產發展較快。到闔閭為王時，一躍成為東南的強國，便開始向江北和長江上游地區擴張。

由於吳楚兩國相鄰，楚國自然首當其衝，兩國戰爭不斷發生。

闔閭入郢說的就是公元前五〇六年，吳國大舉伐楚，攻入楚國都城郢的歷史。

吳楚漢水之戰吳王闔閭使專諸刺殺了吳王僚，自己即吳王位後，就一心向外擴張，欲圖中原爭當霸主。他首先是招納別國的逃亡大臣輔政，任用楚國逃亡大臣伍子胥和伯嚭（ㄆㄧˇ）與他共謀國事。任用孫武加強軍備，開始稱霸號令諸侯。

伍子胥的父親伍奢是楚平王太子建的師傅。楚平王聽信了奸臣費無極的讒言，殺害了伍奢和伍子胥的哥哥伍尚。當伍尚得知平王要殺他們父子三人後，就讓弟弟伍子胥逃亡吳國，等待機會報殺父兄之仇。伍子胥經過千難萬險，死裡逃生來到了吳國。闔閭任伍子胥為行人（外交官）。

伯嚭是楚國大將伯郤宛的兒子。當年楚國令尹囊瓦昏庸無能，不辨賢愚，聽信了費無極的讒言，殺害了功臣伯郤宛，並殺了郤氏所有的人，只有伯嚭逃了出來，他來到了吳國，闔閭拜他為太宰（掌管王室內外事務）。

伍子胥和伯嚭都力主攻打楚國，既為吳王爭霸，也可報私仇，因此，楚國自從昭王登位之後，幾乎沒有一年不受吳國軍隊的侵擾。

魯定公四年（公元前五〇六年）春三月，楚國興兵攻打蔡國。蔡國正被楚軍包圍時，蔡昭侯約會唐成公，利用吳楚不和，共同向吳國借兵，請求吳國援助。

這年冬天，闔閭在作了充分的準備後，命大臣被離、專毅輔佐太子波據守國內，拜孫武為大將，伍子胥、伯嚭為副將，親弟弟公子夫概為先鋒，公子山專管軍需糧餉，率領大軍六萬，分乘著大船從水路渡過淮河，直抵達蔡國，會合蔡昭侯、唐成公一起進攻楚國。

大軍自江北來到漢陽，楚軍駐紮在漢水以南，吳軍屯於漢水以北，兩軍隔著漢水對陣相持，只見漢水兩岸旗林立遮天蓋地，刀光劍影一片戰爭景象。

楚國這邊由左司馬沈尹戌率一萬五千軍隊，同令尹囊瓦互相配合拒守。令尹囊瓦看到吳國軍隊氣勢龐大威武雄壯，心中有點膽怯，就問沈尹戌：「敵軍力量強大，現在都駐紮在漢水北岸，我們如何去攻破他們？」

沈尹戌說：「我撥兵五千給你，你沿著漢水將兵士列成行列來監視敵軍，不讓他們渡江過到這邊來。我率軍抄後路，將他們的船隻全部燒掉，回頭再把漢東隘口堵住，然後令尹你率兵強

渡漢水，直攻吳軍的正面，我從北後夾擊，使他們水路陸路斷絕，首尾受敵，成了甕中之鱉，一定會被全部殲滅的！」

商定後，沈尹戌留下大將武成黑統率五千軍隊協助令尹囊瓦，而自己帶領一萬軍隊按計劃出發了。武成黑為了討好令尹，就建議囊瓦說：「令尹大人，我琢磨著，吳軍用的是木棧車，我們卻駕著皮革車，這對於我們來說是不利於持久的，不如速戰速決來擊敗敵人。」

這時囊瓦的愛將史皇也對囊瓦說：「大人，您得明白啊，楚國人都憎恨您，而擁護沈司馬，如果沈司馬率領軍隊燒掉了吳軍的船隻，堵住了隘口，打敗吳軍的功勞可就屬於他了。令尹雖然官高名重，而不能立功，又怎麼能保住您的高官厚祿呢？您還不如索性渡江決一勝負為上策。」

囊瓦本來就是個貪功好名，又缺乏主見的人，經他二人這麼一說，立即改變了計劃，他傳令三軍，渡過漢水，從小別山直到大別山列成了長長的陣勢與吳國軍隊接觸。

吳軍先鋒夫概選出精銳勇士三百人，人人手拿大木棒，衝進楚軍隊伍裡，沒頭沒腦地狠打狠砸，打得楚兵措手不及，頃刻就亂了陣腳。

本來司馬沈尹戌的作戰方案是可取的，如果聽從他的計劃，一定會取得勝利。囊瓦臨陣改變了計劃，致使兩軍剛一交戰，楚國就出師不利。囊瓦見勢不妙，想要溜走，史皇說：「你這人，在國家太平的時候，搶著做官，在國家遭到災難時卻想逃跑，你能逃到哪裡去？不如奮力一戰，死於疆場，以此贖回過去的罪行啊！」這一戰，楚國敗了。

吳楚柏舉之戰這年十一月十九日，吳楚兩軍在柏舉又拉開了戰爭的帷幕。

吳國先鋒夫概向吳王建議說：「楚國的囊瓦是個沒用的東西，他貪婪不仁一向不得人心，他的部下都不肯死戰，如果我們發動攻擊，他們的士兵一定會逃跑，我們再調動大軍追擊，一定會大獲全勝的。」

可是吳王不同意夫概的意見。夫概心想：「君行其令，臣行其志，臣下只要做得對，不一定等候君主的命令，我將自己帶兵出擊。郢都完全可攻陷。」

第二天，天剛拂曉，夫概親自率領五千戰士，出其不意地直奔囊瓦大營。囊瓦正在睡大覺，毫無準備，軍中頓時大亂。囊瓦來不及乘車，狼狽地徒步逃出，左肩胛上還中了一箭，幸得史皇的救兵趕到，囊瓦這才乘上了車急急地逃走了，也沒敢回郢都，竟直奔鄭國逃難去了。

史皇率領著戰車隊堅持戰鬥，終於身受重傷戰死沙場，武成黑也相繼陣亡。這時楚國軍隊全面退兵奔向郢都，吳軍緊緊追擊，到了清發河邊，楚軍正準備渡河，吳軍想藉機將楚軍全部消滅，夫概說：「使不得的，困獸猶鬥，何況人呢，逼的太緊他們就會拚命反擊的，不如讓他們渡河，等他們渡了一半，再發動進攻，必獲全勝。」

果然如此，楚軍聽說吳軍退走了，就趕快下令渡河，剛剛渡過十分之三，吳軍咆哮著追殺過來，楚軍豁出命地爭搶渡河，河裡河岸一片混亂，沒渡過的隨主將亂竄，誰也不想抵抗了。渡過河的剛鬆了一口氣，正在起灶做飯，吳兵殺來了，楚兵還來不及嚥下，就拔腿逃跑，留下現成的熟飯，反倒給吳兵受用了，你說氣人不氣人！

吳兵乘勝追擊，與左司馬沈尹戌率領的楚軍展開了激烈的戰鬥。兩軍正打得難解分時，孫武帶領大隊的吳兵趕殺過來了，沈尹戌看到吳軍強弓勁弩，士氣高昂，自知寡不敵眾，就對部眾說：「令尹囊瓦貪功好利，不按我的作戰計劃行事，才有現在的結局，我決心戰死戰場，誰能保護我的頭顱不落到敵人手裡？」

這時他的家臣名叫吳句卑的上前說：「請讓我來承擔吧，因為我的職位低，不容易引起敵人的注意。」

沈尹戌說：「好吧，請讓我對你表示由衷的感謝，我真恨我過去不識人才，埋沒了你。」

沈尹戌說完，操起武器又與吳兵接連戰鬥三次，楚軍戰士無不盡力死戰，將命置之度外，怎奈寡不敵眾啊！吳軍兵強馬壯，猛虎般衝入楚軍營裡，沈尹戌身中數箭，已無法再戰了，他悲憤地說：「將士們，我不行了，請不要忘記這柏舉之恥啊！」說完就拔劍自殺而死。

句卑割下了他的頭顱，用自己的衣服包裹好，埋好了他的屍體，就帶著頭走了。

吳楚柏舉這一戰，楚國又被打敗了。

楚王落難吳國的大將孫武名不虛傳，他用兵神機妙算。他望見慞水滔滔，心裡生出一個計謀來，隨即命令士兵們晝夜不停地掘出一道深深的大溝，築起高高的堤防，然後將漳河的水引出，再通過赤湖，直向楚國郢都洶湧奔瀉，平地來水高起兩三丈，那時正是嚴寒冬月，北風大作，那水勢浩大，直漫郢都，這時吳兵乘著大木筏攻進了城裡。郢都城內的軍民萬分恐懼，這會兒誰還肯待在這裡等死，全都各自逃生去了。

十一月二十八日，在郢都告急時，楚昭王一籌莫展，帶著他的愛妹季芈乘小船狼狽地逃出郢城。渡過睢水以後，昭王派大臣鍼尹固用燃燒著的火把繫在大象尾巴上衝向吳軍，將吳兵驅散才得脫險。昭王逃走了，郢都裡沒有了國主，不攻自破。

第二天，吳軍長驅直入占領了郢城，放火燒了官府的糧倉，拆了楚王的宗廟，毀掉了九龍之鐘。這些勝利者野獸般地把郢都糟踏得一塌糊塗。

吳王闔閭進入了楚王宮殿，將他手下的大臣們按各人官位的高低，分配給他們楚國的宮殿府第，而闔閭自己高高則地坐在楚昭王的寶座上，百官都來朝賀，吳王置備酒席，召開慶功大會，一個個忘乎所以。

闔閭夜裡就住在楚王的宮殿裡。他得意忘形，聽說楚昭王的母親、平王的夫人伯嬴（㉗）貌美非凡，是個舉世無雙的絕代佳人，於是心生歹念。他先派人去傳叫，伯嬴不聽他們的，那人回報闔閭說伯嬴不聽從命令，闔閭勃然大怒，對左右大臣喊道：「快去！拿繩子把她給我綁來！」說著，闔閭親自來見伯嬴，只見她把門緊緊地反鎖著，手拿一把利劍，一邊敲打著門窗一邊說：「妾聽說諸侯是一國的表率，賢明的君王應遵守男女有別，食避害器之禮，今君王你置禮儀於不顧，以淫亂的惡名而傳於天下，還怎麼去教訓百姓，妾深為你感到羞辱，今天我寧願伏劍而死，決不會服從你的命令！」

闔閭聽了，羞愧得無地自容，隔窗對伯嬴說：「寡人我敬慕夫人的美德，只是想看看妳，並不想有不軌行為，夫人請休息吧！」說完就退回去了。

後人將伯嬴列入《烈女傳》中，讚美她不屈服於敵人的頌德。

伍子胥領吳兵攻陷了楚國，佔領了郢（ㄧㄥˇ）都，他見平王已死，昭王也逃了，就放聲大哭，哭得極其悲傷。闔閭有些奇怪，問他：「我們打敗了楚國，占領了郢都，你的大仇已經報了，應當高興，怎麼倒哭起來了？」

伍子胥說：「平王已經死了，昭王也跑了，我父親和哥哥被殺害的仇，連萬分之一也沒有報，我怎麼能高興啊！」邊說邊仍然在慟哭。

闔閭問：「那麼，你想怎麼辦？」

伍子胥請求吳王允許他掘平王的墳墓，開棺斬首，以洩心頭之恨。吳王同意了。伍子胥到處去查找平王的墓地，後來訪得平王墓在郢都東郊城外寥台湖下面。就帶著部下掘開一看，果然是平王的屍體，用水銀處理過，皮肉絲毫沒有損壞。

伍子胥一見怒髮衝冠，手拿著銅鞭，對著平王屍體狠狠抽了三百鞭，又用腳踩踏著他的屍體，用手挖平王的雙眼，嘴裡憤然罵著：「昏君，你活著的時候有眼無珠，不分好壞奸忠，聽信讒言，殺害我父兄二人，還加害於我，你死了，我也要叫你沒有這雙眼！」說著，他又斷了平王的頭，毀掉了平王的衣服和棺木，將屍體拋在荒野裡，總算是報了十幾年晝夜不忘的殺父兄之仇。

再說楚昭王從郢都逃出來，涉過睢水，又轉向南，渡過長江，來到了雲夢澤中。昭王一路風險又驚又累。可是偏偏禍不單行，當天夜裡，疲勞後的昭王正在酣然大睡，突然數百名草寇來到昭王的船上，襲擊搶劫，並用劍直刺昭王，幸虧這時王孫繇（ㄧㄠˊ）於在昭王身旁，他用自己的身體擋住了昭王，大聲喊道：「這是楚王，你們想幹什麼，快快滾開！」話音未落，自己的肩上重重地受了一劍，鮮血直流到腳上，昏倒在船上了。

這夥強盜大肆搶劫船中的珠寶金玉，昭王趕快登岸逃離，大夫鐘建背著季芈（ㄇㄧˇ）小妹，還有其餘的人，都跟隨著昭王夜行數十里。繇於甦醒過來也隨後趕到。一行落難之人互相扶助，逃到了鄖地。

第二天，鄖地的地方官鬥辛、鬥巢前來迎接楚王，並準備了豐盛的晚餐，安排好了舒適的住處，讓他們好好休息，到了半夜，鬥辛的弟弟鬥懷手裡拿著一把明晃晃的短刀，怒氣沖沖地想殺死楚昭王，他對鬥辛說：「過去我們的父親忠於平王，可是平王聽信費無極的讒言殺害了父親，平王殺我父，我殺平王子，有何不可？今天仇人相見，沒什麼可說的，我非殺了這昏君不可！」

鬥辛說：「國君天帝的代表，他的命令是天的意志，天讓臣下死，誰敢當作仇恨？況且怨不及子，平王的過失怎麼能算到昭王的頭上？你要敢胡來，我就先殺了你！」

鬥懷帶著刀出門而去，忿忿不已。鬥辛、鬥巢親自侍奉昭王夜宿，第二天保護昭王逃往隋國。

楚昭王逃離了，闔閭君臣不能高枕無憂，認為這是留下了最大的禍患，就四處查詢昭王的下落。後來聞知昭王逃到了隋國，就派兵捉拿。

他們到了隋國後，闔閭先將軍隊駐在隋國國都南郊，再派人致隋國國君書，大意是「周朝的子孫都封在漢水一帶，可是都被楚國吞併了，現在上天保佑吳國，讓我們向楚國興師問罪，如果你不窩藏仇人，把那昏君交出來，與我國修好，幫助我們完成天意，那麼，漢水以北土地盡歸於你，我願與你世代為兄弟，共同扶事周王室。」

當時，楚昭王住在隋國宮殿的北側，吳國軍隊駐紮在隋國宮殿的南側，這對楚王十分危險。

楚昭王的哥哥子西面貌與昭王非常相似，子西就對昭王說：「形勢非常緊急，你必須迅速逃走，我偽裝成你，把我獻出去，你就可脫險了。」

隋國國君準備照辦，先去卜卦以測吉凶，卜的結果是凶卦，不吉利，隋侯說：「鬼神示意我們不能那樣做。」

就派人去對伍子胥說：「我們隋國是個地處偏僻的小國，與楚國是鄰邦，楚國向來保全我們，兩國世代有盟約，友好往來，互相救難，直到如今仍然如此。如果我們趁楚國有難而背信棄義，這樣的不仁不義，日後又怎麼事奉你吳王！況且楚王現在已經不在隋國了，已經逃離了。」

吳王闔閭無可奈何，只好率軍撤退了。

申包胥秦師楚國人申包胥，是楚國的公族出身，與伍子胥是好朋友。當伍子胥逃亡出國時，曾對申包胥說：「楚王殺我父兄，我一定要顛覆楚國！」

申包胥熱愛自己的祖國，對伍子胥要消滅楚國，他堅決反對。但伍子胥是他的好友，伍子胥要報不共載天的殺父之仇他無法反對，就很得體地回答說：「你就努力去做吧！你能滅亡楚國，我也一定能復興楚國。」

等到吳王闔閭大舉進攻楚國，郢都被破，昭王被迫流亡，楚國岌岌可危時，申包胥不能視而待之，他必須設法挽救國家。他想起了楚平王的夫人伯嬴是秦哀公的女兒，楚昭王是秦哀公的外孫，這種血親關係，非一般可比，在楚國遇有大難時，只有求救於秦，就假託昭王的命令到秦國乞求出兵。他晝夜兼程，走得他兩腳開裂了，步步流著鮮血，就撕下衣服包紮好再走，一直奔到秦國來見秦哀公，說：「吳國現在已經成為一頭大野豬、大蟒蛇，它一步一步地侵吞中原各國的土地，它的危害首先從楚國開始，我國國君昭王不能守住自己的國家，現在流離顛沛在荒野之中避難，時差小臣前來告急，希望君侯念祖孫之情，出兵幫助楚國解除災難。」

他接著說：「吳國貪得無厭，我們秦楚兩國國界相連，如果吳國滅了楚國，秦國就成了吳國的鄰國了，那你們的邊境也要受吳國的侵擾，秦國將是禍患無窮了。不如趁吳國還沒有平定楚國，腳跟尚未站穩時，趕快出兵救楚，存楚才能固秦。如果楚國果真被吳國滅了，這分土地就要歸吳國了。如果仰仗君侯您的威德恢復了楚國，楚國將世世代代事奉君侯！」

過後，秦哀公差人來對申包胥婉言辭絕說：「您的話寡人聽到了，你暫且到賓館裡休息，我們商議後再告訴您。」

申包胥回答：「我國君現流亡在荒野之中，連個安身的地方都沒有，我又怎能休息呢？」

申包胥求援情急，而秦哀公又不肯發兵，申包胥就站在秦國宮廷牆邊嚎啕大哭，日夜不

停，一連哭了七天七夜，一勺水也沒入口。申包胥赤誠的愛國之情，使秦哀公大受感動，也忍不住流著淚說：「楚王有這樣的賢臣，吳國怎麼能滅掉它呢！」

他為申包胥朗頌《永衣》這篇歌頌戰鬥友誼的詩歌，表示要與楚國並肩戰鬥，共同討吳，申包胥感激備至，跪下磕了九個頭，稱謝至誠，這才坐下來休息，才肯飲食。秦國就決定出兵援楚攻吳了。申包胥帶領著秦國軍隊來到楚國，由秦國大夫子蒲和子虎率領前來救援楚國。

秦將子蒲很有作戰經驗，就提了一個建議說：「我們現在還不了解吳軍的情況，還不能掌握吳軍的作戰技術，你們楚軍先與吳軍接觸，我們從後面夾擊，一定會打敗他們！」於是，楚軍就先與吳軍交鋒，而秦國援軍從稷地（河南省桐柏縣）前來與楚軍會師。楚秦兩軍配合把吳國夫概的軍隊殺得七零八落，敗得十分慘重。

夫概見敵軍的旗幟中間有一個大大的「秦」字，大為吃驚，說：「奇怪呀！西秦兵怎麼會到這裡來？」急忙收兵，但損失已經過半。

楚國大將薳射的兒子薳延率軍與公子西聯合作戰，又在樣（湖北省隨縣西南）的地方與吳國大夫伯嚭的軍隊相遇，兩軍激戰數回，屍橫遍野血流成河。最後吳軍大敗，伯嚭的一萬多名將士，所剩不到二千人了。

七月裡，秦楚兩軍聯合滅掉了唐國。九月，夫概帶領著殘兵敗將回到吳國，他趁闔閭在前線還沒有返回時，自主為王，也想試試作國王的滋味。

不久闔閭班師回國，責問夫概說：「你這個沒良心的賊，我好生親你愛你，你倒要來篡我的位，我是你哥哥，難道是別人嗎？」

夫概說：「哥哥又怎麼樣，王僚不是你的哥哥嗎？你能殺王僚，篡王位，我如今還沒有殺你，只是代替你當王，有什麼不可的呢？」

闔閭大氣，立刻調動軍隊來伐夫概，夫概被打敗後，逃到宋國去，就是後來的堂谿氏。

秦楚聯兵後，形勢迅速發生了變化，楚國節節勝利，吳兵不斷退守。當吳軍退守在麇地（湖北省鄖縣）時，楚國將領子期準備要用火去燒這些潰敗了的吳軍。

子西說：「吳軍慘無人道，我們的父兄、親人為了保衛自己的國土，很多人都戰死了，屍骨還暴露在那裡，現在又要去焚燒，這怎麼行呢？」

子期說：「國家快要滅亡了，死者如有知，他們是希望楚國滅掉吳國，才能重享楚國的祭祀，難道還怕放火焚燒嗎？」接著，楚國人就一邊放火燒，一邊猛烈進攻，結果吳兵潰不成軍，一個個垂頭喪氣，都想逃命，誰也無心戀戰了。

隨後，吳楚兩軍又在公婿之谿交戰，吳軍又被打敗。至此，吳國剩下的軍隊只得退回吳國。楚昭王也回到了郢都。

（根據《左傳‧定公三、四年》改編）

孔丘峽谷會盟

魯定公十年（公元前五〇〇年）的春天，陽光明媚，鳥語花香。魯國和齊國間多年激戰，就像這和暖的春天一樣，停止了戰爭，兩國講和了，從此百姓的日子安定，國家也暫時太平了。到了這年夏天，魯定公和齊景公按照兩國訂好的盟約，就是峽谷（山東省萊蕪縣峽谷峪）會盟。

這次會盟由魯國的孔丘（既孔子）擔任會議的儐相，負責主持會議禮節儀式。

齊國恃強凌弱，事先已有陰謀。齊國大夫犁彌對齊景公說：「孔丘是個文人，雖懂得禮儀但缺乏勇氣，這次會盟地點峽谷，正是被我們打敗俘虜的萊夷人聚居的地方，我們可以就地招用萊夷人，以武力綁架魯定公，如此就能達到使魯國稱臣的目的，大王您看怎樣？」

齊景公非常高興，說：「你的主意太好了，就按你說的辦！」他們做好了一切準備，就等會盟時劫持魯定公。

魯國的孔丘不僅善於辭令，而且是一個勇敢、有計謀，又具有隨機應變才能的人。他知道在齊強魯弱的情況下，齊魯會盟，齊國很可能會採取強硬手段壓服魯國。因此，孔丘在相會前早已作好了充分的準備，還帶領了兵士以防不測。

等到魯國會盟使團來到了峽谷時，果然不出所料，一群萊夷人拿著武器如凶神惡煞般，突如其來地撲過來想劫持魯定公。

孔丘立刻就明白了這是齊國的陰謀，他非常機智地領著魯定公迅疾地向後退去，並靈活策略地對魯國兵士說：「士兵們快攻打他們！我們齊魯兩國國君友好相會，這些邊遠的萊夷俘虜卻用武力來搗亂，這肯定不是齊君會合諸侯的本意。」

他又對著萊夷人厲聲喝道：「來自遠方的萊夷人不得謀算中原，你們這些俘虜不得打擊盟會，武力是不能損害我們兩國的友誼！」孔丘又對著齊國人說：「你們現在這麼做有什麼好處？對神明來說這是不吉利的行為，對道德來說這是傷害禮儀的行為，對人來說這是失禮的行為，這一定不是齊君所要做的。」

孔丘遇到這種變故，為了維護會盟不遭破壞，為了維護祖國的尊嚴，他據理力爭，並給齊景公一個台階下。因此，齊景公聽了這些話，感到羞恥，就急忙叫萊夷兵退走了。

齊國一計未成又生一計，在即將進行盟誓時，齊國人沒有經過魯國人的同意，就在盟書中擅自加上這樣的話：「齊國軍隊一出國境作戰時，魯國就要派出三百輛兵車跟隨齊軍，否則的話，就要根據兩國的盟約進行懲罰。」齊國想以此壓服魯國。

孔丘針鋒相對以歸還汶(ㄨㄣˋ)陽之地為條件。他讓大夫茲無還向齊人作揖回答說：「如果你們要我們提供三百輛兵車，那就得歸還我們汶陽的田地，寫在盟約中，否則也要聽憑盟約的懲

罰。」

由於孔丘的有禮、有利、有節的抗爭，終於使齊國的企圖又沒有得逞。

盟誓舉行完畢後，齊景公打算設宴款待魯定公。

孔丘知道齊景公陰險狡詐，恐怕他們又別生枝節，就故意以禮拒絕。他對齊景公的寵臣梁丘據說：「謝謝你們的盛情厚意！可是齊魯兩國的老規矩您怎麼不知道呢？盟會已經結束了，卻還要設宴款待我們，這太給你們添麻煩了，也使辦事的人太勞苦了。況且根據古禮的規定，犧樽和象樽這兩種酒器是不能出國門的，哪能拿到這裡來使用？像鍾磬這些上好的樂器也不能隨便在野外演奏。設享禮時如果犧樽、象樽二項酒器齊備，又是違背禮儀的行為；如果這些東西不齊備草率湊合，這就如同用秕稗來招待我們國君，而用秕稗款待賓客是有損於齊君的，違背禮節就會敗壞名聲，您為什麼不替齊君想一想呢？舉行享禮是為了揚明德行的，如果不能揚德那還不如不舉行的好。」

孔丘的一番道理，使梁丘據不能應答，齊景公最終還是沒有舉行宴請。

孔丘的義正嚴詞，據理力爭，獲得了成功。

（根據《左傳・定公十年》改編）

越王勾踐臥薪嘗膽

魯定公四年（公元前五〇六年），吳國伐楚取得了勝利後，一躍成為南方第一強國。其鄰邦越國（原來是楚國的屬國），在楚國扶植下很快發展起來。到允常為王時，任用文種、范蠡輔政，國勢越來越強大，這就直接威脅著吳國的北上爭霸，從此兩國戰爭不斷發生。允常死後，其子勾踐即位，吳越爭霸的緊張形勢越來越加劇。

魯定公十四年（公元前四九六年），吳王闔閭親率吳國軍隊，大舉進攻越國。年輕的越王勾踐帶兵抵抗，兩軍在檇李（今浙江嘉興南）擺開了戰場。

戰鬥還未正式開始，勾踐一見吳國軍隊陣容整齊，威武雄壯，他心中，擔心難以取勝，就先派敢死隊衝入敵陣，以為這樣先發制人，就能出奇制勝，結果兩次派出敢死隊都被吳軍俘虜，勾踐心想面對強敵不能強攻，必須以智取勝，就派出被判了死刑的囚犯，把他們排成三行，每人手裡都拿著明晃的寶劍，闊步走到吳軍陣前喊道：「兩國交戰，我們觸犯了軍令，不敢逃避刑罰，情願一死謝罪！」說完，就一起刎頸自殺了。

這一驚人舉動，一下把吳軍嚇呆了。勾踐趁吳軍一個個正在納悶時，出其不意下令進攻，

衝入敵陣。吳軍即刻亂了陣腳，死的死，傷的傷，逃的逃，失敗得非常慘重。吳王闔閭也身受重傷，連忙下令退兵。退卻到離檇李七里之地就一命嗚呼了。

夫差即位後，對越國殺父之仇刻骨銘心時刻不忘。為了督勵他不忘殺父之仇，他讓人站在宮廷前，每當他出入時，就對著他說：「夫差，你忘記了越王殺死了你的父親嗎？」

夫差便回答：「我是絕不會忘記的！」

他習戰射，修兵馬，勵精圖治，時刻準備，決心報仇雪恨。三年後，夫差為父親服喪時間已滿，便興傾國之精兵，任伍子胥為大將，伯嚭為副將，從太湖取水道攻打越國。

越王勾踐領越國最精銳的軍士三萬人迎戰。雙方軍隊在夫椒山下展開了激烈的戰鬥。吳軍強弓勁弩，個個挽弓拉弩，箭頭呼嘯著如暴雨般向越軍射來。而越軍是迎著大風，不能抵抗，大敗而走。吳軍乘勝追擊，殺死越軍不計其數，最後清點人數，三萬大軍只剩下五千左右，勾踐只好帶著這五千殘兵退守在會稽山。

越軍敗後，勾踐君臣計議，勾踐說：「夫差雖然取得勝利，但他絕不會就此罷休，輕饒我們的，我們下一步怎麼辦呢？」

這時謀臣范蠡（ㄌㄧ）針對吳王夫差好勝喜功、狂妄自大的個性獻計說：「我們可對吳王卑詞厚禮，甚至我們君臣也可到吳國為夫差奴僕，以求和存越，贏得時間，伺機再起，以圖長久。」

勾踐經過深思熟慮後，同意了范蠡的計謀。他先差遣大夫文種去吳國通過太宰伯嚭的門路，請求議和。

勾踐問文種：「卿見到了太宰伯嚭，以什麼東西來賄賂他？」

文種回答：「軍隊裡最缺少的就是美女，如果能獻上美女，伯嚭一定能接見我。」

於是，越王下令選宮中美女八人，白璧二十雙，黃金千鎰，星夜出發，去吳求和。次日，文種到了吳國，由伯嚭為他引見吳王。文種雙膝跪地，膝行到夫差前，懇求說：

「越國本來是吳的屬國，今寡君勾踐年幼無知得罪大王，現在勾踐已經承認了自己的罪行，願獻上越國國寶。今後，土地和臣民全歸大王您所有。每年按春秋兩季如數為大王奉獻財寶八百車，女子三百人。大王若能存越，勾踐願攜帶妻子到吳國三年，為大王作臣妾，趕馬車，當奴僕，侍奉大王於左右，隨大王驅使。這實際上是大王已經得到了越國，又能以『仁義』之名遠揚天下。如果大王不能寬赦勾踐的罪過，他就無路可走了，到那時，勾踐不得已只能殺死妻子，沉財寶、金玉於大江，焚毀宗廟，率五千甲士與大王決一死戰了。是殺掉勾踐滅掉越國，還是留下勾踐保存越國，兩者何者有利，請大王定奪。」

這一席話正說到夫差的心眼裡，他想，勾踐既然心甘情願到吳國當奴僕，就是真心求和。這樣，越國就從形式到實質都再次成為吳國的屬國，同時還可以籍此在諸侯中提高自己的聲望成就霸業。隨即同意議和存越。之前有人把這事告訴了大臣伍子胥，伍子胥急忙來到，對大王連聲嚷道：

「不行啊！大王，千萬別上越國的當。我聽說，樹立好的德行不怕多，除掉壞人壞事是越

多越好。古時候有這麼一段歷史，有過國的國君名叫澆，他率兵滅掉了斟灌國，又乘勝直取斟鄩，次年又殺死了夏後相，相的妻子緡正身懷有孕，她隨宮女從牆洞裡爬了出去，逃到娘家有仍氏，生下一男孩，取名少康。過了二十年，少康長大成人，澆聽說夏後相的兒子在有仍國任牧正，心想斬草不除根，春風吹又生，就派臣下名叫椒的去捉拿。少康又投奔到有虞國，有虞國君名思，任他為庖（ㄆㄠˊ）正之職，掌管庖廚飲食，幸免了澆的殘害。思又將兩個女兒嫁給少康，將綸的地方給少康居住，約有十方里，壯丁五百。他盡心開發地利，招納賢才，作復興的準備。後來他派臣下女艾去偵察澆的情況，派其子季杼誘騙澆的弟弟豷，滅掉了澆的有過國和豷的戈國，恢復了夏禹的績業，從此夏代復興。現在，吳國力量比不上有過國，而越國卻比少康時強大，也許越國再進一步強大，那就更難以對付了。勾踐在國內愛護人民，施行恩惠，因此能得到人民的擁護和愛戴。而且，越國與我國是鄰邦又是世代冤家，現在不乘勝將它消滅，將後患無窮啊！這樣下去，想成就霸業是不可能的！」

伍子胥費了這些多口舌，可是吳王還是沒有聽信他的忠言，伍子胥無耐，只得退出，對大夫王孫雄說：「越國將用十年時間來積累財富，再用十年時間教育訓練人民，不過二十年，吳國宮殿將變成越國的沼澤地！」

同年三月，吳越兩國簽訂了議和盟書。文種完成使命後，回國報告給勾踐，說吳王同意存越議和，並限定五月中旬勾踐夫婦赴吳國，作吳王的臣僕。轉瞬間，就到五月中旬了，勾踐收拾庫藏寶物，裝上車輛，又挑選國中女子三百三十人，三百送吳王，三十送太宰，親率妻子和重臣范蠡等三百人去吳國當臣僕。大夫文種、苦成、諸稽郢等守國，群眾都來到了江邊為勾踐送行。勾踐心情沉重地離開了越國。

勾踐君臣來到了吳國，太宰伯嚭領軍押送越王來見吳王，勾踐袒露著右臂，伏跪於台階下，他的夫人隨後。越王再拜叩頭說：「東海役臣勾踐不自量力，得罪大王。蒙大王赦免我的死罪，讓我執帚掃地，保留了賤人性命，不勝感戴。」

夫差命王孫雄在闔閭墓旁建了一間石房，讓勾踐夫婦住在其中。從此勾踐換去了自己原來的衣服，穿上夫差給的奴僕穿的衣裳，每天衣不避寒，食不果腹。幸得伯嚭時常偷偷接濟些食物給他們，才不致餓死。勾踐每天蓬頭垢面替夫差養馬，其妻每天打水、清糞、洒掃，范蠡拾柴燒飯。他們度日艱難，面黃肌瘦。

每次吳王駕車出遊，勾踐就牽著馬步行於車前，吳國人就用手指著，譏諷地說：「此勾踐也！」越王只有低頭不語。

有一次，夫差同群臣和來使遊覽窮隆山，恰遇滿載貨物的八百乘越國進貢車隊來到吳國，來使一路竊竊議論。到了窮隆山，他們要求瞧一瞧給吳王當臣僕的越王勾踐。

夫差說：「這個好說。」

隨即叫人去傳呼勾踐，片刻，勾踐身著短衣、緊褲、手握馬鞭，舉止安詳地走過來。這時的勾踐已是面容憔悴，身體清瘦，一身剛毅的中年男子。他走到吳王面前雙膝跪地。

吳王裝腔作勢地說：「勾踐，你看到越國來向寡人進貢的車隊了嗎？」

勾踐淡淡地說：「臣看見了。」

接著吳王當眾奚落他說：「留你在吳國給寡人當馬夫，你高興嗎？」

勾踐壓抑著內心的憤怒，不露聲色地回答：「能做大王的馬夫，執鞭引導，是臣三生有幸！」

夫差當著各國來使，藉機宣揚自己的仁政，假惺惺地說：「勾踐，你有罪於吳國，寡人一向仁義愛人，不僅不殺你，還保存了越國，你應感恩啊！」

勾踐說：「大王恩重如山，臣永生難忘。」夫差哈哈大笑，得意忘形。說完，勾踐退下去了。

勾踐在吳為僕三年受盡折磨。這一幕幕奚落、侮辱，使他歷歷在目刻骨銘心。但為了雪恥報仇，勾踐三年不慍怒，面無恨意，忍辱負重，不露聲色，慢慢地等待時機，決心滅掉吳國。這就叫做君子報仇十年不晚，這正是勾踐獲得成功的妙訣。

吳王夫差好大喜功野心勃勃，一心想當霸主，他認為擊敗越國已無後顧之憂，決心北上爭霸中原。

他採取的步驟是：重點征服齊國，而齊國位距吳國一二千里的北方，中間又隔著魯國、宋國、淮夷等小國，所以敗越後，他首先以三萬精兵攻下弱小的陳國，迫使陳成為吳的屬國，每年要向吳國進貢六百車財物，又以結盟的方式聯絡魯、宋等國，這樣既縮小了對立面也有利於全力攻齊，又能取得「仁義」的美名，還能從這些國家得到貢賦，魯國每年要向吳國進貢財物八百車，衛國、宋國、邾國每年各六百車。吳國憑著軍威到處強索貢品，掠奪財物，欺凌弱小。可是夫差不知道，他這樣做已經埋下了亡國的種子。

歲月如流，光陰如梭。勾踐君臣為吳王做奴僕三年時間已滿。

在征服小國的慶功會上，夫差對伯嚭說：「太宰，現在魯、衛、宋諸國都已歸服於我，下一步伐齊的事情應該考慮了。」

伯嚭滿口答應後，又想起前些日子，私下接受了文種的重禮，也該為勾踐說說好話了，就提出：「大王，勾踐入吳為僕天下皆知，現三年已滿，我想還是早些放他回國較好，放了勾踐，大王仁德的美名就會傳遍天下，這將有利於大王的號令諸侯啊！」夫差覺得伯嚭遠見卓識，就採納了他的意見，於公元前四九〇年放勾踐回到越國。

勾踐回國看到的是國破家亡、滿目荒涼、土地荒蕪、民不聊生的淒涼景象。歲月滄桑，三年的遭遇，磨練得勾踐更加剛毅堅定了。他回國的第一件事就是為了不忘會稽之恥，將國都由諸暨遷到了會稽。他勵精圖治，奮發圖強，埋頭苦幹，立志盡快恢復國力，消滅吳國。

有一次，勾踐聚集群臣於會稽商議軍國大事，深謀遠慮的大夫苦成手提小包恭敬地向勾踐獻上，情深意重地說：「這是苦膽！大王今天歸國了，可不能忘記會稽之恥，三年之苦，亡國之辱，要自重自勵，奮發圖強啊！」

苦成的這一舉動深深地影響了勾踐，使他內心再度充滿了痛苦，但更多的是激昂。從此他與百姓同甘共苦。他不睡帝王的床舖，而睡在柴草之上。並將苦成送的苦膽懸掛在屋內，每天飲

食起居必定先嘗嘗這膽的苦味，這就是「臥薪嘗膽」。以此警誡自己不要忘記了深仇大恨。

為了恢復經濟，發展生產，勾踐向百姓宣布：壯男不得娶老婦，老男不得娶少婦；若女子十七歲不出嫁，男子二十歲不娶的，其父母都有罪；孕婦臨產時，要先報告給官府，由官府派醫生來護理。生男孩的獎勵一壺酒，一隻狗；生了女孩的，獎勵一壺酒，一隻豬；生三個兒子的，由官家幫助撫養兩個，生了兩個兒子的，官家撫養一個。

每到耕種時，勾踐就親身與父老同耕。夫人也親自勤奮的織布，與民間同甘苦。還規定七年內不收民稅，全國人民都不吃葷，不穿華麗衣服，大家共同節約，為的是恢復國家的經濟。還宣布：以十年為期，務必使家家都有三年餘糧。

他招回流亡他國的人，廣泛地開闢田地，體貼撫恤民力。這一系列強國富民政策，不過幾年時間，人口倍增，糧食豐足，倉庫充實，百姓逐漸富裕起來，國家也逐漸殷實強大起來。

勾踐處心積慮，積極準備報仇。但為了穩住吳國，不使夫差有任何懷疑，他仍然進貢不絕。在吳國進攻齊國之前，勾踐回國已經四年了，他又親率范蠡、諸稽郢等文臣武將，帶著厚禮來朝見吳王，以此表示對吳王的忠貞不二。

同時，為了了解吳國君臣動態，由范蠡負責獻給伯嚭大量珍貴禮品。為了探聽吳國軍隊的情況，又由諸稽郢去犒勞吳國三軍。越國君臣的這些屈尊禮節，使吳國君臣非常高興。

只有伍子胥十分憂慮，他得知勾踐朝貢，大肆饋贈，又是吃驚又是擔憂，就來到夫差宮殿勸諫：「越國對於我們實在是個心腹之患，吳越兩國既是世仇，又國土相鄰，而且他們老想吞併我們。現在勾踐禮賢下士，奮發圖強，表面上百依百順，內心裡時刻想覆滅我國。我們應及早下手，如果先攻打離我們很遠的齊國，即使成功，也不過是得到了一片不能長莊稼的石頭地而已，毫無用處。不把越國滅掉，吳國遲早會亡在它手裡，好比醫生治病，不治根本，將病根留下，這不是種下隱患嗎？照這樣下去，要想奠定霸業實在是困難了，請大王仔細想想，否則，悔之莫及啊！」

夫差對伍子胥的肺腑之言十分反感，說：「寡人討厭聽你這些廢話！」

伍子胥無奈，嘆聲離去。

不久，吳王派伍子胥出使齊國去通知齊國吳國將討伐他們。

伍子胥臨行前，心像油煎似的，對他的兒子說：「吳國不久必定要滅亡的，你不如跟我一起去齊國吧，免得招到禍亂。」就與兒子一起出發了。

到了齊國，伍子胥把兒子託付給好友，齊國大夫鮑氏撫養，改姓王孫氏。

伍子胥辦完了公差回國後，夫差聽說他把兒子寄養在齊國，怒不可遏，說：「好個伍子胥，竟敢欺騙寡人！」他即刻叫來使人，拿把劍給他，說：「去，把這把劍賜給伍子胥，讓他自決！」

那人將劍交與伍子胥，伍子胥接過劍，萬分沉痛地說：「我死後，請在我的墳上栽下山楸樹，等到山楸長大成材時，吳國就要滅亡了。不出三年，吳國就要開始衰落了，因為驕傲自滿、貪財好戰的人一定要失敗，這是自然的道理啊！」又對使人說：「我死後，請你將我的雙眼掛在

吳國東門上，讓我親眼看著越國軍隊進入吳國！」說完，就刎頸自殺了。

果然，吳國不久就出兵齊國，夫差親自率領中軍，傾六萬四千士卒，齊國出兵七萬五千人，兩軍激戰在華北平原上，這是春秋末期著名的大戰役。戰爭的結果，齊國全軍覆沒，吳國雖然打了勝仗，可是，六萬多精銳也僅剩下不到三萬了，損兵折將大喪元氣，國勢從此一蹶不振。

公元前四八二年，吳齊兩國戰爭結束還不到半年，夫差又急忙親率大軍北上，大會諸侯於宋國屬地黃池。夫差這次去黃池的目的是與晉國爭當盟主。

不料，六月十二日那天，越王勾踐乘夫差離開吳國之機，興兵進攻吳國。越國兵分兩路，東路軍由勾踐率領，南路軍由大夫疇無餘和謳陽率領。可是，由於疇無餘、謳陽的急躁性情而壞了事，這二位還沒等東路軍到來，就搶先逼近了吳都姑蘇城的近郊。大敵當前，吳王夫差又不在國都，怎麼辦呢？太子友、王子地、王孫彌庸和壽餘姚商量後，準備帶兵抵抗。

正在泓水邊上準備迎戰時，彌庸一眼望見越軍中打著一面旗幟，正是他父親被俘時連同這面旗幟一同落入敵人之手的。

這時，他憤怒地叫喊：「那是我父親的旗幟啊！今天仇人相見，我決不能放過他們！」

太子友較為謹慎，他說：「我們不能冒然行動，如果我們抵不過越國，國都就守不住了，那就有亡國的危險了，我看還不如等救兵來了再說吧。」

彌庸哪裡肯聽，一心只想為父報仇，就帶領部下五千出戰，太子友助戰。

六月二十一日，吳越兩軍在姑蘇城南激戰一場，結果越軍大敗，疇無餘、謳陽都當了俘虜。這時，所幸勾踐統率的東路軍及時趕到，在緊急情況下挽救了危局。勾踐採取的是堅守陣地、以逸代勞、伺機進攻的戰術。

吳軍這時已退守到姑蘇城裡，太子友、王孫彌庸、壽餘姚率軍出城挑戰，罵聲不休，往返奔波，越軍只是不理。直到第二天，吳軍疲憊不堪時，勾踐這才擊鼓進軍，兩軍一交手，吳國的兵馬就像秋風掃落葉一樣，被打得七零八落。太子友、王孫彌庸、壽餘姚都被活捉了。

二十三日，越軍攻陷了吳都姑蘇城，繳獲了大量財物，還放火燒了夫差的姑蘇臺。

這時，吳國人趕快去向夫差報警，偷偷地對夫差說：「越王勾踐親自率大軍攻打吳國，太子友、王孫彌庸、壽餘姚都被抓去了，現已抵擋不住暫退到城裡去了，情況非常緊急，請大王趕緊回去吧！」吳王夫差此刻正忙著與晉國國君爭當盟主，在這爭霸中原的關鍵時刻，聽到國都被佔的消息，心裡當然焦急。他既感到喪氣，又害怕走漏了消息給諸侯們聽到，對他的爭霸不利，竟殺死了前來報警的七個人。是黃池會盟爭奪霸

主，還是返國抗越，夫差舉旗不定。最後他聽了大夫王孫雄的意見參加會盟，一定要奪得霸主。

第二天，天剛放曉，吳王夫差親自打起鼓來，他來參加會盟帶的那三萬六千兵士，也震天響地打起鼓來，嚇得各國諸侯心驚膽戰，不知出了什麼事兒。原來，夫差想用這種手段逼迫各國諸侯讓步，將盟主讓給他。

七月初七這天正式訂盟約，吳晉兩國為誰先歃血做盟主展開了激烈的爭奪。

吳國人說：「我們吳國祖先是太伯，從周王室看，我們是長房。」

晉國人說：「在姬姓諸侯中，我們晉國是領袖。」雙方爭論不休。

晉國君臣緊急商議對象，司馬寅說：「我觀察，貴人的臉色總是炯炯有神的，現在吳王的臉色是那樣的慘淡，滿臉晦氣，不是他的太子死了，就是國都被佔領了。而且吳國是夷人，根底淺，不會長久的，姑且讓他一步吧。」

晉定公同意了司馬寅的計謀，夫差終於實現了稱霸的夢想。可是，夫差稱霸之時，也正是他滅亡之日。他把軍旅留在江淮之間，帶領部分士兵匆匆回國。

可是夫差「精兵喪於齊國，重甲困於晉國」，身邊那點少數的近衛軍，怎能抵擋得了經過好幾年嚴格訓練的越國軍隊？勾踐率領勁兵強旅不費吹灰之力就把夫差的近衛軍收拾掉了。

夫差怒氣沖沖地對著伯嚭說：「你說越國不會背叛我們，現在又怎麼解釋？還不趕快去找勾踐講和求饒去！」

伯嚭嚇得面如土色，帶了好多貴重的禮物來到越國兵營裡，跪著向勾踐求和，央求將吳國保存下來。勾踐想，伯嚭在我最困難時曾幫助過我，我總不能不給他當點面子，再說吳國也不是一下子就滅得了的，不如先答應跟他講和，然後再伺機滅掉吳國。這年冬天，吳越兩國講和。

魯哀公十七年（公元前四七八年）三月，吳國逢大旱久不下雨，赤地千里顆粒不收。百姓大半都餓死了，沒死的也四處逃竄。這對勾踐來說，真是天賜良機。他帶著范蠡、文種，親自率領著大隊人馬又來攻打吳國。夫差只率領不到三萬士卒在笠澤（太湖東南）迎戰。

吳軍駐紮在松江北岸，越軍駐紮在松江南岸，兩軍隔江擺陣。

這時，越王使出一個計策來，他派出左右兩路支隊，趁著黑夜茫茫，一會兒左支隊，一會兒右支隊地輪番擂鼓吶喊佯裝夜襲。吳軍真以為越軍過江來了，軍心大亂。夫差處境被動，被牽著鼻子走，只得分兵兩隊進行堵擊，自己率領三千兵士守衛都城。

越王見對方已經中計，就統率三軍偷偷渡過了江，擂起戰鼓，殺聲震天，直搗吳國中軍大營。吳軍這會兒措手不及，亂作一團，激戰了一夜，到天亮戰鬥結束時，吳軍主力已全部被殲滅了。夫差又兩次糾集軍隊再與越軍交戰，結果仍是一敗塗地無可法收拾。

越軍隨後就包圍了吳都姑蘇城。夫差困守在吳國宮殿裡一籌莫展。而勾踐完全佔據了主動地位，他採取圍而困之的戰略，把姑蘇城整整圍困了三年。城裡的吳軍哪受得了，衣食不繼，士氣低落，不攻自潰。越王見時機成熟了，就率軍佔領了姑蘇城。

夫差走投無路，派大夫王孫雄跑了六、七趟，來向越王乞和存吳，寧願做越國的屬國。勾踐堅決不答應。勾踐讓王孫雄回去向夫差轉達他對夫差的處理決定。

王孫雄回來後，對夫差說：「勾踐不答應乞和存吳的請求，他說讓您搬到甬東島上去住，給您帶上三百家夫婦去侍候您，直到您終年。」

夫差苦笑著說：「勾踐如果能保存我吳國宗廟，即使當他的屬國也可以接受，他現在想把我趕到甬東島上去，我已經這把年紀了，怎能再聽他的擺佈！」他仰天長嘆說：「悔我當初不聽伍子胥的話，如今還有什麼臉面去見伍子胥啊！」當晚，他上吊自殺了。

稱雄一世的吳王夫差，由於荒淫殘暴，狂妄輕敵，短短二十年，就由強變弱，終於被其屬國所滅。時間是公元前四七三年冬十一月。

（根據《左傳・定公十四年》改編）

楚昭王拒絕迷信不祭祀

古人由於沒有掌握充分的科學知識，當遇某些自然現象和社會現象不能解釋時，就產生了迷信思想。他們要祭天、祭地、祭神、祭祖宗，以求諸天神的保祐。

楚國的昭王，在古代來說，是一個比較開明的國君，他就不相信天人感應。

魯哀公六年（公元前四八九年），這一年曾經有整整三天時間，天空布滿了美麗的浮雲。

這些雲彩隨著微風不停地慢悠悠地飄動。仔細一看，好像是密密麻麻的紅色小鳥，紛紛揚揚地圍著太陽旋飛，人們無不感到奇怪。這東西是吉是凶？人們議論紛紛。

楚昭王也很納悶兒，就派人去把管文書檔案的官吏周太史令找來，問他這是怎麼回事。

周太史令說：「這些形像紅鳥的浮雲是不祥之物，這雲彩在楚國的上空，是要對楚國降下災難的。大王是楚國人君，這場禍患恐怕要落到您頭上了，應當由大王您自己承擔。如果您趕快舉行祈禱儀式，對天神表示您的虔誠，天神就可以把這禍患移到令尹和司馬身上。」

楚昭王不高興地說：「怎麼可以這樣做呢？這豈不是把身上的病移到大腿上了嗎？那有什麼好處呢？如果我沒有做錯事，天神是不會降禍於我。如果我有罪，天神要懲罰我，那也是應該的，怎麼能將禍患移給別人呢？」

他表示不去祭神。

先前有一次，昭王病了，病得不輕，臣子們都張羅著給昭王占卜。占卜官占卜後說：「這是黃河的河神在作怪，降災於大王，應快去給黃河河神祭祀，病就會好的。」

昭王說：「人吃五穀雜糧，難免有個身體病痛，這與黃河有什麼關係？」他不答應祭黃河免災。

大夫們都為昭王的病擔心，就再次請求在國都郊外進行祭祀黃河活動，請黃河河神保祐大王早日恢復健康。

昭王說：「夏商周三代祖先都命令人們要按規定祭祀，所祭的不超出這些日月星辰、名山

大川。長江、漢水、睢水，還有漳水，這些大河都在我們楚國境內。能給楚國降災禍、賜福的不過是這些大河而已。我雖說夠不上是有德行的君王，但也不至於得罪黃河之神，讓黃河之神降災來懲罰我的啊！」說完，他還是不讓大臣們去祭黃河河神。

楚昭王拒絕祭祀，這在宗教鬼神迷信盛行的時代是難能可貴的。

所以孔子讚美他說：「楚昭王是一位明白大道理的人，他不會失掉國家的，而且會把國家治理得越來越好。《夏書》說：『唐堯他能遵循自然和社會的常規，不違背規律，所以才能有中國的存在。現在夏桀失掉了德行，暴虐無道，亂了綱紀，結果滅亡了。』又說：『人應相信自己的力量，而幸福也靠自己去創造。』自己能遵循常規，就不會敗亡的。」

（根據《左傳・哀公六年》改編）

己氏殺衛莊公

魯哀公十七年（公元前四七八年），在衛國發生了一件有趣的爭鬥故事。

當時衛國的執政者是衛莊公。衛莊公是一個殘暴放縱的君王，他只顧個人享樂，而不願人民的死活。有一天，他閒來無事，登上城樓憑高眺望，遠遠望見住在衛都附近的戎人，就向左右隨從問：「那是什麼地方？」隨從告訴他那是戎人居住的地方。

莊公說：「我是周武王弟弟康叔的後代，是姬姓侯爵國家，為什麼還有戎人在我這裡修築城邑，竟然住在我身邊，真是豈有此理，把他們統統給我哄走！」

於是，莊公派出兵馬殘暴地把戎人趕出了家園。衛莊公對戎人很殘暴，對衛國本族人也同樣進行敲骨吸髓的剝削。他強迫衛國的匠人長期給官府擔負著無休止的勞役，工作條件十分惡劣，匠人住的房子四周的牆和頂棚都破爛不堪。雨天，外邊下大雨，屋裡下小雨，夜裡，滿天的星斗看得一清二楚。到了冬天更是無法煎熬，工匠們無衣無食，還得天天勞動，他們再也無法忍受了。

魯哀公十七年，工匠們聯合起來，拿起武器與統治者展開了搏鬥。暴動的隊伍包圍了衛莊公的宮門，高喊著：「我們要吃飯！我們要活命！」

嚇得衛莊公渾身顫抖，龜縮在宮門內，他一邊把門鎖得緊緊的，一邊高聲向起義的工匠祈求饒命。被觸怒的工匠們群情激昂，哪裡肯答應。莊公沒辦法只得帶著太子疾和公子青從後門跳牆逃跑。因為是逃命，心神慌亂，從牆上跳下時把腿摔斷了。

這時，曾被衛莊公迫害的戎人，把自己的族人都召集在一起，個個手拿刀、斧、劍、戟，乘機也來攻打衛莊公，這真是「仇人相見，分外眼紅」。莊公的太子疾、公子青跳牆隨著衛莊公狼狽地逃跑，戎人哪裡肯讓他們跑掉，一窩蜂地追上去，把太子疾、公子青殺掉了。衛莊公倒是逃掉了，可是他萬萬沒想到，在蒼惶中也未來得及打聽清楚，竟逃到了仇人的家裡。

原來，有一次莊公在城樓上觀賞風光，他看見了戎人己氏的妻子滿頭黑髮瑩光可鑑。他心裡想：「啊！美啊，美啊！世上竟有這麼漂亮的頭髮！」心裡便打起了壞主意。

衛莊公下得城樓來，就派人去把己氏的妻子像罪犯一樣剃了光頭，將她那一頭美麗的青絲拿來給自己的妻子呂姜做了假髮。可是，這會兒他偏偏逃到了己氏家裡。俗話說：「冤家路窄」，己氏對衛莊公滿懷仇恨，哪能饒恕他。

莊公見勢不妙，就拿出一塊璧玉給己氏，不住地向他求饒說：「請你不要殺我，你饒了我的命，我給你這塊璧玉！」

己氏狠狠地回答地說：「我殺了你，那塊玉也跑不了！」於是，己氏痛痛快快地殺掉了衛莊公，並獲得了他的這塊璧玉。

愚蠢昏庸、殘暴無道又貪生怕死的衛莊公，最後得到了應有的懲罰。

（選自《左傳・哀公十七年》）

典藏中國：

01	三國志--限量精裝版	秦漢唐	定價：199元
02	三十六計--限量精裝版	秦漢唐	定價：199元
03	資治通鑑的故事--限量精裝版	秦漢唐	定價：249元
04	史記的故事--限量精裝版	秦漢唐	定價：249元
05	大話孫子兵法--中國第一智慧書	黃樸民	定價：249元
06	速讀--二十四史--上下	汪高鑫李傳印	定價：720元
08	速讀--資治通鑑	汪高鑫李傳印	定價：380元
09	速讀中國古代文學名	汪龍麟主編	定價：450元
10	速讀世界文學名	楊坤　主編	定價：380元
11	易經的人生64個感悟	魯衛賓	定價：280元
12	心經心得	曾琦雲	定價：280元
13	淺讀《金剛經》	夏春芬	定價：200元
14	讀《三國演義》悟人生大智慧	王　峰	定價：240元
15	生命的箴言《菜根譚》	秦漢唐	定價：168元
16	讀孔孟老莊悟人生智慧	張永生	定價：220元
17	厚黑學全集【壹】絕處逢生	李宗吾	定價：300元
18	厚黑學全集【貳】舌燦蓮花	李宗吾	定價：300元
19	論語的人生64個感悟	馮麗莎	定價：280元
20	老子的人生64個感悟	馮麗莎	定價：280元
21	讀墨學法家悟人生智慧	張永生	定價：220元
22	左傳的故事	秦漢唐	定價：240元
23	歷代經典絕句三百首	張曉清 張笑吟	定價：260元
24	商用生活版《現代36計》	耿文國	定價：240元

人物中國：

01	解密商豪胡雪巖《五字商訓》	侯書森	定價：220元
02	睜眼看曹操-雙面曹操的陰陽謀略	長　浩	定價：220元
03	第一大貪官-和珅傳奇（精裝）	王輝盛珂	定價：249元
04	撼動歷史的女中豪傑	秦漢唐	定價：220元
05	睜眼看慈禧	李　傲	定價：240元
06	睜眼看雍正	李　傲	定價：240元
07	睜眼看秦皇	李　傲	定價：240元
08	風流倜儻-蘇東坡	門冀華	定價：200元
09	機智詼諧大學士-紀曉嵐	郭力行	定價：200元
10	貞觀之治-唐太宗之王者之道	黃錦波	定價：220元
11	傾聽大師李叔同	梁　靜	定價：240元

12	品中國古代帥哥	頤　程	定價：240元
13	禪讓--中國歷史上的一種權力遊戲	張　程	定價：240元
14	商賈豪俠胡雪巖(精裝)	秦漢唐	定價：169元
15	歷代后妃宮闈傳奇	秦漢唐	定價：260元
16	歷代后妃權力之爭	秦漢唐	定價：220元
17	大明叛降吳三桂	鳳　娟	定價：220元
18	鐵膽英雄一趙子龍	戴宗立	定價：260元
19	一代天驕成吉思汗	郝鳳娟	定價：230元
20	弘一大師李叔同的後半生-精裝	王湜華	定價：450元
21	末代皇帝溥儀與我	李淑賢口述	定價：280元
22	品關羽	東方誠明	定價：260元

中國四大美女新傳

01	壹 沉魚篇--西施	張雲風	定價：260元
01	貳 落雁篇--王昭君	張雲風	定價：260元
01	參 閉月篇--貂蟬	張雲風	定價：260元
01	肆 羞花篇--楊貴妃	張雲風	定價：260元

智慧中國

01	莊子的智慧	葉　舟	定價：240元
01-1	莊子的智慧-軟皮精裝版	葉　舟	定價：280元
02	老子的智慧	葉　舟	定價：240元
02-1	老子的智慧-軟皮精裝版	葉　舟	定價：280元
03	易經的智慧	葉　舟	定價：240元
03-1	易經的智慧-軟皮精裝版	葉　舟	定價：280元
04	論語的智慧	葉　舟	定價：240元
04-1	論語的智慧-軟皮精裝版	葉　舟	定價：280元
05	佛經的智慧	葉　舟	定價：240元
06	法家的智慧	張　易	定價：240元
07	兵家的智慧	葉　舟	定價：240元
08	帝王的智慧	葉　舟	定價：240元
09	百喻經的智慧	魏晉風	定價：240元
10	道家的智慧	張　易	定價：240元
10-1	道家的智慧-軟皮精裝版	張　易	定價：280元
11	菜根譚大智慧	魏晉風	定價：280元
12	心經的智慧	何躍青	定價：240元

國家圖書館出版品預行編目資料

左傳的故事 / 秦漢唐編著--

一版. -- 臺北市 :廣達文化, 2010.09

面 ; 公分. -- （典藏中國：22）（文經閣）

ISBN 978-957-713-448-6(平裝)

1.左傳 2.歷史故事

621.73 99012675

書山有路勤為徑
學海無涯苦作舟

左傳的故事

編著者：秦漢唐
叢書別：典藏中國 22
文經閣
出版者：廣達文化事業有限公司
Quanta Association Cultural Enterprises Co. Ltd
編輯執行總監：秦漢唐

發行所：臺北市信義區中坡南路路 287 號 4 樓
電話：27283588　傳真：27264126
E-mail：siraviko@seed.net.tw
本公司經臺北市政府核准登記.登記證爲
局版北市業字第九三二號

印　刷：卡樂印刷排版公司
裝　訂：秉成裝訂有限公司
上　光：全代上光有限公司

代理行銷：創智文化有限公司
台北縣土城市忠承路 89 號 6 樓
電話：02-2268-3489　傳真：02-2269-6560

一版一刷：2010 年 9 月
定　價：240 元

書山有路勤為徑，學海無涯苦作舟